阳明心学

——老刘讲《传习录》（下）

刘长志 著

中国财富出版社

图书在版编目（CIP）数据

阳明心学：老刘讲《传习录》．下 / 刘长志著．—北京：中国财富出版社，2019.12

ISBN 978－7－5047－6698－4

Ⅰ．①阳…　Ⅱ．①刘…　Ⅲ．①心学—中国—明代②《传习录》—研究

Ⅳ．①B248.25

中国版本图书馆 CIP 数据核字（2019）第 291185 号

策划编辑　刘　刚　郝婧婕　**责任编辑**　齐惠民　宋江伟　李小红

责任印制　梁　凡　**责任校对**　杨小静　张营营　**责任发行**　董　倩

出版发行　中国财富出版社

社　　址　北京市丰台区南四环西路 188 号 5 区 20 楼　**邮政编码**　100070

电　　话　010－52227588 转 2098（发行部）　010－52227588 转 321（总编室）

010－52227588 转 100（读者服务部）　010－52227588 转 305（质检部）

网　　址　http://www.cfpress.com.cn

经　　销　新华书店

印　　刷　北京京都六环印刷厂

书　　号　ISBN 978－7－5047－6698－4/B・0557

开　　本　710mm×1000mm　1/16　**版　　次**　2020 年 3 月第 1 版

印　　张　20.5　**印　　次**　2020 年 3 月第 1 次印刷

字　　数　346 千字　**定　　价**　56.00 元

目　录

【179】心究竟在哪里 …… 1
【180】无欲故静 …… 9
【181】“声”“色”和专一 …… 13
【182】本体功夫无内外 …… 15
【183】象山之学 …… 18
【184】“格物”真诀 …… 21
【185】众人皆圣人 …… 23
【186】心性的试金石 …… 25
【187】良知诀窍 …… 27
【188】功到自然不同 …… 28
【189】“致知”之妙 …… 30
【190】实修的天机 …… 32
【191】不知则遂沦埋 …… 34
【192】朋友论学 …… 35
【193】常快活便是功夫 …… 37
【194】关于“白日梦” …… 39
【195】以“心”为本 …… 42
【196】在官司上实修心性 …… 43
【197】正解“好恶从之” …… 45
【198】博闻与伤食 …… 48

【199】圣人亦是“学知” …… 50
【200】溥博如天，渊泉如渊 …… 52
【201】循天理便是“道” …… 55
【202】发愤忘食与乐以忘忧 …… 56
【203】各随分限 …… 58
【204】立言宗旨 …… 60
【205】本体明了即圣人 …… 61
【206】冰炭本一物 …… 64
【207】圣人之“诚” …… 66
【208】修道之谓教 …… 68
【209】三更之静 …… 72
【210】矜持和直率 …… 74
【211】修辞立诚 …… 76
【212】格物的轻重 …… 78
【213】“有所忿懥”的实修 …… 80
【214】儒不着相 …… 82
【215】日光之中燃灯 …… 85
【216】责效即是助长 …… 87
【217】无根之树终憔悴 …… 89
【218】“志于道”的解析 …… 91
【219】读书和调摄此心 …… 94
【220】“性”“气”之论 …… 97
【221】功夫的进退 …… 101
【222】人之灵根 …… 105
【223】动气责人之过 …… 106
【224】露才扬己之病 …… 108
【225】易理与术数 …… 109
【226】义之与比 …… 111
【227】思无邪 …… 114
【228】人心惟危，道心惟微 …… 116

【229】施教不可躐等 …… 119
【230】读书第一义 …… 121
【231】学问极至处 …… 122
【232】当死则死 …… 124
【233】毁誉在外安能避得? …… 127
【234】厌外物之心 …… 129
【235】人之才气本不同 …… 131
【236】好博之心 …… 135
【237】圣学真血脉 …… 138
【238】“必为圣人”之志 …… 140
【239】造化的精灵 …… 142
【240】静坐有见 …… 144
【241】心、事合一 …… 146
【242】胸中渣滓浑化 …… 148
【243】道即是教 …… 150
【244】戒慎恐惧和不睹不闻 …… 151
【245】通乎昼夜之道 …… 153
【246】良知和夜气 …… 157
【247】虚实有无 …… 158
【248】释不可治世 …… 161
【249】同德与异端 …… 163
【250】“不动心”之辩 …… 164
【251】告子之病源 …… 166
【252】天地万物一体 …… 168
【253】岩中花树 …… 170
【254】条理和厚薄 …… 173
【255】心无体 …… 177
【256】尽性至命之学 …… 178
【257】剜肉做疮? …… 180
【258】功夫不切的原因 …… 182

【259】“至诚”与“前知” …… 185
【260】无知无不知 …… 189
【261】惟天下至圣，为能聪明睿知 …… 190
【262】孔子谓“远虑” …… 191
【263】克己复礼天下归仁 …… 194
【264】巧力、圣智 …… 197
【265】良知即天也 …… 200
【266】是非两字大规矩 …… 202
【267】困学如阴霾 …… 204
【268】简易透彻功夫 …… 206
【269】圣人的生知安行 …… 208
【270】心安处即是乐 …… 210
【271】抽笋论枝节 …… 212
【272】父子讼狱 …… 214
【273】道体无二 …… 217
【274】烝烝乂不格奸 …… 219
【275】诗言志，律和声 …… 222
【276】自家解化，一了百当 …… 225
【277】孔子气魄 …… 226
【278】补甑文过 …… 227
【279】收摄本心 …… 228
【280】琴瑟简编 …… 229
【281】善与人同 …… 230
【282】知得过和不及处 …… 233
【283】所恶于上和毋以使下 …… 234
【284】良知妙用处 …… 235
【285】惊天动地和寂天寞地 …… 237
【286】性、论无定体 …… 239
【287】言语之不足 …… 242
【288】杨慈湖的见 …… 244

【289】一日之气象 …… 246
【290】行不掩言 …… 248
【291】满街都是圣人 …… 251
【292】送谦之于浮峰 …… 254
【293】天泉证道 …… 256
【294】心学之感召 …… 260
【295】“罔”与“殆”之病 …… 262
【296】诚意功夫在格物 …… 265
【297】格竹反思 …… 270
【298】童子的格物致知 …… 272
【299】知之匪艰，行之惟艰 …… 274
【300】知觉便是心 …… 275
【301】心的本体是什么 …… 279
【302】格物即慎独戒惧 …… 280
【303】事理之精微 …… 282
【304】见性者无异同 …… 285
【305】声、色、货、利 …… 287
【306】实去用功是根本 …… 289
【307】寂然不动和感而遂通 …… 290
【308】不睹不闻是良知本体 …… 291
【309】鸢飞鱼跃与必有事焉 …… 293
【310】一掴一掌血 …… 295
【311】效验不可恃 …… 296
【312】立命功夫 …… 297
【313】关于性相近 …… 298
【314】心念不可留滞 …… 299
【315】天地灵明 …… 300
【316】有心俱是实 …… 303
【317】仁人悯物之心 …… 305
【318】人生大病一个“傲”字 …… 307

【319】“知”无方体 …………………………………………………… 309
【320】颜回的无助 …………………………………………………… 311
【321】拱把之桐梓 …………………………………………………… 313
钱德洪跋 ……………………………………………………………… 315

【179】
心究竟在哪里

【原文】

正德乙亥，九川[①]初见先生于龙江。先生与甘泉[②]先生论“格物”之说。甘泉持旧说。先生曰：“是求之于外了。”甘泉曰：“若以格物理为外，是自小其心也。”九川甚喜旧说之是。先生又论“尽心”一章，九川一闻却遂无疑。

后家居，复以“格物”遗质。先生答云：“但能实地用功，久当自释。”山间乃自录《大学》旧本读之，觉朱子“格物”之说非是；然亦疑先生以意之所在为物，物字未明。

己卯归自京师，再见先生于洪都[③]。先生兵务倥偬，乘隙讲授，首问：“近年用功何如？”

九川曰：“近年体验得‘明明德’功夫只是‘诚意’。自‘明明德于天下’，步步推入根源，到‘诚意’上再去不得，如何以前又有‘格致’工夫？后又体验，觉得意之诚伪，必先知觉乃可，以颜子‘有不善未尝不知，知之未尝复行’为证，豁然若无疑；却又多了‘格物’工夫。又思来吾心之灵，何有不知意之善恶？只是物欲蔽了；须格去物欲，始能如颜子未尝不知耳。又自疑功夫颠倒，与‘诚意’

---

① 九川：陈九川，字惟濬，号明水，江西临川人，王阳明的学生。

② 甘泉：湛若水，字元明，号甘泉，明代哲学家、教育家、书法家。在思想上主张“随处体认天理”、强调“主敬”为格物功夫。

③ 洪都：今江西南昌。

不成片段。后问希颜[1]。希颜曰：'先生谓格物致知是诚意功夫，极好。'九川曰：'如何是诚意功夫？'希颜令再思体看，九川终不悟，请问。"

先生曰："惜哉！此可一言而悟，惟濬所举颜子事便是了。只要知身、心、意、知、物是一件。"

九川疑曰："物在外，如何与身、心、意、知是一件？"

【老刘说】

正德乙亥年，也就是公元1515年，陈九川初次和阳明先生在龙江这个地方见面，正好碰上阳明先生和甘泉先生讨论"格物"的学说。

龙江是地名，指的是南京。陈九川，即明水先生，江西临川人，明嘉靖四十一年（1562）去世，终年六十九岁。正德九年（1514）进士，官至太常博士，是太常寺掌管祭祀之事的官员，正七品。阳明先生去世之后，陈九川和邹守益、欧阳崇一、聂文蔚一起推动江右王门的兴起。陈九川为人非常正直，明武宗南巡的时候，时为太常博士的陈九川与考功员外郎夏良胜、礼部主事万潮三人联名上疏谏止，翰林院修撰舒芬也上疏劝谏，此举让明武宗震怒，下旨将夏良胜等四人逮捕入狱，罚戴枷锁跪在台阶上五天，并削职为民。此四人当时被人们称为"江西四谏"。清朝修《四库全书》的时候把陈九川的《明水文集》收录其中，可见其学术地位之高。

甘泉先生即湛若水，广东增城人，弘治年间进士。湛若水在明朝的名气很大，他在继承陈白沙学说的基础上，提出"体认于心，即心学也"，"随处体认天理"等主张，成理学的一大门派，被誉为"甘泉学说"（甘泉学派）。他在全国各地创办书院近四十所，遍布大江南北。湛若水在功、德、言三方面都有建树。从立功的角度讲，居官三十多年，历任吏部侍郎、礼部侍郎、兵部尚书，深受倚重和信任，主张老百姓才是国家的根本，水能载舟，亦能覆舟，历任都是政绩卓然；从立言的角度讲，他对陈白沙学说进行扬弃，开宗立派，和阳明先生并驾齐驱，明朝理学叫"湛王之学"，门徒达到四千多

---

① 希颜：生平不详。陈荣捷先生认为"希颜"可能是"希渊"之误，即蔡希渊。

人；从立德的角度讲，湛若水以孝道事母，以忠恕之道事君，无阿谀奉承之言，无取巧钻营之私，师道尊严，关心爱护自己的学生。

“甘泉持旧说”，指的是湛若水在《答杨少默》中所说：“吾之所谓心者，体万物而不遗者也，故无内外。阳明之所谓心者，指腔子里而为言者也，故以吾之说为外。”湛若水认为心是无处不在的，意念能达到的地方，就是心所在的地方，所以心是没有内外的。他认为：“如果将‘格’事物的理认为是‘外’，是自己小看自己的心了。”阳明先生则认为心就在腔子里，没有在外面。“旧说”指湛若水的观点。

陈九川听二人论道，对“旧说”更认同一些。阳明先生拿《孟子·尽心》来说明为什么“旧说”是有问题的。孟子曰：“尽其心者，知其性也。知其性，则知天矣。存其心，养其性，所以事天也。夭寿不贰，修身以俟之，所以立命也。”

孟子按照人的天资悟性不同，把人分成三类。

第一类	尽心知性知天	生而知之
第二类	存心养性事天	学而知之
第三类	夭寿不贰，修身以俟	困而知之

第一类人天资禀赋非常好，对天理清晰明了，不学而知，所行所为都能和天理合拍。第二类人对天理朦朦胧胧，雾里看花，能看到，但还达不到，只好时时刻刻存其心，养其性，所以事天，通过磨炼，慢慢地就能清楚天理。第三类人就是“夭寿不贰，修身以俟”的人，这类人是看不到天理在哪里的，不知道天理究竟是什么，懵懵懂懂地往前走。同样是人心，能达到的范围和高度是不同的，从这个角度看，心不是无处不在的。

陈九川听过阳明先生对《孟子·尽心》的剖析之后，豁然开朗，对阳明先生的说法完全认同，再没有任何怀疑。

陈九川有一段时间在家赋闲，对“格物”有了新的进境和疑惑，再次向阳明先生请教。

阳明先生没有正面回答，只是说：“只要能踏踏实实地做功夫，时间久了自然就明白了。”意思是说你自己先体会，先从自己的心体上好好体会，假以时日，修为高度上去了，自然就懂了。

从因材施教的角度来说，老刘有个切身体会，有些东西修为没到的时候，还真不能说，说了很容易误导学习的人，弊大于利。

比如孟子说“大人者，言不必信，行不必果，惟义所在”。意思是“大人说话不一定句句守信，做事不一定非有结果不可，只要合乎道义就行”。对于水平达到能够存养良知的人来说，这句话的意思是说“持经达变”的经权之道，重点在“义”字上。而对于水平不够的人，会把重点放在前面八个字上，既不知道“义”是什么，更不知道“惟义所在”究竟是个什么样子。落实到具体所作所为上，就会与圣人本义完全背道而驰。说话不算数，答应的事情不了了之，被人诘问反而会振振有词地说：“这是圣人说的，我只是按照圣人的教导行事，有什么不对的呢?”这样的教育结果还不如不说。

这里说的“大人”是指《周易·文言·乾》中说的“夫大人者，与天地合其德，与日月合其明，与四时合其序，与鬼神合其吉凶。先天而天弗违，后天而奉天时。天且弗违，而况于人乎！况于鬼神乎!”按照南怀瑾先生的说法：“凡有志于学，内养的功夫和外用的知识，皆能达到一个水准，称之为‘大人’。”

陈九川后来在山间静修的时候，自己抄录《大学》旧本来读，随着自己心性水平的提高和对“道”精微之处的深入感悟，感觉到朱熹先生关于“格物”的说法是不对的。但是自己对“物”还没有完全弄清楚，怀疑阳明先生的“以意之所在为物”的说法中，“物”字还没有说清楚。

阳明心学学习圈子里，有些没有实修过的人认为学习《传习录》要先搞懂《大学》《中庸》，等等，否则学不会《传习录》，这样的想法是不对的。《大学》《中庸》大家平常要拿过来读一读，读的时候有很多东西看不懂，很正常，刚开始读这类书都是这样子，没什么不好意思的。先不求甚解地熟读，有个大致的轮廓和印象，这样对以后的学习是非常有帮助的。如果刚开始就想把每句话都弄懂，反而实际效果不好，会欲速则不达。

老刘在学习的时候经常有这种感觉，看某句或者某个词的时候根本就不懂，一段时间后，某一天突然就懂了。这是因为随着自己水平的提高，到达一定境界了，突然就会有所突破。

陈九川乙卯年从京城到洪都，再次见到阳明先生，洪都就是今天的南昌。当时阳明先生正忙着处理宸濠之乱的事情，军事民政都要管，事情特别多，对很多人来说，这个时候即便全力以赴，时间也是不够用的。但阳明先生这个时候心性水准已经非常高了，应对治世的事情游刃有余，仍有足够精力来兼顾其他事情，比如抽空给陈九川讲解心学。而我们这些普通人呢，每天疲于奔命，工作上一摊子事，家里又是一摊子事，还有其他的林林总总杂七杂八，从早上一睁眼一直忙到半夜，精气神耗得特别厉害，人累得不行。当我们到达阳明先生的境界，真正做到合道而行的时候，就没有这种疲于奔命的感觉了，每天心都是轻松平和的，拥有坦坦荡荡的幸福感，这就是圣人之乐。

见面之后，阳明先生问陈九川："这些年不见，功夫进展如何?"

陈九川回答说："我把学习的进境情况和修身体会简单说一下。我这几年在实修中，切身体会到'明明德'的功夫只是'诚意'，我按照《大学》'物有本末，事有终始。知所先后，则近道矣。古之欲明明德于天下者，先治其国；欲治其国者，先齐其家；欲齐其家者，先修其身；欲修其身者，先正其心；欲正其心者，先诚其意；欲诚其意者，先致其知；致知在格物'的顺序推演，从'平天下'开始一环扣一环地往回推，推到'诚意'的时候，再也推不下去了。我感到非常疑惑，为什么在'诚意'前面又有一个'格物致知'的功夫？随着实修功夫的进展和水平的提高，感觉'意'的诚和伪必须先知觉到了才行，连'意'的诚伪都不清楚也就谈不上真正'诚意'了，颜回所讲'有不善未尝不知，知之未尝复行'可以为证，于是我对'致知'和'诚意'之间的关系一下子感到豁然开朗，再没有什么疑问了。"

"有不善未尝不知，知之未尝复行"出自《周易·系辞下》，原文是："子曰：'颜氏之子，其殆庶几乎！有不善，未尝不知；知之，未尝复行也。'"意思是孔子说："颜回这个人，我推测他的心性水平应该很高，对'道心惟微'的精微之处有足够造诣，不善之处，即使是非常细微他也知道得清清楚楚。只要知道是不善，他就不会再去做，能做到'不贰过'。"

陈九川接着说："我对'致知'和'格物'之间的关系有些模糊不清。我想，凭借心的虚灵不昧应该会很清楚意之善恶吧？只是'良知'有时候会被物欲遮蔽，'格物'就是去掉物欲对心体的遮蔽，这样才能做到像颜回一样，对善恶都能有所认识。

"这个时候我开始怀疑自己是否把功夫的次序弄颠倒了，使'诚意'的功夫脱节了。后来我问希颜，希颜说：'先生说格物、致知是诚意的功夫，说得极好。'我又问：'为何是诚意的功夫？'希颜让我再仔细体察看看。但我终究未能领会，请先生指点。"

阳明先生回答说："可惜啊可惜，这其实就是一句话的事，你提到颜回这句话的时候，这件事就已经说清楚了，只是这层窗户纸没捅破而已。你要明白，其实身、心、意、知、物是一回事，只要把这个事情想清楚了，就全部通透了。"

陈九川没有转过这个弯儿，更加疑惑了，"物"明明是外面的事，怎么会和身、心、意、知是一个东西呢？

【原文】

先生曰："耳、目、口、鼻、四肢，身也，非心安能视、听、言、动？心欲视、听、言、动，无耳、目、口、鼻、四肢，亦不能。故无心则无身，无身则无心。但指其充塞处言之，谓之身；指其主宰处言之，谓之心；指心之发动处，谓之意；指意之灵明处，谓之知；指意之涉著处，谓之物，只是一件。意未有悬空的，必著事物，故欲诚意，则随意所在某事而格之，去其人欲而归于天理，则良知之在此事者，无蔽而得致矣！此便是诚意的功夫。"九川乃释然破数年之疑。

又问："甘泉近亦信用《大学》古本，谓'格物'犹言'造道'，又谓穷理如穷其巢穴之穷，以身至之也，故格物亦只是'随处体认天理'；似与先生之说渐同。"

先生曰："甘泉用功，所以转得来。当时与说'亲民'字不须改，他亦不信，今论'格物'亦近，但不须换物字作理字，只还他一物字便是。"

后有人问九川曰："今何不疑物字？"曰："《中庸》曰'不诚无物'，程子曰'物来顺应'；又如'物各付物''胸中无物'之类，皆古人常用字也。"

他日，先生亦云然。

【老刘说】

阳明先生说，耳朵、眼睛、嘴巴、鼻子、四肢放在一起就是身体，这是我们能通过“视、听、言、动”感知世界的器官，但仅仅有这些感知器官是不能完成感知世界这件事的。就像电脑上用的摄像头，必须要把采集到的影像信号传输到电脑系统，对电脑系统才有意义，单独的一个摄像头是没任何意义的。我们的感官离开心的主宰，就像一个孤零零的摄像头，是没任何意义的。人如果没有心的主宰，就只是一具躯壳而已，各种感官也就失去了存在的意义。

心能看见，心能听见，心能嗅到，心能触摸到世界，等等，都是要依靠这些感官的；同时心也必须依托耳、目、口、鼻和四肢，才能有“视、听、言、动”。从这个角度，心和身之间互相依存的关系就很容易理解了。

“身”是从能摸得着、看得见的物质存在性的角度来说的；“心”是从能主宰“身”的“视、听、言、动”的角度来说的；“意”是从心能够指向具体事情来说的；“物”是从“意”具体指向的角度来说的。“意”和“物”是成双成对出现的，没有悬空的“意”，有“意”必定有对应的“物”存在。

实修的时候，要想“诚意”就必须找到这个“意”对应的“物”（事），在这个“物”上做“格物”的功夫，存养良知，格去私欲，让心始终循天理而行。此时，这个“物”（事）上的良知就被“致”了。这就是“诚意”的功夫。

陈九川听到这里恍然大悟，几年来的疑问一瞬间冰消雪融。

陈九川告诉阳明先生，他听闻甘泉先生之前讲学一直是用《大学》新本，也就是朱熹先生改过的版本，现在甘泉先生也开始用《大学》古本了，也就是原本《大学》。并且甘泉先生认为“格物”就是“造道”，又说“穷理”的“穷”字和“穷其巢穴”的“穷”字是一个意思，要亲力亲为才可以。“格物”也只是随处体认天理。陈九川最后总结道，甘泉先生现在讲的学问和阳明先生的越来越接近了。

阳明先生说：“甘泉先生在实修上是真实用功的，随着体认的深入，学问水平的提升，认识转过来也是很正常的。当年我对他说‘亲民’的‘亲’字其实不用改，他不信，现在自己的学问高度上去了，自然就琢磨清楚了，也就知道我说的是对的。

“甘泉先生现在讲‘格物’也很贴近我讲的意思，儒家心法只有一条路，他的转变并不奇怪。只是他讲学问功夫的时候，把‘物’字转换成‘理’字来解，是没有多大必要的，直接按照‘物’字讲就可以了。”

关于朱熹改动《大学》原文这段公案，南怀瑾先生的《原本大学微言》说得比较详细，感兴趣的同道可以找来看一下。

后来有人问陈九川，是否已经搞清楚“物”的意思，陈九川回答说：“我已经搞懂了，‘物’是心内的事，不在外面的。《中庸》中说‘不诚无物’，程颐先生说‘物来顺应’‘物各付物’‘胸中无物’，等等，说明‘物’字是古人的常用字。”对于陈九川的回答，阳明先生是表示认同的。

阳明心学中，“格物致知”是“诚意”的功夫，也就是说，“格物致知”是“诚意”的具体展开。将“诚意”沿着“格物致知”展开，是突出“意”和“物”为成对的关系，“意”必须要和具体“物（事）”相结合，这样做功夫就自然而然落实到“事上磨”了。心中意念发起之处就是“格物致知”功夫的具体着手处，做功夫的入手之处就更加明确可行。

儒家修身，“格、致、诚、正”是功夫顺序，“诚意”是重要性排序。从功夫顺序说，“格物”为下手处；从重要性排序来说，“诚意”排第一。打个比方，盖房子要有承重梁。承重梁的设计和位置是整个房体中最重要、最关键的部分，从重要性排序来讲，承重梁应该是最重要的。但在盖房子的顺序上，承重梁应该不会放在第一位。“诚意”是承重梁，“格物”则为盖房子的第一块砖。

强调“格物致知”而不是强调“诚意”的现实意义，就是做功夫的目标更加明确化。这点对初学者的意义非常大。

【180】
无欲故静

【原文】

九川问："近年因厌泛滥之学，每要静坐，求屏息念虑，非惟不能，愈觉扰扰，如何？"先生曰："念如何可息？只是要正。"

曰："当自有无念时否？"

先生曰："实无无念时。"

曰："如此却如何言静？"

曰："静未尝不动，动未尝不静。戒谨恐惧即是念，何分动静？"

曰："周子何以言'定之以中正仁义而主静'①？"

【老刘说】

陈九川问阳明先生，近年来因为厌烦泛滥之学，每每想要静坐，以求收束心猿意马，摒除掉心中的杂思妄念，结果往往适得其反，这个时候该如何应对呢？

"泛滥"在这里的意思是庸庸碌碌、掺杂太多流俗的意思。很多圈子里都是这样，总会有些半桶水的人在好名私欲的驱使下出来胡说八道。虽然这种行为对已经具备分辨能力的人来说，不会造成太大影响，但对初学者来说还是会产生很大的误导。每日在这种氛围里，就像被一堆苍蝇包围着，是很让人心烦的。这是陈九川用"泛滥之学"这个词的本义。

---

① 周敦颐《太极图说》："圣人定之以中正仁义（自注：圣人之道，仁义中正而已矣）而主静（自注：无欲故静）。"

做心性功夫有个误区，叫“博采众家之长”。“博采众家之长”这句话是没问题的，但这句话的前提是能够达到开宗立派的水准，可窥见“道”的全貌，这样的人才有资格这么做。修身像爬山一样，没有到达山顶的时候，是没办法看清楚山的全貌的。在半山腰看到的只是盲人摸象般的片面和局部。每座山都爬一点儿，把看到的现象组合起来，得到的只是一锅大杂烩似的认知，对自己的修行进境毫无帮助。

有人在微信上打着请教的旗号，问点儿心学学问和心性功夫方面的事情，如果用儒学的体系来阐述，他就和你扯佛学怎么说；转用佛学的方式来阐述，他就开始扯道家如何；跟着转到道家的方式阐述，他又跳到亚里士多德怎么说、弗洛伊德怎么说，这就已经不是什么请教了，而是被好名私欲遮蔽之后的显摆了。这类人往往在博览方面下了很多功夫，知识面也足够宽广，但没有聚焦的功夫，远离了“惟精惟一”，修了很长时间，心性水平不进反退，也就毫不奇怪了。

“吾生也有涯，而知也无涯”，人生一辈子也不过三万天左右，随便一个图书馆的藏书都不止三万册，就算一天看一本，这辈子也不可能把图书馆的书都看完。懂得取舍，集中人生资源向一个方向努力，就是一种用世的智慧。

陈九川正是看清楚了这一点，才会对泛滥之学心有厌烦。

阳明先生回答说：“心是活泼泼的，时时刻刻都不会停息，只要人活着，念头就不可能停止。你要做的不是把念头停下来，而是把念头导正。”

“念如何可息”这句话另一层含义是心性修炼中不能“助”，越想控制反而越失控。人在特别害怕的时候，越是刻意告诉自己不要害怕，越会放大害怕的感觉，甚至最后害怕到路都不会走了。相反，如果抱着豁出去了，爱咋咋地的心态，反而就不害怕了。做入静功夫的时候，也是同样的道理，越是想摒去杂思妄念，越会适得其反。这些都是心性实修过程中的常见问题。

陈九川对阳明先生的回答有些震惊，接着问先生：“当自有无念时否?”意思是：“真的不存在没有念头的时候吗?”

阳明先生肯定地说：“的确没有。”

陈九川追问说，如果心真的没有止息的时候，又怎么解释“静”这种情况呢?

阳明先生说，“静”不是指不动，“动”也不是指不静，戒谨恐惧就是导正念头，又分什么动静呢？

关于心学中的“静”，在上篇41节中，阳明先生曾说：“定者，心之本体，天理也。动静，所遇之时也。”意思和这里是一样的。“静”和有没有“动念头”没有关系，人在“静”的状态时是没有苦恼的，开始有苦恼了，就是“动”了，也就是私欲发动了。

陈九川接着问，如果这样，为什么周敦颐先生说“定之以中正仁义而主静”呢？

这句引文出自周敦颐的《太极图说》，周敦颐认为成为圣人的途径，就是做到仁、义、中、正。“圣人之道，仁义中正而已矣。”

周敦颐理解的仁、义、中、正，在这里简单说一下：

“立人之道，曰仁与义。”（《太极图说》）“天以阳生万物，以阴成万物。生，仁也；成，义也。故圣人在上，以仁育万物，以义正万民。”（《通书·顺化》）“爱曰仁，宜曰义。”（《通书·诚几德》）“仁”指生发之处；“义”即“宜”，指妥当、所安之处，天地万物因“义”而成。

“中”即“和”，“惟中也者，和也，中节也，天下之达道也，圣人之事也”（《通书·师》）；“正”即“动而正，曰道。用而和，曰德”（《通书·慎动》），所以朱熹解释说：“动必以正，则和在其中矣。”

“道”可以理解成高速公路，它不是一条笔直的直线，而是根据地形有相应的变化。“德”就是怎么按照“道”开车，也就是怎么使用这条高速公路。

【原文】

曰：“无欲故静，是‘静亦定，动亦定’的定字，主其本体也。戒惧之念，是活泼泼地，此是天机不息处，所谓‘维天之命，於穆不已’①。一息便是死，非本体之念，即是私念。”

【老刘说】

阳明先生说，“无欲故静”中的“静”字，和“静亦定，动亦定”中的

---

① 《诗经·周颂·维天之命》：“维天之命，於穆不已。於乎不显，文王之德之纯！假以溢我，我其收之。骏惠我文王，曾孙笃之。”

“定”字是一个意思。“主静”戒谨恐惧的念头是生机盎然的，也就是“天地之大德曰生”的生生不息，如果把念头弄得死气沉沉，就偏离天理的根本了。这就是《诗经》中说的“维天之命，於穆不已”的意思。心念一旦停息，人也就死了，再谈动静也就没什么意义了。但凡不是心之本体发出的念头都是私欲的范畴。

这段引文比较多，逐个说一下。“无欲故静”和上一段的“定之以中正仁义”都出自周敦颐的《太极图说》，《太极图说》中“而主静，无欲故静”中的“主”指的是心的本体，这里的“欲”指的是私欲，意思是“没有私欲夹杂的时候就是‘静’”。

“静亦定，动亦定”出自程颢的《答横渠张子厚先生书》，原文是：“所谓定者，动亦定，静亦定，无将迎，无内外。苟以外物为外，牵己而从之，是以己性为有内外也。”中篇154节有很详细的讲解，这里就不赘述了。

“维天之命，於穆不已”出自《诗经·周颂·维天之命》，全诗主要是歌颂文王上应天命，品德纯美，德业泽被后世，后代当遵其遗教，发扬光大。“维天之命，於穆不已”中，“维”是句首语气词，主要作用是引出主语，无义；“命”指天命；“於”是叹词，表示赞美；“穆”是“深远、幽微”的意思；“已”是“完结、结束”的意思。合起来的意思是：“上天赋予人天命，天道悠远深邃，永不止息”。

最后两句是对这节的总结，也是本节的点睛之笔。

【181】
“声”“色”和专一

【原文】

又问：“用功收心时，有声色在前，如常闻见，恐不是专一。”

曰：“如何欲不闻见？除是槁木死灰，耳聋目盲则可，只是虽闻见而不流去便是。”曰：“昔有人静坐，其子隔壁读书，不知其勤惰。程子称其甚敬。[①] 何如?”

曰：“伊川恐亦是讥他。”

【老刘说】

陈九川问阳明先生，在做收敛心性功夫的时候，如果有好听的声音，好看的美女出现，用平时的心态去听、去看，算不算是偏离了“专一”功夫呢？

这是很多初学者都会碰到的问题，正在做收束心猿意马的入静功夫，突然冒出一美女，心念一涌动，涌动之后能不能收束回来呢？或者突然外边一声巨响，心里一哆嗦，哆嗦过了是否能再接上前面的节奏呢？很多人都会担心自己专一功夫会因为外部干扰而中断，不知道面对这种情况该如何应对。

与世隔绝似乎是个好办法，但心学的精髓在于入世治世，避世显然偏离了心学的初衷。

阳明先生说，面对好听的声音、好看的美女，怎么可能不想听、不想看呢？除非这个人是槁木死灰，或者耳聋眼瞎。做功夫首先就是一个“诚”字，“不自欺”，如“恶恶臭”“好好色”，刻意扭曲自己的知觉就已经偏离“诚”字了，关键在于听到了、看到了的时候，也不会陷溺其中。

---

① 《二程集·河南程氏遗书》：“许渤与其子隔一窗而寝，乃不闻其子读书与不读书。先生谓：‘此人持敬如此。’”

阳明先生讲这句话是针对陈九川这种有一定实修基础的人说的，对于还没有基础的初学者，做起手功夫，也就是收束心猿意马的阶段，还是要注意找个安静的地方，尽量不要被外物干扰。

《菜根谭》说“把握未定，宜绝迹尘嚣，使此心不见可欲而不乱，以澄吾静体”，说的就是在心性功夫的起手阶段，初学者先做调息入静、收束心猿意马功夫，因为对自己的心还没把握，所以要“绝迹尘嚣”，把大门一关，先把心静下来，这样才能让心“不见可欲而不乱”。

“操持既坚，又当混迹风尘，使此心见可欲而亦不乱，以养吾圆机。”“圆机”，意思是功夫做完整。当心体有把握的时候，再尝试打开大门，在具体的入世治世中应对人情事变，这才是真正的“事上磨”；见到各种可欲，能做到“在花繁柳密处试炼此心，见可欲而意不乱”，这才是功夫完整。

有些人，“心”是什么还不清楚，触摸心体就更谈不上了，却喜欢到处说什么“事上磨”，这完全是空中楼阁的搞法，让人觉得很可笑。基本的着力点、用功处都不知道是什么，怎么磨？拿什么磨？

陈九川说：“在《河南程氏遗书》中有个典故，有个叫许渤的人在家中静坐，和儿子隔着一扇窗户，居然不知道儿子读书时到底是在用功还是在偷懒。程颐先生称赞许渤能‘持敬’，您怎么看这件事呢？”

阳明先生回答说，程颐先生大概不是什么褒奖的意思，应该是说反话，讥讽他。

“绝迹尘嚣”的功夫是个阶段性的事情，如果到此止步了，就会堕入枯禅。很多人修心性修成枯禅，根本原因是沉溺于“绝迹尘嚣”阶段，自以为已经到顶了，殊不知上面还有一层楼。

这就像在小学学习，因为小学课程简单，可以经常得一百分，所以有人为了享受经常拿一百分的感觉，就永远不去中学了。

阳明心学的精髓在于入世治世，在于君子素位而行的用世，而不是与世隔绝的避世。阳明心学强调“花繁柳密处拨得开，才是手段；风狂雨急时立得定，方见脚跟”（陈继儒《小窗幽记》语）。

所以，面对外面的干扰，做到“虽闻见而不流去”就可以了。像许渤这样的用功方式，很容易导致“心”习惯于“虚寂”，遇到具体事情的时候，却派不上任何用场。

【182】
本体功夫无内外

【原文】

又问："静坐用功，颇觉此心收敛；遇事又断了，旋起个念头去事上省察；事过又寻旧功，还觉有内外，打不作一片。"

先生曰："此'格物'之说未透。心何尝有内外？即如惟濬今在此讲论，又岂有一心在内照管？这听讲说时专敬，即是那静坐时心，功夫一贯，何须更起念头？人须在事上磨炼，做功夫乃有益；若只好静，遇事便乱，终无长进。那静时功夫亦差似收敛，而实放溺也。"

后在洪都，复与于中①、国裳②论内外之说，渠③皆云物自有内外，但要内外并着功夫，不可有间耳。以质先生。

曰："功夫不离本体，本体原无内外，只为后来做功夫的分了内外，失其本体了。如今正要讲明功夫不要有内外，乃是本体功夫。"

是日俱有省。

【老刘说】

陈九川又问，做打坐入静功夫的时候，明显能感觉到心猿意马被收束，心完全归于平和。但一旦遇到事情，这种感觉就会中断，随即起个念头关注

---

① 于中：指夏良胜，与陈九川交往密切。

② 国裳：舒芬（1484—1527），字国裳，号梓溪，江西进贤人，正德十二年（1517）状元尤善经学，著有《舒文节公全集》。

③ 渠：他，他们。方言。

在事情上，心的状态就变化了。事情结束以后，再去找静坐时的功夫，总会觉得不一样，这种切换会有内外之别的感觉。

这一部分涉及实修的内容，有实修基础的人，一看就清楚了，没有实修基础的人，在这部分的理解上会有些困难。

对于入静功夫，很多人有种误解，觉得入静就是不闻不见，就是把五感六识全封掉了，整个世界上什么也没有，连“我”也没有了。这么做显然不是入静，而是冬眠。入静功夫是定在心体圆满充盈，无人为之造作，也就是“天人合一”。“我”和“天理”严丝合缝，才是真正的入静功夫。

就像收音机接收广播电台的节目，只有频率相同，才能听到节目，否则就听不到。“天理”就相当于电台的广播，“心”调整到同频的状态，就能听到“天理”的声音了。不闻不见等于收音机处于关机的状态，这样是听不到任何节目的。

关于“戒慎恐惧”，也同样不能望文生义地理解成战战兢兢、哆哆嗦嗦，唯恐这里做错，唯恐那里做错的样子。真正的“戒慎恐惧”应该是活泼泼的，光明磊落、生机盎然的，就像一株健康的向日葵沐浴在清晨的阳光中。

人有一种被浩然正气充满的感觉，精气神由内向外地从身体里透射出来，一副生机勃勃的生命状态自然而然地呈现出来，才是真正的“戒慎恐惧”。

阳明先生回答说：“九川，你有这样的感觉，是你还没有真正领悟‘格物’这件事。‘心’哪有什么内外分别呢？做事时候的‘敬’心，也就是打坐入静的那个‘敬’心。功夫是‘一以贯之’的，哪有什么再起一个念头呢？人要在事上磨才有用，只是贪图在没有外部干扰的宁静中做修心性的功夫，是不会有什么长进的。有一定基础之后，仍在没有外部干扰的宁静中做收敛功夫，实际上是放纵沉溺自己的心体，效果是相反的。贪静的根本原因，实际上还是私欲作祟。”

后来陈九川在洪都的时候，又和于中、国裳几个同学交流修心性内外的问题，大家都觉得“物”应该是有内外的，只要内外兼顾，功夫不能有间断。于是陈九川就拿他们的话来请教先生。

阳明先生回答说，功夫是不能脱离本体的，而本体是不分内外的。“心无体，以天地万物感应之是非为体”，从这个角度说，就容易理解心之本体不分内外了。

那么，为什么大家会有“分内外”的误解呢？是因为后来有人教导做“格、致、诚、正”功夫的时候分了内外，再以后就以讹传讹，大家都想当然地认为本体也是有内外的。

这样的结果就是失去了本体，现在正是要讲明功夫不要区分内外，“一以贯之”才算是本体的功夫。

这一天，陈九川等几个人，都有所省悟。

【183】
象山之学

【原文】

又问："陆子[①]之学何如?"

先生曰："濂溪、明道之后，还是象山，只是粗些。"

九川曰："看他论学，篇篇说出骨髓，句句似针膏肓，却不见他粗。"

先生曰："然他心上用过功夫，与揣摹依仿、求之文义自不同，但细看有粗处。用功久，当见之。"

【老刘说】

陈九川又问阳明先生，陆九渊先生的学问怎么样?

阳明先生回答说，他的学问还是很可以的，濂溪（周敦颐）和明道（程颢）之后，还是陆九渊先生的学问比较像模像样，只是稍嫌有点儿粗糙。

陈九川说，看他讨论学问，篇篇都能说出精髓所在，句句都能鞭辟入里，没感觉有什么粗糙的地方呀?

阳明先生说："陆九渊先生是在实修上真正用过功夫的，和那些揣摩仿照、只在文义上求索的学者当然不一样，但他的心性功夫还不够精纯，所以说他的学问还有粗糙的地方。现在你的水平还不够高，等你用功久了，水平到了，也就明白我说的意思了。"

---

① 陆子：陆九渊，号象山。

陆九渊，字子静，抚州金溪（今江西省金溪县）人，南宋哲学家，因讲学于象山书院，被称为“象山先生”，学者常称其为“陆象山”。陆九渊为宋、明两代“心学”的开山之祖，与朱熹齐名，但与其见解多不合。主“心（我）即理”说，言“宇宙便是吾心，吾心即是宇宙”“学苟知道，六经皆我注脚”，对后世影响极大。著有《象山先生全集》三十六卷。

心学是陆九渊所创立，由阳明先生发扬光大。陆九渊在学术上没有师承，但他融合了孟子“万物皆备于我”和“良知”“良能”的观点，认为我生万物生，我死万物死。提出了“心即理”。天理、人理、物理只在吾心中，心是唯一实在：“宇宙便是吾心，吾心即是宇宙”，认为心即理是永恒不变的：“千万世之前，有圣人出焉，同此心同此理也；千万世之后，有圣人出焉，同此心同此理也。”人同此心，心同此理。古往今来，概莫能外。

关于宇宙，我们文化中的宇宙和西方人讲的宇宙不是一回事，西方人讲宇宙是指空间概念，我们讲宇宙是指“时间+空间”概念，即《尸子》云：“天地四方曰宇，往古来今曰宙。”

陆九渊认为治学的方法，主要是“发明本心”，不必多读书外求，“学苟知本，六经皆我注脚”。

“发明”要分开读，“发”是“发现，发掘”，“明”本义是日月交辉而大放光明，引申意思是明辨是非，看得清清楚楚。阳明先生的遗言“吾心光明”的“明”也是这个意思。

说到这里，不得不提一下“鹅湖论道”。南宋淳熙二年（1175）在信州（今江西上饶市铅山县鹅湖镇）鹅湖寺，应浙东学派的代表人物吕祖谦的邀请，理学大师朱熹与心学之魁陆九渊、陆九龄进行了一场程朱理学与心学之间的学术辩论，邻近郡县官吏、学者百人列席观会。双方连续三日激辩，首开书院会讲之先河。

由基本立场谈及读书治学，双方“相与讲其所闻之学”，朱熹侧重“道问学”，他认为治学的方法，最好是“居敬”和“穷理”，二者相互把持运用。他强调“格物致知”，认为应该穷尽事物之理，推致其知以至其极。陆九渊、陆九龄声明应该“尊德性”，力主发人之本心。陆九渊从“心即理”出发，提出“尧舜之前有何书可读”，认为心才是根本，所谓“学苟知本，六经皆我注脚”。

其实双方争论的核心是个谁先谁后的问题，陆九渊认为心是首要的，如果心不能明，感知到的世界也是不能明的，在这个基础上“格物”等于在流沙上盖房子。所以治学的根本在发明本心。朱熹认为物是首要的，应该“格物致知”，治学的根本在穷尽事物之理。

陆九渊说朱熹的搞法支离破碎，到处格物，收集碎片，然后再把找到的碎片拼凑起来，就像玩拼图一样，既不知道中间缺哪一块，也不确定最后拼出来的图一定是完整的。朱熹说陆九渊的搞法以心为主，已经脱离了儒学的范畴，搞成禅学了。

如果天理是一棵树，陆九渊是从种子出发，让这颗种子生根发芽长大，最后长成一棵树，由此得到树的全貌；朱熹是收集树的枝、叶、花、果等碎片，把这些碎片拼接在一起，由此得到树的全貌。

最终，两方都没能说服对方，各持己见而去，史载也未明定胜败结果。其后，朱熹和陆九渊仍维持着君子之交，朱熹还邀请后者至白鹿洞书院讲学，可见当时学术之风之正，朱熹先生心胸之开阔。

阳明先生对陆九渊的评价是很高的，他说陆九渊学问的“粗”指的是“知行合一”这方面。心性修炼是必须要实修的，只在文字上穿凿，靠训诂考据强行解释，只能忽悠一下完全没有实修的人，让不明就里的人觉得逻辑性很强，说得很有道理，但对实际的心性提高，是没什么用的。

在“心即理”这个方面，陆九渊和阳明先生很相似，但从实修功夫上讲，陆九渊还没有明确地把“知”和“行”合而为一。这就是“粗”字的意思。“知行合一”的个中滋味，必须要亲身体验和实践的，故此阳明先生让陈九川切切实实修身。水平提高到真正明白“精一”是怎么一回事的时候，也就自然明白陆九渊的“粗”处了。

【184】
“格物”真诀

【原文】

庚辰往虔州[①]再见先生。

问：“近来功夫虽若稍知头脑，然难寻个稳当快乐处。”

先生曰：“尔却去心上寻个天理，此正所谓理障[②]。此间有个诀窍。”

曰：“请问如何?”

曰：“只是致知。”

曰：“如何致?”

曰：“尔那一点良知，是尔自家底准则，尔意念着处，他是便知是，非便知非，更瞒他一些不得。尔只不要欺他，实实落落依着他做去，善便存，恶便去。他这里何等稳当快乐！此便是‘格物’的真诀，‘致知’的实功。若不靠着这些真机，如何去格物？我亦近年体贴出来如此分明，初犹疑只依他恐有不足，精细看，无些小欠阙。”

【老刘说】

庚辰年，即正德十五年（1520），时年阳明先生四十九岁。陈九川到江西赣州再次见到阳明先生。陈九川问阳明先生，按照他教导的方法用功，也能

① 虔州：赣州，今江西赣县。

② 理障：以理阻碍正知。语出《圆觉经》：“思索文字，忘其寝食，禅家谓之理障。”

做到“稍知头脑”，但问题是“难寻个稳当快乐处”。陈九川要表达的意思是，以前您跟我说修身修到一定程度，心就可以有一个充盈稳当的安乐去处。切实去做致良知、去私欲、恢复天理的功夫，这应该是天下至乐之事，可是我为什么体验不到“稳当快乐”呢？

这个疑惑也是很多心学学习者的疑惑。

阳明先生说，你只在心上去寻找天理，就陷入“理障”了。其实这里是有个诀窍的。

陈九川马上问，有什么诀窍？

“理障”两个字是借用佛家的词，“理”在心学中的意思还是“天理”的意思。“私欲”会成为心体恢复天理的障碍，是很容易理解的，但是，有时候“公心”也会成为心体恢复天理的障碍，这种情况就称为“理障”。

这种情况怎么理解呢？仍借用以前讲过的种树的例子，我们在春天的时候种下一粒树种，种子种下去当然希望它能长成一棵参天大树，这种心态肯定是公心正念的。基于这种心态，每天都去地里刨开看看种子发芽了没有？这样的反复折腾，肯定会把种子自然成长的节奏打乱，这粒种子中途夭折的概率远远大于发芽长大的概率。这就是“理障”。陈九川肯切实用功，但在用功的过程中，又过于关心内心的感受，这种用心就成了“理障”。

阳明先生说，这个诀窍就是致知。

陈九川接着问，怎么去致知呢？

阳明先生说，心性功夫，自己的良知就是准则。如“好好色”“恶恶臭”，只要不自欺，意念所在之处，良知自有是非，是一点儿都欺瞒不了的。只要不欺骗自己的良知，踏踏实实依着良知做去，是善念就存养，是恶念就去除，稳当快乐只是个自然而然的事情啊！这就是经过实践检验的格物的诀窍，致知的实际功夫，其中无任何欠缺之处。

对于陈九川“理障”的问题，阳明先生开出的药方是“只是致知”。就是把“去心上寻个天理”的心抛掉，只在“意念起处”去做“致知”的功夫。意思是说种子种下去了，就不要天天把土刨开去看它发芽不发芽，而是做好自己该做的事情，该浇水的时候浇水，该施肥的时候施肥。时时心里记着这件事，今天下大雨，去看看积水会不会把种子淹死；长时间不下雨，就要考虑多浇浇水，等等。只是个勿忘勿助，循理而行的过程。

【185】
众人皆圣人

【原文】

在虔与于中、谦之同侍。

先生曰："人胸中各有个圣人，只自信不及，都自埋倒了。"因顾于中曰："尔胸中原是圣人。"于中起，不敢当。

先生曰："此是尔自家有的，如何要推？"

于中又曰："不敢。"

先生曰："众人皆有之，况在于中，却何故谦起来？谦亦不得。"于中乃笑受。

又论："良知在人，随你如何，不能泯灭，虽盗贼，亦自知不当为盗，唤他做贼，他还忸怩。"

于中曰："只是物欲遮蔽；良心在内，自不会失，如云自蔽日，日何尝失了。"

先生曰："于中如此聪明，他人见不及此。"

【老刘说】

虔州就是今天的江西赣州，有一次陈九川、于中和邹守益几位学生在虔州陪阳明先生聊天。阳明先生说，每个人的心中各有一个圣人，只因为自己不相信自己心中有圣人，所以将自己的圣人埋没了。

阳明先生这时候看了一下于中说："你心中有个圣人。"

于中马上站起来说："不敢当不敢当，老师您不能这么说，我怎么敢认为自己心中有圣人呢!”

阳明先生说:“这个事情本来就是真实存在的，你有什么好推脱的?”

于中再次表示:“这个真不敢当。”

阳明先生接着说:“所有人都有，又不是只有你一个人有。为何谦让起来了呢？这个是不必谦让的。”

于中笑着表示接受了——既然老师这么说，我是有个圣人在胸中。

“人胸中各有个圣人”指的是良知，每个人心中都有，只是成分多少的问题。每个人的心都是一座金矿，只是有的纯度高，有的纯度低，只要好好炼化，努力去除杂质，最后都可以炼成真金。从这个角度来说，每个人都有成为圣人的潜质。

阳明先生这时候举例子说，就算是小偷，也知道做贼这件事情不对，别人称呼他是小偷的时候，他心里也会不舒服，这说明心中良知未泯。

于中总结说，良知就像太阳一样，是一直存在的。不能说阴天了太阳就不存在了，晴天的时候太阳才存在，良知一直都在，只是有时候会被私欲遮蔽，就像阴天看不到太阳但太阳仍存在一样，只要去除遮蔽，良知自然就会显露出来。

阳明先生表示赞同，说，于中是如此聪明，其他人的见解还达不到这地步。

这一节承接上一节，是对“致知”含义的阐发，“人胸中各有个圣人”和“人人皆可为尧舜”是一个意思，即任何人都可以通过切实做存养良知的“致知”功夫，达到圣人境界。

【186】
心性的试金石

【原文】

先生曰："这些子看得透彻，随他千言万语，是非诚伪，到前便明，合得的便是，合不得的便非，如佛家说'心印'[①] 相似，真是个试金石、指南针。"

【老刘说】

阳明先生说，能把这些"这些子"都透彻了，不管如何纷繁芜杂的事情和说法，都可以马上看清楚，看明白。符合良知就是对，不符合的就是错。这就和佛家说的"心印"类似，真是个试金石、指南针。

这句话乍一看很清晰明了，仔细一琢磨就会有点儿晕，太抽象了，不容易真正理解。核心疑问是"这些子"究竟是指什么？

阳明先生这里打了个比方，把"这些子"约等于禅宗说的"心印"。"心印"出自《祖庭事苑》，原文是："心印，达摩西来，不立文字，单传心印，直指人心，见性成佛。""印"这个字的本义是摁压图章或字模以留下图案或字迹，延伸意思是印出来的痕迹和原始印章的样貌是一模一样的。比如"心心相印"说的就是两个人彼此的心意不用说出，就可以互相了解，彼此思想感情完全一致。

"心印"说的是在修炼中，真正的心法和感觉是没有办法用语言或者文字说清楚的，只要描述，必然就会有遗漏和扭曲。得道的师傅相当于一个印章，

① 心印：谓禅之本意，不立文字，不依言语，直以心为印，故曰心印。

在徒弟的心上印个痕迹，如同复制一个一模一样的东西，徒弟修行的时候，就可以完全参照这个复制品来修正和调整自己修炼的方向，这样方向就不会出偏差，在方向正确的前提下，只要足够努力，最后达到和“心印”一模一样，就是得道了。

只要洞悉了“良知”是什么，就等于拿到了阳明先生的“心印”，继续向这个方向努力就可以了。

收束心猿意马之后，触摸到心体，随着不断在心体上用功，“良知”就会慢慢呈现出来，直到清晰通透。这个时候无论看什么书，听什么人讲课，传递过来的东西，只需要和心里的“良知”印证一下，马上就知道这些东西是真是伪，是对是错，是真真切切还是胡说八道。

【187】
良知诀窍

【原文】

先生曰："人若知这良知诀窍，随他多少邪思枉念，这里一觉，都自消融；真个是灵丹一粒，点铁成金。"

【老刘说】

阳明先生说，只要对"良知"完全明了洞悉，无论有多少歪思邪念，只要"良知"一觉醒，都会如滚汤泼雪，瞬间回归宇内清明。"良知"就是灵丹一粒，具备瞬间点铁成金的神效。

【188】
功到自然不同

【原文】

崇一曰："先生'致知'之旨发尽精蕴，看来这里再去不得。"

先生曰："何言之易也！再用功半年看如何？又用功一年看如何？功夫愈久，愈觉不同，此难口说。"

【老刘说】

欧阳崇一说："先生您把致良知的宗旨阐发得淋漓尽致，在'良知'这个方面，您已经到了登峰造极的水平，这个方向别人想超越您，基本是没可能的，我们这些人只有仰视膜拜的份儿。"

阳明先生说，这话说得有点儿过了，周文王说"望道而未之见"，"道"是无止境的，再用功半年，回头看看，再用功一年，再回头看看，会怎么样呢？功夫越久，感觉越会不同，这种精进的感觉不是用语言能说清楚的。

欧阳崇一这句话，多少有点儿奉承的意思。阳明先生一句"何言之易也"讲出了心性修炼是一件"没有最好只有更好"的事情。

开车很简单，无非是扭扭方向盘，踩踩油门刹车，一般来说，学十分钟就能把车开走，但真正想把车开好，就是一件非常不容易的事情了。十年驾龄的老司机，也不敢说自己有足够把握处理好任何突发状况，驾驶技术不需要再精进了。

阳明先生说用功这件事，半年回头看看，一年再回头看看，那是完全不同的感觉。就像登山，垂直高度上去一截，看到的风景就会有变化，感觉自然也是不同的。道理很浅显，真的体悟到，能做到，就是一件非常不容易的事情，又怎么能说“何言之易也”？

很多想修心性的人，都有不知道自己不知道的问题，浅尝辄止，看一眼就觉得自己明白了，实际上距离明白还远着呢。“不知其然偏偏要论其所以然”的人大部分都存在这样的毛病。

【189】
“致知”之妙

【原文】

先生问九川：“于‘致知’之说体验如何？”

九川曰：“自觉不同。往时操持常不得个恰好处，此乃是恰好处。”

先生曰：“可知是体来与听讲不同。我初与讲时，知尔只是忽易，未有滋味。只这个要妙再体到深处，日见不同，是无穷尽的。”又曰：“此‘致知’二字，真是个千古圣传之秘，见到这里，‘百世以俟圣人而不惑’。”

【老刘说】

阳明先生问陈九川，实修这么长时间了，对“致知”有什么新的体会？

陈九川说，能感觉到现在比以前有明显的进步，以前做功夫的时候，常常着力点找不准确，现在能拿捏到一个“恰好处”，功夫自然有着落。

阳明先生说：“现在你能很清晰地知道，自己真正体会到的和听说到的是不同的。我刚开始给你讲‘致知’的时候，知道你是心存轻视的，那是因为你还没体验到其中的真滋味。通过实修体验，随着体会越来越深入，就会越来越重视‘致知’这件事，也会在深处体会到‘致知’的妙用是无穷尽的。”

阳明先生总结说，“致知”这两个字，是千古以来圣贤们的不传之秘，看透了这点，就能“百世以俟圣人而不惑”。

纸上谈兵是很容易的事情，但是要想真正知道，是离不开自己动手练习的。会背手册和真正能做到完全不是一个层次的事情。

“下学而上达”，只有不断地“下学”，才能层层精进，最后“上达”。有些道理的理解，往往会随着自己水平的提升而延伸出更深入的意思。比如“推己及人”这句话，最初的理解是将心比心，也就是换位思考，如果自己处在这个位置，不想被如此对待，就不要这样对待别人。当自己的心学水平有了一定的提升之后，就会懂得仅仅换位思考是不够的，还要结合这个人的特质来考虑才可以。

同样一句话，因为，有的人脸皮比较厚，有的人脸皮比较薄，产生的效果是不同的，脸皮厚的人听到之后，可能会觉得不疼不痒无所谓，但对脸皮很薄的人来说，则有可能会暴跳如雷，甚至情绪失控，干出什么蠢事。

面对不同的人，不能仅仅以自己的承受能力作为参考标准，必须要把具体人的人生经历、性格特质、认知程度等都考虑进去。这才是真正意义上的“推己及人”。

就像之前讲过的《小马过河》的故事，河水的深度对于松鼠来说，是百分之百会被淹死，对于老牛来说，却只是到膝盖处，毫无危险可言。当小马自己过河的时候，发现河水既不像松鼠说的那样会淹死自己，也不像老牛说的那样仅仅到膝盖，而是刚到它的肚子的高度。

传道解惑这件事情，阳明先生的做法是先让学生实践，再加以点拨，这样的实际效果就会好很多。最上乘的心法并不是靠语言表达出来的，而是需要自己亲自去行，亲自去做，亲自去体验。所有这些都不是别人能代替的，求学的人必须亲力亲为。

【190】

实修的天机

【原文】

九川问曰:“伊川说到体用一原、显微无间处,门人已说是泄天机,[①] 先生‘致知’之说,莫亦泄天机太甚否?”

先生曰:“圣人已指以示人,只为后人掩匿,我发明耳,何故说泄?此是人人自有的,觉来甚不打紧一般。然与不用实功人说,亦甚轻忽可惜,彼此无益;与实用功而不得其要者提撕之,甚沛然得力。”

【老刘说】

陈九川问:“程颐说到‘体用一原、显微无间’的时候,他的门人说他已经泄露了天机。先生您的致知学说,不也是泄露天机太多了吗?”

“体用一原、显微无间”,“体”指本原、本体;“用”指显现、作用。程颐认为隐微的理与显著的象,二者是统一没有间隙的。无形的理,当以物象来显示其具体意义和功能,而有形之物,本于无形之理。“一原”即源于一理。“显”即明显、显著,“微”即幽隐、微妙,“显微无间”的意思是事物显著的一面和幽隐的一面的联系是不可分割的。

阳明先生回答说,“致知”这件事情不是他发明创造的,圣人早就已经把这件事的真相指明给世人了,后来随着时间日久,原来的意思被混淆匿藏没了,他只是按照圣人的原意,重新把它讲出来而已,怎么能说是“泄露”呢?

① 《二程集·河南程氏外书》卷十二:“和靖尝以《易传序》请问曰:‘“至微者理也,至著者象也,体用一原,显微无间”,莫太泄露天机否?’伊川曰:‘如此分明说破,犹自不解悟。’”

“良知”是每个人与生俱来的，只是人们无知无觉罢了。跟没有在心性上切实用功的人说心性修炼的重要性和方法会被他们轻视忽略，这很令人惋惜。对这类人说“体用一原、显微无间”的事情，无异于对牛弹琴，无论是对琴师还是牛而言，都是“彼此无益”。但对想切实用功却不知道其中要领的人说清楚这件事情，他就会如获至宝，有了用功的着力处，功夫也就有了着落。从这类人来说，有人说清楚就是一件非常给力的事情了。

“此是人人自有的”指的是人人都有“致知”的能力，但绝大部分的人对“致知”的能力都会等闲视之。人有个通病，就是相信“远来的和尚会念经”，对自家拥有的东西往往会轻看。枕边爱人和虚拟世界某位大师讲同样的道理，往往会对大师的话认真琢磨，把内容记到心里去；对枕边人的话，往往会左耳进右耳出，只看嘴巴的一张一合，根本不会过心，更别提琢磨了。

这个世界将世间最精妙的道理当灰尘一样抹去的人多如牛毛，绝大多数人，除了有一颗迫切希望得道的浮躁之心，其他什么都没有。这个样子又怎么可能洞悉真正的“道”呢？真正可以得道的人往往是孜孜以求切实用功的人。追求真理的路上，是没有捷径可走的，有的只是不自欺的“下学而上达”。

【191】
不知则遂沦埋

【原文】

又曰："知来本无知，觉来本无觉，然不知则遂沦埋。"

【老刘说】

阳明先生说，"知"原本来自"无知"，"觉"原本来自"无觉"，但是如果不"知"，就会使自己的良知沦落埋没。不怕"知"，怕就怕"不知"，"不知"就会止步不前，甚至会走向反面。

"知来本无知，觉来本无觉"有点儿像"说禅机"，让人听着有点儿绕。"无知"指的是无刻意的知，"无觉"指的是无刻意的觉，一旦刻意，就是"助"了。"不知"指的是对"良知"的忽略或不清晰，有"忘"的意思。阳明先生在这一节，说的还是"勿忘勿助"。

修心性是有次第的。我们存养良知，在心性上下功夫，随着水平的提高，当你真正知"道"的时候，觉着其实也没什么，知"道"了才知道本来无所谓知"道"，觉悟了才发现本无所谓觉悟。

举个例子，在中学的时候，心中的大学是非常神圣的地方，经常会有很多憧憬——当我成为大学生的时候如何如何，觉得是一件特别意义不同的事情。但是真的考进了大学，只有前两个月是新鲜期，等度过第一个学期之后，就会觉得大学其实也没啥，也很平常。如果一辈子没上过大学，这种对大学的仰视心态，就会一直存在。

做为学功夫的时候，也差不多是这个样子。当我们仰望圣道的时候，会觉得高不可攀。但随着自己水平的提高，知道得越多，越会有返璞归真的感觉，回归平实质朴。真到圣人的级别，看到的就是本然如此的大道至简，根本就不会有什么神妙的感觉。

【192】
朋友论学

【原文】

先生曰："大凡朋友，须箴规指摘处少，诱掖奖劝意多，方是。"后又戒九川云："与朋友论学，须委曲谦下，'宽以居之'。"

【老刘说】

阳明先生说，大凡朋友之间，彼此相处的时候，规劝指责处要少一些，正向的鼓励和夸奖要多一些，这样彼此相处会比较融洽一些。后来又告诫陈九川说，和朋友讨论学问的时候，要委婉谦虚，宽厚相待。

这句话是阳明先生就交友方面对陈九川的教诲，从教诲的内容可以推测出，陈九川平时在和朋友相处时很可能有些傲气，所以特意就他的这些缺点进行有针对性的指正。从中也可以看出阳明先生与朋友相处时的态度，对今天的我们也很有借鉴的意义。

陈九川这个人非常聪明，少年得志，才华横溢，正德九年（1514）进士，后任主客司郎中，掌土司及诸外藩的朝贡、接待、赏赐之事，属于见过大世面的人。陈九川同时是心学江右王门的代表人物，是个可以开宗立派的人。

阳明先生对陈九川说这番话是有所指的，陈九川从小就很聪明，前面又走得比较顺，难免会有恃才傲物的毛病。在心性修为还没到达足够高度的时候，做人难免会有些傲气。阳明先生这番话，有对症下药的意思。

人都喜欢和让自己感到舒服的人相处，所以才有"谦谦君子温润如玉"的说法，"温润"就是既温暖又不会枯燥无趣，这样的人是招人喜欢的。

"傲"的根本原因是心无足够的敬畏，这个敬畏指的是对天地自然的敬畏和平和。心有敬畏的谦恭，才是真正有个“诚”字的真谦恭，否则只是个表里不一的假谦恭。

朋友是平辈之交，不卑不亢就好。聊天的时候，别人说错了，是否要指出来呢？个人觉得要看具体是什么事情，“公说公有理，婆说婆有理”的鸡零狗碎，是没有必要较真的，这些事情过分较真，反而容易伤别人面子，属于不智。事情如果不大，说了明知没效果，只会影响关系的话，也是没必要说的。过分介入他人因果的事情，比如别人的感情问题等，可以给建议，但不能横插一手，越俎代庖，干扰别人的生活，这是用世的基本原则。

有错处需要指出来的，要注意方式方法，要考虑到对方的阅历、认知和接纳、领悟能力等，不能不管不顾，光图自己嘴巴痛快。更不能摆出一副高人指点江山的嘴脸，这是很讨嫌的。毕竟人家拿你当朋友，你也要有点儿自知之明。一般来说，谦虚诚恳的态度，是大家所喜欢的。

我们的文化中，绝大多数时候，沟通都是先看态度再听内容的，觉得说话的人看着不顺眼，或者有某个方面让自己生厌，往往不会再认真听他讲的内容的。态度先认可了，才会考虑认真倾听的。

《传习录》中篇，阳明先生写的信，都是非常注意方式方法的，该抬一下的时候抬一下，该坚持立场的时候坚持立场，这样才能达到良好的沟通效果。

【193】
常快活便是功夫

【原文】

九川卧病虔州。

先生云："病物亦难格，觉得如何?"

对曰："功夫甚难。"

先生曰："常快活便是功夫。"

【老刘说】

在江西的时候，陈九川身体出了点儿问题，在虔州养病。阳明先生探望的时候，询问陈九川在养病期间格物功夫怎么样，是不是感觉比平常做功夫要艰难费力一些。

陈九川回答说，身体不舒服的时候，人比较烦躁，精气神不足，做存养良知功夫的时候，的确要比平常困难一些。阳明先生说，这个时候，正是做功夫的时候，无论什么境遇，能始终保持心内平和快乐就是致良知的功夫。

人碰到不顺的事情，难免会很烦躁，七情波动比较大，越是这个时候，越是炼心的时候，越应该致良知。

人在忧病的时候，往往会过分关注自己的感受，而苛求别人，这点在修身中要高度注意。"人在难处想宾朋"是人之常情。例如，自己躺在医院里，难免胡思乱想。自己平常对张三不错，他怎么没来看望；李四上次找自己办事，自己尽心尽力给办了，现在自己生病了，他怎么电话也不打一个；等等。这个时候，私欲已经开始侵蚀心体了。忧病之时，正是修身的关键时刻。阳明心学很注重人在气机紊乱时候的功夫，越是在苦、闷、怒、怕的时候，越是要保持修心的功夫。

在上篇44节中，陆澄的儿子病危，他“心甚忧闷，不能堪”，阳明先生说的“此时正宜用功，若此时放过，闲时讲学何用?”也正是这个意思。满世众生都有天年之限，无非长短不同，世上芸芸众生皆有生死枯荣，这是天道循环。人生几十年时光，生老病死是不可避免的事情。生老病死谁都怕，但怕是毫无意义的，自然规律是人力不可及的部分，“怕”字当头，除了让自己更煎熬，并不能改变什么。

“常快活便是功夫”，一句话道尽了人生根本。灵魂独立和坦坦荡荡的幸福感是人生的两个支点。坦坦荡荡的幸福感说的是面对无可避免的人力不可及之事时，我们可以坦然面对，心有平和和愉悦。该来的总会来，该去的总会去，何必执着于人力不可及之处而徒生烦恼呢？阳明先生离世时候的八个字“此心光明，亦复何言”说的正是此意。

从至道的角度，人生只是个用户体验，就像一款电脑游戏，既然你已经进入游戏，作为一个角色，就要有敬业精神，认真地扮演好自己的角色，这个认真就是个“诚”字。至于游戏什么时候结束，并不是你所能控制的，只要始终有个“诚”字，就是完美的人生。

【194】
关于“白日梦”

【原文】

九川问：“自省念虑，或涉邪妄，或预料理天下事，思到极处，井井有味，便缱绻难屏，觉得早则易，觉迟则难，用力克治，愈觉扞格，惟稍迁念他事，则随两忘。如此廓清，亦似无害。”

先生曰：“何须如此，只要在良知上着功夫。”

九川曰：“正谓那一时不知。”

先生曰：“我这里自有功夫，何缘得他来？只为尔功夫断了，便蔽其知。既断了，则继续旧功便是。何必如此？”

九川曰：“直是难鏖，虽知丢他不去。”

先生曰：“须是勇；用功久，自有勇。故曰‘是集义所生者’，胜得容易，便是大贤。”

【老刘说】

陈九川说，当自己省察心中念虑的时候，有时候会有邪念和妄想，比如想象自己是天下的主宰，去料理天下的各种事情。不知不觉进入角色，运筹帷幄，排兵布阵，越想越兴奋，舍不得放下。觉察比较早的情况下比较容易退出妄境，让心归正；觉察比较晚的情况下，就不容易把心归回来了。

陈九川说的现象，归结起来就三个字——“白日梦”。也就是自己给自己讲故事，哄自己开心。做“白日梦”这件事，几乎每个人都有过，我原来有个下属，就和我讲过他的“白日梦”：“上班的时候看哪个领导不顺眼，晚上躺着睡不着觉的时候，就想象某一天自己发达了，这个人落到自己手里，再臆想各种蹂躏吊打的场面，这样一琢磨，能琢磨一两个小时，兴奋得睡不着觉。”

陈九川应对的办法有两种。一种是压抑，也就是告诉自己，“白日梦”是空想，赶紧放下，干点儿有意义的事情；另一种是转移，建立一个新的兴奋点，这样原来的兴奋点自然就放下了。陈九川认为这样应对“白日梦”，好像也没什么坏处。当然这种应对办法只是扬汤止沸，对心性提升是没有什么帮助的。

“白日梦”是人为制造的一个幻境，在这个臆想世界中，自己是无所不能的造物主，是幻境的主宰，当幻境过于真实的时候，很容易落入其中而不能自拔。但幻境对于修心性而言，未必是坏事，因为我们可以通过幻境中的境遇来历练自己。入妄破妄，在幻境中磨砺，也是自身突破的一种修炼方式。比如色欲，在幻境中，可以制造出对心最大的诱惑，但能不迷失其中，可以破妄而出，好色私欲也就不会再攀附心体了。这里说明一下，入妄破妄，是在心性水平很高的阶段才可以尝试的事情。入妄容易但凶险，如果最后不能破妄而出，人就会废在里面了。

对于入妄破妄，不知心体为何物的门外人，会进入一种胡思乱想，徒耗时间精力的状态，毫无意义可言；能触摸到心体，知晓气机流行的人，因不得要领，很容易随时失控，后果很严重；只有对心体和气机流行都非常熟悉的人，才可以尝试入妄破妄的事情，但万万不可掉以轻心。

阳明先生回答说：“你应对的办法只是扬汤止沸，并不能从根本上解决问题，你只要在良知上下功夫就可以了，没必要绕这么远。”

陈九川说：“正谓那一时不知。”陈九川心性功夫已经有一定的水准了，应该清楚良知是常醒常觉的，这句“那一时不知”的意思，不是说自己连分辨善恶的意识都没有了，而是说“致良知”的执行者不知。也就是说，这个时候致良知的执行者在偷懒，没有履行职责。其实也是私欲作祟，毕竟，“白日梦”是能带给人快感的，让人沉迷其中，不想出来。

阳明先生直指要害地说，“那一时不知”的根本原因是致良知的功夫有了中断，只要把它接续上，问题就解决了。

陈九川说：“道理我都知道，只是这真是一场艰难的苦战啊！虽然知道，却清除不掉。道理都懂，做起来的确是有难度的。”

阳明先生说：“你的困难我能理解，现在正是最艰难的时候，必须要有勇气，要斩钉截铁，不能婆婆妈妈，拖泥带水。‘集义’是可以产生勇气的，第一次苦战一定是很艰难的，第二次就要容易一些，时间越久、历练得越多就越容易。随着不间断地省察克治，不断地集义，存养良知就会越来越容易，私欲干扰的影响就会越来越微乎其微，最后‘下学而上达’，就能跻身于贤人的行列了。”

【195】
以“心”为本

【原文】

九川问：“此功夫却于心上体验明白，只解书不通。”

先生曰：“只要解心。心明白，书自然融会。若心上不通，只要书上文义通，却自生意见。”

【老刘说】

陈九川问，这个功夫只有在心上实修才能真正明白，但是用来解释书本上文义，就解不通了。

阳明先生说，心才是根本，心上清楚了就可以了。心明白了，书上写的东西自然会融会贯通。如果心上都不清楚，只是穷究书上的文义，反而会把心带偏了。

文字和语言只是道的载体，不是道本身。心是道所在的地方。把载体放在心的前面，穷究文义胜过相信本心，显然是本末倒置了。

文字和语言能携带的信息量是非常有限的，每个字都有不止一种解释，字和字组合成词和句子，看的角度不同，理解的意思就会不同。比如说中国人讲“随便”两个字，语音语调不同，肢体语言不同，表达出来的意思就会差异很大，大家应该有这个体会。

关于阳明心学，一本书或者一个老师说的对不对，不是看名气和粉丝数量等，而是看这套东西能否经得起心体的检验，能否让我们学以致用，让我们在入世治世的具体实践中更加游刃有余，更加智慧，更加平和快乐。如果不能，就立即放下，免得浪费时间和精力。

【196】
在官司上实修心性

【原文】

有一属官因久听讲先生之学，曰：“此学甚好，只是簿书讼狱繁难，不得为学。”

先生闻之，曰：“我何尝教尔离了簿书讼狱，悬空去讲学？尔既有官司之事，便从官司的事上为学，才是真格物。如问一词讼，不可因其应对无状，起个怒心；不可因他言语圆转，生个喜心；不可恶其嘱托，加意治之；不可因其请求，屈意从之；不可因自己事务烦冗，随意苟且断之；不可因旁人谮毁罗织，随人意思处之；这许多意思皆私，只尔自知，须精细省察克治，惟恐此心有一毫偏倚，杜人是非，这便是格物致知。簿书讼狱之间，无非实学。若离了事物为学，却是着空。”

【老刘说】

阳明先生下属的一个官员，长期听先生讲学，觉得心学非常好，就感慨说：“这个学问很好，只是我现在每天工作太忙了，实在是抽不出时间学习。”

阳明先生听到这件事之后说：“心学是入世治世之学，我什么时候说过要放下一切才能学心学了？心学不是你这么理解的，这明显偏了。心学是不能脱离具体事情的，应该在应对各种人情事变中‘事上磨’，才能不偏离根本。你的工作是文书诉讼，就可以从文书诉讼方面入手，学习心学，这就是真正的格物。

“比如在审理案子的时候，不能因为当事人说话没礼貌就怒火中烧，刻意整治他；不能因为当事人巧言令色，就升起喜心，刻意从轻处罚；不能因为有人说情就徇私枉法；不能因为自己事务繁重，心生厌烦，就随意判决。要有自己的分辨能力，保持心智在线，能分清什么人是真的犯罪分子，什么人是被人罗织诬陷的。不能不分青红皂白，就依据旁人的一面之词加以处置。

“上面所说的各种情况都是私欲在作祟，都发生在‘人所不知己所独知之地’，必须时刻认真做好省察克治功夫，避免心中有一丝一毫的偏颇，导致所作所为偏离天理。处理文书与诉讼，就是踏踏实实落地的学问功夫，如果脱离具体事物去做功夫，就是空中楼阁了。”

心学是不能脱离具体事情的，心学功夫必须要“事上磨”，大家可以联系自己的具体情况，根据阳明先生的归纳模式，总结出自己工作生活的指导细则，然后按照这些细则笃行，就是实实在在的格物致知。

【197】
正解“好恶从之”

【原文】

虔州将归，有诗别先生云：“良知何事系多闻，妙合当时已种根，好恶从之为圣学，将迎无处是乾元。”

先生曰：“若未来讲此学，不知说‘好恶从之’从个甚么。”

敷英在座曰：“诚然。尝读先生《大学古本序》，不知所说何事；及来听讲许时，乃稍知大意。”

【老刘说】

陈九川将要离开虔州的时候，写了一首诗和阳明先生道别：“良知何事系多闻？妙合当时已种根。好恶从之为圣学，将迎无处是乾元。”

这四句简单解释一下：

第一句是反问句，良知何事系多闻？意思是良知不是靠多闻多见才能得到的。良知如果需要靠多闻多见才能得到，那就是外求了。良知是内求的事情，多闻多见的目的是历练良知，不是通过多见多闻创造出良知。一把刀是否锋利是由自身的材质决定的，材质好，再用磨刀石好好打磨一下，就会非常锋利。如果本身材质就不好，磨刀石是起不了多大作用的。给你块普通塑料，无论怎么用磨刀石磨，都不可能用来剁排骨的。

第二句“妙合当时已种根”，“妙合”本义指“上天成就”，这里指良知，“当时已种根”意思是每个人从出世开始就具备良知，良知是与生俱来的。

第三句“好恶从之为圣学”，意思是按照心中的喜好和厌恶去实施，自然就是圣人之学了。“好恶从之”就是《大学》言“诚其意者：毋自欺也。如恶恶臭，如好好色，此之谓自谦。”诚意只是循天理，亦着不得一分意。故“有所忿懥，则不得其正……有所好乐，则不得其正”。知此，即知“未发之中”。也就是在“诚”的基础上的“好恶从之”，而不是由着性子胡来。

第四句“将迎无处是乾元”，“将迎”是“将迎意必”中的“将迎”，这里指“私欲”；“乾元”本义是天道之始，这里指“天理”。这句的意思是说“私欲”没有的地方就是“天理”开始的地方，也就是《易经》中的“善之长也”，“长”是“生发长大”的意思。

从这首诗的角度来说，陈九川在心学实修方面的造诣已经很高了。

阳明先生看了之后，针对“好恶从之”这四个字提出质疑，说：“如果你没有听我讲学，不知道‘从之’是从‘良知’的话，你所‘从’的又是什么？”

陈九川认为既然良知不出本心，只要按照自己心中的喜好和厌恶去行，自然就是圣人之道，阳明先生如此反诘，就体现出陈九川功夫的精微程度还不够。

“道心惟微”，心性功夫是很精微的，越是这种细微的地方，越是水准进阶的关键。良知不出本心，只要按照心中的喜好和厌恶去行就可以了，这样理解不能说不对，但自己心中的喜好和厌恶也不是绝对靠得住的，直觉上的喜好和厌恶不能等同于良知上的正确判断。这一点上的差异非常细微，但是又非常关键，务必留意。

在心学后来的弟子中，有一个叫颜均的人，就没有分清这其中的分别，于是步入歧途。从传学系统看，王艮弟子是徐樾，徐樾的弟子是颜均。颜均为学力求一任自然，宣称“性如明珠，原无尘埃，有何睹闻？著何戒俱？平时只是率性所行，纯任自然，便谓之道”。他甚至曾经当众就地打滚，说这就是他的良知。这种放任自我，完全不用克治功夫的做法，已经流入了“狂”，偏离了心学的真义。

阳明先生此语“见微知著”，是担心陈九川的“好恶从之”产生流弊，所以早打预防针。

现在儿童教育，常有人把快乐教育理解成让小孩率性而为，即释放天性，由着性子来。结果培养出很多“熊孩子”，比如在酒店吃饭，几个“熊孩子”

又吵又闹又折腾，影响别人进餐。服务员稍微提醒一下，孩子爹妈就振振有词：“小孩不就得释放天性吗？我让孩子释放天性，我没错。”

这么说话的父母，明显心智不成熟。人是有社会性的，这个世界不是你家的，你的孩子由着性子撒欢的时候已经干扰到别人，影响到公共秩序了，秩序被触碰的时候，冲突就产生了。

家庭教育中，身教胜于言教。由着性子养大的孩子，很难对秩序心有敬畏，当这个孩子步入社会、践踏秩序的时候，所付出的代价究竟有多大是很难说的。换句话说，你自己的孩子自己不教育，社会就会替你教育，教育到什么程度，只有天知道了。

阳明先生的弟子敷英当时在旁边刚好听到，就接了一句说：“先生说的意思，我很有体会，我以前读先生写的《大学古本序》，困惑比较多，今天听先生这么一说，就全明白了。”

【198】
博闻与伤食

【原文】

于中、国裳辈同侍食。

先生曰："凡饮食只是要养我身，食了要消化；若徒蓄积在肚里，便成痞了，如何长得肌肤？后世学者博闻多识，留滞胸中，皆伤食之病也。"

【老刘说】

于中、国裳等几个学生陪老师一同进餐，阳明先生借着吃饭来说为学功夫的事情。阳明先生说："吃饭是为了养我们的身体，不吃饭就会饿死，这是正确得不能再正确的事情，但吃饭的关键在于消化吸收，这样才能新陈代谢，才能维持生存、滋养身体。如果吃饭不消化，食物都积在肚子里，就是'成痞'了。'痞'的意思是'身体里无法消除的病变结块'。'病痞'堆积在身体里，不但无用，还会伤害身体。"

阳明先生用饮食比喻做学问。只会博闻强识，不会在入世治世中经世致用，算不上有学问，只是两脚书橱而已。

"后世学者博闻多识，留滞胸中，皆伤食之病也。"有些人博闻强记的能力真的很厉害，好多书都记得非常清楚，甚至可以倒背如流，但他的日子过得并不好，既不开心，也不顺遂，人活得很拧巴，这就是典型的两脚书橱了。脑袋里存了这么多东西，却不能在用世中予以体现，就像吃饭不消化，在肚子里面发胀一样。不但对身体没有裨益，反而深受其害。

"学问"按照南怀瑾先生的解释，和是否识字是没直接关系的，能应对好人情事变，懂得轻重缓急，就是学问。孔乙已经常因自己知道茴香豆的“茴”字有四种写法而扬扬得意，沾沾自喜地用筷子蘸着水在桌子上写，意思是：“你看我多厉害，你们谁知道‘茴’字有四种写法?”问题是就算孔乙已知道“茴”字有一千种写法，又怎么样呢?对自己的人生有什么帮助或者益处吗?

心学是开智的学问，精髓在于让你掌握入世治世的学问。如果你发现一门理论或者学问不能应用于实践，只是空耗时光和精力的话，要毫不犹豫地止损，毕竟人生资本很宝贵，不可以随便浪费挥霍。

【199】
圣人亦是"学知"

【原文】

先生曰："圣人亦是'学知'，众人亦是'生知'。"

问曰："何如?"

曰："这良知人人皆有，圣人只是保全无些障蔽，兢兢业业，亹亹翼翼[1]，自然不息，便也是学，只是生的分数多，所以谓之'生知、安行'，众人自孩提之童，莫不完具此知，只是障蔽多，然本体之知自难泯息，虽问学克治，也只凭他，只是学的分数多，所以谓之'学知、利行'。"

【老刘说】

阳明先生说，从某种角度讲，圣人也是学而知之的，普通人也是生而知之的。

在中篇141节，阳明先生说"夫圣人之所以为圣者，以其生而知之也。"意思是圣人之所以是圣人，是因为圣人生下来就知晓"道"，所思所想所行所止都符合"道"。今天阳明先生突然冒出这么一句话，这不是和前面讲的矛盾吗？学生们难免心有疑惑。

于是，陈九川问，为什么这么说呢?

阳明先生说，良知是人人都有的，圣人也是一样的，只是圣人天生就有

---

① 亹（wěi）亹翼翼：形容勤勉不倦向前推移、行进。

保持良知的本能，能时时刻刻保持心镜的干净，勤勉不倦地向前行进，但从用功的角度来说，圣人也是自然而然、不停息地做省察克治功夫的。

“学知、利行”的人保持良知的本能要差一些，会有断续，心镜遮蔽要少一些，做为学功夫要比圣人费力一些，需要时时刻刻戒慎恐惧，存养良知。

“困知勉行”的人保持良知的本能几乎没有，所以私欲遮蔽就会很重，不过本体的良知是难以泯灭的，通过求学克治，还是可以“上达”的，只是需要花费的工夫要多得多。

为了更容易懂，打个比方，人出生的时候，都像一面镜子，这面镜子是干干净净、一尘不染的。圣人的镜子带有一个非常灵敏的全自动检测系统，只要检测到灰尘落到镜子面上，无论灰尘多么微小，都会启动自动清洁系统，把镜面搞得干干净净。

“学知、利行”的人同样有一面干干净净的镜子，只是配套的自动检测系统时灵时不灵，需要人盯紧一点儿，手动和自动相结合，才能保证镜面干干净净、一尘不染。显然花的力气要比全自动的要多一些。

“困知勉行”的人也同样有一面干干净净的镜子，只是没有配套的自动检测系统，需要人时时刻刻盯紧，一分一秒都不能松懈，完全靠手动，才能保证镜面干干净净、一尘不染。这显然会很费力。

这一部分是先生为了鼓励后学，特意把话倒过来说的，大家注意语境就行了。

【200】
溥博如天，渊泉如渊

【原文】

黄以方[①]问："先生格致之说，随时格物以致其知，则知是一节之知，非全体之知也，何以到得'溥博如天，渊泉如渊'[②] 地位?"

先生曰："人心是天、渊。心之本体无所不该，原是一个天，只为私欲障碍，则天之本体失了；心之理无穷尽，原是一个渊，只为私欲窒塞，则渊之本体失了。如今念念致良知，将此障碍窒塞一齐去尽，则本体已复，便是天、渊了。"乃指天以示之曰："比如面前见天，是昭昭之天，四外见天，也只是昭昭之天。只为许多房子墙壁遮蔽，便不见天之全体，若撤去房子墙壁，总是一个天矣。不可道眼前天是昭昭之天，外面又不是昭昭之天也。于此便见一节之知即全体之知，全体之知即一节之知，总是一个本体。"

【老刘说】

黄直，字以方，明朝著名的诤臣，性格耿直，刚直不阿。黄直师从阳明先生，嘉靖二年（1523）参加会试，考题题目是诋毁阳明先生学说的，黄直和同门欧阳德没有顺着题目的意思答题，反而针对题目进行反驳。当时的编修马汝骥觉得这两个人有点儿意思，就把两个人录取了。后来黄直

---

① 黄以方：黄直，字以方，江西金溪人，王阳明弟子。

② 语出《中庸》，指圣人得到中庸之精髓之后，所拥有的宽广和博大，如天空般辽阔广大，如生生不息的深渊泉水般深邃不可知。

到任漳州推官，明朝时推官为各府的佐贰官，掌理刑名、赞计典，主要工作内容包括：处理百姓递交的案件、上级各机构批发下来的案件；州县案件的复核等。当时漳州当地供奉邪神淫鬼的祠很多，黄直一腔浩然正气，下令把这些供奉魑魅魍魉的祠全部拆掉，用拆下来的建筑材料修缮桥梁、道路等。

嘉靖十一年（1532）冬天，编修杨名因弹劾汪鋐被关进诏狱，供词牵涉程文德，程文德被捕。黄宗明上书为其辩解亦被捕。黄直在这个时候上疏言："九经之首曰修身，其中曰敬大臣，体群臣。今杨名以直言置诏狱，非所以体群臣。黄宗明以论救与同罪，非所以敬大臣。二者未尽，天下后世疑陛下修身之道亦有所未尽矣。"皇上震怒，下诏狱拷掠，命发配极边，编戍雷州卫。后来遇到天下大赦，才回到家里。黄直为官清廉，家无余财，靠妻子帮人织布维持基本生活。即便沦入贫贱之地，依旧心态平和，不怨天、不尤人，读书讲道一如以前，直到去世。隆庆皇帝登基，追赠黄直为光禄少卿。

黄以方问阳明先生："您的格物致知学说，是随时格物以致其知，那么这个致知就是一节之知，而不是全体之知了。这样做功夫，又怎么能达到'溥博如天，渊泉如渊'的高度呢?"

"全体之知"指的是"溥博如天，渊泉如渊"的水平，"溥博如天，渊泉如渊"出自《中庸》，指圣人得中庸之精髓后，所拥有的宽广和博大。"天地之道：博也，厚也，高也，明也，久也"，"大哉圣人之道，洋洋乎！发育万物，峻极于天"，"溥博如天，渊泉如渊。……天之所覆，地之所载，日月所照，霜露所队，凡有血气者，莫不尊亲，故曰配天"。这里比喻良知之用的无所不包和周流不息。

"节"本意是竹节，引申为事物的分节、分段。"一节之知"指对具体的某一件事、某个分段的"知"，此时此刻就是一节之知。"全体之知"是指对所有、全部的"知"。"一节之知"和"全体之知"是局部和整体的关系。

黄直的问题本身是有瑕疵的。"先生格致之说，随时格物以致其知"，"随时"二字是动态的，不是静态的。我们心中往往前念刚灭后念又起，没有丝毫停顿的时候，时间、事物、境遇随时都会改变，人的念头不会停留在一个点上止步不前，心中致的那个"知"的对象当然也会随之改变。但无论这些因素如何变化，我们致良知的这颗心是没有变的，即根本是没有变的。

“随时格物以致其知”有了“随时”这一限定语，意思就是个随时变易了，即无论时间、环境、事物如何变换，只要能“随时”致知，整个过程自然就是“全体之知”的表现了。

比如你偷懒不想工作，强迫自己集中精力认真工作，就是致自己的“知”；但如果连续工作时间过长，人已经非常疲惫了，放松一下，劳逸结合，也是致自己的“知”。二者是致知在不同境遇下的具体实现，是根据境遇的不同而表现迥异的，但都没有偏离“致良知”这个核心。

阳明先生回答说，人心就是天和渊。心的本体无所不包，只要知觉能达到的地方，心就能触摸得到。“原是一个天”的“天”和上篇38节中“性一而已，自其形体也，谓之天；主宰也，谓之帝；流行也，谓之命；赋于人也，谓之性；主于身也，谓之心”中定义的“天”是一个意思。人的天性只有一个，只因私欲的障蔽，才失去了天的本体。心的广大辽阔（天）和深邃悠远（渊）被私欲阻塞之后，心的本体也就不是本来的样子了。只要念念不忘致良知，将障蔽和阻塞统统清除干净，天和渊也就恢复了。这里天和渊的比喻，“天”指心灵动的一面，“渊”指心取之不尽用之不竭，鬼神不测的一面。私欲遮蔽“天”，心就无法真正的自由，更不可能达到“扶摇直上九万里”“会当击水三千里”这样神游万仞的逍遥自在，灵魂独立和坦坦荡荡的幸福感也就无从谈起；私欲遮蔽“渊”，心就无法做到“数尺有源之井水，生意不穷”，生生不息也就失去了根本。

说到这里，阳明先生以手指天空说，天空看起来是广阔明朗的，换个地方看，天空也是广阔明朗的。如果有房子墙壁挡住视线，眼睛就没办法看到整个天空，只要把挡住视线的房子墙壁全部移开，眼前的天空还是广阔明朗的。由此可见，“一节之知”也就是“全体之知”的局部，“全体之知”也只是无数个“一节之知”的组成。二者本体是相同的，是一回事。

【201】
循天理便是“道”

【原文】

先生曰：“圣贤非无功业气节，但其循着这天理，则便是道，不可以事功气节名矣。”

【老刘说】

阳明先生说，圣贤同样有建立功业的想法，也有在合适的时机坚守气节名扬天下的想法，只是圣贤懂得遵循天理，合道而行，不会刻意而为之。圣贤不是靠事功和气节等获名于天下的。

“时势造英雄”，一个是时，一个是势。势是说大势如此，也就是量变不断积累，最后到达质变，积累的过程中，只需要顺势而为之。“时”如同烙大饼，早了没熟，晚了就煳了，找到那个不早不晚的临界点，就是“时”的到来。

圣贤只是应时而动，孔子删述六经之前的圣人之所以没做同样的事情，是因为天时未到。春秋时代，已经到了伪书多于正本，杂音远远多过正音的程度，再不正本清源就会影响到文化传承。这个时候，孔子删述六经，正当其时，正是循理而行。

不能把事功大小作为评判圣贤的标准，比如明朝开国的常遇春，正因为生于乱世，此人才能成就一番功业。如果生于太平盛世，这种人大概就是被拉出去砍头的通缉犯，还谈什么功业呢?

圣贤并不是没有功业之心的，只是圣贤不会为了自己的功业气节逆天理而行，“遵循天理”是圣贤所遵循的第一圭臬，而功名事业以及个人的气节等，都要排在“遵循天理”后面，不能凌驾于“遵循天理”之上。

【202】
发愤忘食与乐以忘忧

【原文】

"'发愤忘食'① 是圣人之志如此，真无有已时。'乐以忘忧'是圣人之道如此，真无有戚时。恐不必云得不得也。"②

【老刘说】

这一节有个典故"发愤忘食，乐以忘忧"，出自《论语·述而》："叶公问孔子于子路，子路不对。子曰：'女奚不曰，其为人也，发愤忘食，乐以忘忧，不知老之将至云尔。'"

楚国大夫叶公问子路："你的老师孔子是个什么样的人?"这个问题显然不好回答，另外作为弟子评价自己的老师也不太妥当，子路沉默以对。后来孔子知道这个事情，就对子路说："你为什么不这样说，我老师这个人，发愤用功，连吃饭都忘了，快乐得把一切忧虑都忘了，连自己快要老了都不知道，如此而已。"

朱熹在《论语集注》中，注此章："未得，则发愤而忘食；已得，则乐之而忘忧"。意思是孔子在还没得"道"的时候"发愤忘食"，得"道"之后，就"乐以忘忧"。

阳明先生对此看法是不同的，先生认为"发愤忘食"是圣人之志如此，

---

① 《论语·述而》："叶公问孔子于子路，子路不对。子曰：'女奚不曰：其为人也，发愤忘食，乐以忘忧，不知老之将至云尔。'"

② 朱熹《论语集注》："未得，则发愤而忘食；已得，则乐之而忘忧。"

存养良知是不可间断的事情，所以圣人之志没有终止的时候；“乐以忘忧”是圣人之道本来如此，即“乐是心之本体”的“圣人之乐”。

孔子对子路讲这番话的时候，已经是圣人境界了，还分什么“得（道）”和“不（得道）”呢？孔子的“发愤忘食”，并不是在玩命找“道”，而是在“道”的引领下，自发自觉的生命不止，奋斗不息。所以，“乐以忘忧”不是因为找到“道”了，才快乐得将忧愁忘记了，而是因为“乐是心之本体”，圣人自然拥有坦坦荡荡的幸福感，圣人已经可以洞悉宇宙和生命，没有什么能影响到这种“圣人之乐”。

“发愤忘食”和“乐以忘忧”是并行不悖的。

圣人有两个基本特征。第一，“道”是第一原则，即所有的事情都是以“道”为首要原则，并不是说其他不重要，这只是个排序问题，不要理解成非此即彼。

内求于良知，顺“道”而行，只有如此我们才能做到灵魂的独立。灵魂的独立不是由着性子撒欢，更不是刻意特立独行。别人说东你说西，标榜自己与众不同，并不叫灵魂独立，而是幼稚不懂事。

圣人的第二个特征是坦坦荡荡的幸福感，真正的无忧无虑。洞悉生命的本质，能坦然面对一切境遇。

生老病死谁都怕，但怕除了影响自己的心智之外，是没有任何意义的。如果能做到面对生死都可以坦然接受，又有什么不快乐的呢？

【203】
各随分限

【原文】

先生曰："我辈致知，只是各随分限所及。今日良知见在如此，只随今日所知扩充到底，明日良知又有开悟，便从明日所知扩充到底，如此方是精一功夫。与人论学，亦须随人分限所及。如树有这些萌芽，只把这些水去灌溉，萌芽再长，便又加水，自拱把以至合抱，灌溉之功皆是随其分限所及。若些小萌芽，有一桶水在，尽要倾上，便浸坏他了。"

【老刘说】

阳明先生说，致知这件事情，大家结合自己的实际情况尽力而为就好。今天良知的见地到了这个高度，就把今天良知所达到的见地去扩充到这个高度。明天良知又有新的领悟，明天就把对良知新的领悟扩充到新的高度。这才是"精一"的功夫。

这一段很容易理解，我们做致知这件事情的时候，要清楚每个人的天资禀赋是不一样的，要从自己的具体实际出发，不可好高骛远。知行合一首先是自知，一块塑料可作为的地方很多，如果非要进化成一把钢刀，显然是一点儿戏都没有的。

自己的基础确定了，就在这个基础上慢慢拓展，日积月累朝一个方向发展，最后自然从量变到质变，下学而上达，这就是精一之功。

同道为鉴的讨论，是做功夫的一种有效方式，但和人讨论学问的时候，必须要顾及别人的心性水平和认知高度。刚种下的种子，要灌溉和种子相适应的水量，发芽之后，灌溉的水量要相应多一些，再长大一些，水量要更多一些，树的周长从两手合围大小到双臂合抱般大小，需要的水量是不一样的，灌溉的多少都是根据树所能承受的程度而定的。如果不考虑实际情况，一个小小的萌芽就浇一大桶水，必然会把小苗淹死；合抱的大树只浇一点点水，很容易干枯而死。

作为老师，给别人传道解惑的时候，一定要因材施教，每个人接受能力是不一样的。一个好的老师，是非常注重听课学生的实际接受能力的，懂得高低结合不会让领悟能力强的学生觉得浪费时间，也不会让领悟能力弱的学生不知所云。

就学生的学习来说，要注意不要急于求成，要懂得按部就班、循序渐进，很多人刚接触心学的时候，巴不得突击一下就能学会所有东西，洞悉世间大道，一劳永逸。这种心态是修身大忌。所谓“图难于其易，为大于其细”，每个人实际情况千差万别，必须从实际出发，不能好高骛远，修心性和做世间的所有事情道理都是相同的，要从小处入手，从容易处开始，脚踏实地，层层递进，这也是天理如此。

【204】
立言宗旨

【原文】

问“知行合一”。

先生曰：“此须识我立言宗旨。今人学问，只因知、行分作两件，故有一念发动，虽是不善，然却未曾行，便不去禁止。我今说个‘知行合一’，正要人晓得一念发动处，便即是行了；发动处有不善，就将这不善的念克倒了，须要彻根彻底不使那一念不善潜伏在胸中；此是我立言宗旨。”

【老刘说】

黄直请教“知行合一”。

阳明先生说：“你能抓住根本，懂得我立论的宗旨，‘知行合一’也就明白了。现在很多人做学问，只因为把知和行看作两件事。有个念头产生，虽然明知是不善的念头，也只是个‘知道归知道’，放在一边不管了。觉得反正没去实施，就无所谓了，没有任何遏制不好念头的意识，这样是不行的。我现在提一个‘知行合一’，正是要人们明白只要一念萌发，就已经是‘行’了。念头发动之处有了不善，就要将这个不善的念头克治掉。必须要彻根彻底地清除，不能让不善的念头潜伏下来。这就是我立论的宗旨，对心里不善、不正的东西，必须彻底格正，避免‘义袭而取’。”

“知行合一”在上篇和中篇都反复讲过，实际上“知行合一”在阳明心学里延伸出来的维度是比较多的。这一节是阳明先生针对黄直的问题来说的，是对症下药的意思，核心意思是强调“知行合一”的“一念发动处便即是行”这层意思。

【205】
本体明了即圣人

【原文】

“圣人无所不知，只是知个天理；无所不能，只是能个天理。圣人本体明白，故事事知个天理所在，便去尽个天理；不是本体明后，却于天下事物都便知得，便做得来也。天下事物，如名物度数、草木鸟兽之类，不胜其烦，圣人须是本体明了，亦何缘能尽知得？但不必知的，圣人自不消求知，其所当知的，圣人自能问人；如‘子入太庙，每事问’① 之类。先儒谓‘虽知亦问，敬谨之至’②；此说不可通。圣人于礼乐名物，不必尽知。然他知得一个天理，便自有许多节文度数出来。不知能问，亦即是天理节文所在。”

【老刘说】

阳明先生说，圣人的无所不知，是指圣人对天理的通透和洞悉；无所不能，是指圣人能时时刻刻遵循天理而行。圣人本体明澈清楚，可照天下万事万物，直指天理的根本所在，自然可以尽其天理。但并不是说圣人是“百科全书”，天下的事物全部都通晓。把圣人理解成活神仙，既有千里眼，又有顺风耳，仙家妙法神通无限，就是纯粹胡扯了。以前听有人讲阳明先生可以未卜先知，撒豆成兵，所以才能搞定宁王朱宸濠，赣南顺利平贼等，这已经是

---

① 《论语·八佾》：“子入太庙，每事问。或曰：‘孰谓鄹（zōu）人之子知礼乎？入太庙，每事问。’子闻之，曰：‘是礼也。’”

② 朱熹《论语集注》引用尹焞语：“礼者，敬而已矣。虽知亦问，谨之至也。”

胡说八道了。

圣人之所以是圣人，不是因为他们知识渊博，而是其智慧通融无碍。智慧如源头活水常有常用，智慧不能解决任何具体问题，但智慧可以产生解决任何具体问题的方法。

圣人做的所有事情都是符合天理的，是合道而行。拿游泳举例，我们说这个人水性好，不是指这个人游得快，而是指这个人应付复杂水情的能力强，无论水情如何千变万化，这个人都可以如鱼得水，游刃有余。能做到“冲漠无朕，万象森然已具”，就是真正的天人合一了。

天下的事物林林总总，有动物、植物、矿物，各种科学细节……就算是藏书超过两亿册的世界上最大的图书馆——美国国会图书馆，也不可能完全涵盖所有的知识。

圣人只是知道天理，而不是懂得所有知识。对圣人来说，不需要知道的，自然不用去知道，应该知道的，该问人问人，该请教请教，也是符合天理的。圣人也会去问别人，如“子入太庙，每事问”的典故。

这个典故出自《论语·八佾》，是说孔子到太庙里去的时候，每件事情都要问一问。有的人说：“谁说鄹大夫的这个儿子懂得礼仪呀？到太庙里来，每件事情都要问。”孔子的父亲是鄹邑的大夫，所以人们称孔子为“鄹人之子”。孔子听到了这话，说：“这正是懂礼（理）的表现呀！”

那么孔子问什么呢？《礼记》是他写的，孔子没道理对各种仪式不清楚，他显然不是问这些事情。他应该是问变化的情况，比如近期有没有什么新的变化自己不清楚的，这样才好有个应对的准备。

比方说今天有个仪式要搞，按照计划主席台座位怎么安排，迎宾谁负责，准备器材设备，等等，林林总总一堆事，需要做好各种分工。统管全局的人要在每个阶段对情况都知晓，特别是临时的变化。比如张三今天有事来不了了、户外活动碰上下雨等各种情况，都要能应付自如，这就是循理而行。

朱熹认为“子入太庙，每事问”是“虽知亦问，谨之至也”，这句话的意思是“明知故问代表着最大的敬畏心和最严谨的态度”。这种说法是讲不通的，圣人对于知识（礼乐名物），是不必全部懂得的。他知道一个天理，便自然会有许多仲裁取舍的章程出来，不知道能问别人，也即是依据天理所做出的仲裁取舍的体现。

秦末的时候，汉高祖刘邦能战胜项羽一统天下，是因为他能用好汉初三杰。刘邦对群臣说："夫运筹策帷帐之中，决胜于千里之外，吾不如子房；镇国家，抚百姓，给馈饷，不绝粮道，吾不如萧何；连百万之军，战必胜，攻必取，吾不如韩信。此三者，皆人杰也，吾能用之，此吾所以取天下也。项羽有一范增而不能用，此其所以为我擒也。"意思是说运筹帷幄决胜千里，张良比我强多了；守卫国家、安抚百姓，萧何能干好，我是干不了的；大兵团作战战必胜，攻必取，百战不殆，我不如韩信。但是正因为我能用好这三人，所以我取了天下。项羽只有一个范增都用不好，输给我也不奇怪。

"吾能用之"这四个字，就是"能个天理"和"尽个天理"的具体表现形式。刘邦并非无所不知，无所不能，相反刘邦文不能安邦，武不能定国，治国打仗各方面本事都一般般，但是他知道如何用人，懂得将正确的人放到正确的位置上，能从群臣庞杂的建言中选择出正确的去实行，这就是最大的本事。

这个本事项羽是没有的，项羽"力拔山兮气盖世"，军事才能非凡，乱世之初，群雄并起，各以武力争短长，项羽是拔得头筹的。韩信前来投奔，希望在项羽的麾下发挥所长，却未能得偿所愿，甚至被搞得灰头土脸。项羽只是让他做执戟郎中，一个相当于警卫排长的职位，且屡次建言都不被采纳。屈才的结果就是韩信转换阵营，投奔能用自己的刘邦。项羽身边唯一一个能用的人，亚父范增也被项羽活活气死。典型的"一手好牌打稀烂"。

刘邦的长处正是项羽的短处，项羽始终坚信自己就是真理，乌江自刎前，依然怨天尤人，说是老天爷要亡他，而无丝毫知错的意思。这是典型的"妄拟天心为己心"。项羽自以为击败强秦，天下再没有比强秦更强大的敌人，殊不知破山中贼易，破心中贼难！

"顺天者昌，逆天者亡"中的"天"字，就是指"天理"，遵循天理就是圣人之道的真谛。

【206】
冰炭本一物

【原文】

问："先生尝谓善、恶只是一物。善、恶两端，如冰、炭相反，如何谓只一物?"

先生曰："至善者，心之本体。本体上才过当些子，便是恶了；不是有一个善，却又有一个恶来相对也。故善、恶只是一物。"

直因闻先生之说，则知程子所谓"善固性也，恶亦不可不谓之性"①。又曰："善、恶皆天理。谓之恶者，本非恶，但于本性上过与不及之间耳。"② 其说皆无可疑。

【老刘说】

有人问阳明先生："您曾经说过善和恶只是一个东西。但善和恶就像冰和炭一样，完全是对立的，怎么能说是一个东西呢?

阳明先生说，至善是心的本体。本体上偏离了，就是恶了。并不是说有一个善，另外又有一个恶来与之相对应。所以说善恶只是一个东西。

现在很多人都想当然地把善和恶看成对立的关系，善就是善，恶就是恶，一个黑、一个白，一个对、一个错，一个正、一个负，是完全没办法把二者统一在一起的。有这种看法是因为没有真正理解"善"的意思，钟鼎文（即金文）中"善"字的形体，是上面一只"羊"，下面两个"言"，而这只羊的

---

① 语出《二程集·河南程氏遗书》。

② 《二程集·河南程氏遗书》："天下善恶皆天理，谓之恶者非本恶，但或过或不及便如此。"

颈上，系着一个绳套。意思是两个人分羊，分的结果刚好双方都满意，是“妥当”的意思。《易经》“元者，善之长也”说的就是这个合乎“道”的“妥当”，“元”就是“妥当”的开始。“长”就是“善”从小长到大，从一粒种子开始长成参天大树。

“善”就是符合中和之道，“恶”就是偏离了中和之道。

车在路上向前走，向左偏会掉下路基，向右偏也是会掉下路基的，好好走在路上，就是“善”，偏出道路就是“恶”。“善”“恶”只是个表示状态的词，妥当就是“善”，不妥当就是“恶”，所以“善”“恶”不是对立关系，更不是冰炭不同炉。

黄直听了阳明先生这番话，也就理解了程颢所说的“善固性也，恶亦不可不谓之性”。意思是说“善和恶都来自天理，本体是一样的，‘善’的本体也就是‘恶’的本体，是同一个东西”。相对于本体的过和不及就产生了“恶”。

阳明先生对黄直的理解表示赞同，接着说，被称为“恶”的本体并不是恶，只是因为相对于本体来说有了过和不及。

黄直这个时候对“善”的领悟完全透彻明了，再没有什么怀疑困惑的地方了。

注意：这节说的“天理”指的是“至善”，“恶”是以“至善”为参照物来界定的，“恶”与“天理”之间必然是难以割裂的有所关联的状态。

【207】
圣人之“诚”

【原文】

先生尝谓：“人但得好善如好好色，恶恶如恶恶臭，便是圣人。”直初时闻之，觉甚易，后体验得来，此个功夫着实是难。如一念虽知好善、恶恶，然不知不觉又夹杂去了；才有夹杂，便不是好善如好好色，恶恶如恶恶臭的心。善能实实的好，是无念不善矣，恶能实实的恶，是无念及恶矣，如何不是圣人？故圣人之学，只是一诚而已。

【老刘说】

阳明先生曾经对人说，人只要能真正做到喜好“善”像喜好美色，厌恶“恶”像厌恶恶臭，就是圣人了。

这句话听起来很简单，见到美好的东西就喜欢，见到丑恶的东西就心生厌恶，能保持一直如此，就是圣人了，这个圣人岂不是太容易了？

对此，黄直是有切身体会的。他刚开始听阳明先生这么说时，觉得很容易，但进入实修阶段后，才知道这个功夫实在是难。比如一个念头升起，虽然知道该“好好色，恶恶臭”，但是不知不觉中，又会将二者夹杂在一起。有了这个夹杂，“好好色，恶恶臭”就不再纯粹了，心也就会偏离“妥当”的范畴。

“善”能确确实实去喜好，纯粹无一毫杂质，无念不善；“恶”能确确实实去厌恶，没有一丝一毫喜好掺杂其中，就是圣人了。

圣人之学，归根结底，只是一个“诚”字罢了。

对一般人来说，一动念的时候，难免会夹杂别的东西在里面，真的很难做到坦坦荡荡、纯纯粹粹地去喜欢，或者坦坦荡荡、纯纯粹粹地去厌恶。打个比方，我们一提到骗子，心里首先是厌恶，坑蒙拐骗道德沦丧，为大家所不齿。但突然听说某个骗子骗了几千万元，香车美女，左拥右抱很享受，等等，难免心生羡慕，这个时候对骗子的厌恶，已经不纯粹了，其中夹杂了自己的羡慕。如果给你这个机会，能骗到手几个亿，你能保证自己一定不会去做吗？这个时候的抉择结果是很难讲的。

圣人的“善”就是确确实实地去“好好色，恶恶臭”，做到无念不善。始终保持不自欺，是非之心清晰明了，立住一个“诚”字。

【208】
修道之谓教

【原文】

问："《修道说》言'率性之谓道'，属圣人分上事；'修道之谓教'，属贤人分上事。"①

先生曰："众人亦率性也，但率性在圣人分上较多，故'率性之谓道'属圣人事；圣人亦修道也，但修道在贤人分上多，故'修道之谓教'属贤人事。"又曰："《中庸》一书，大抵皆是说修道的事。故后面凡说君子，说颜渊，说子路，皆是能修道的；说小人，说贤知、愚不肖，说庶民，皆是不能修道的；其他言舜、文、周公、仲尼至诚至圣之类，则又圣人之自能修道者也。"

【老刘说】

有人问阳明先生，他在《修道说》中说"'率性之谓道'属于圣人分上事；'修道之谓教'属于贤人分上事"，该怎么理解呢？

《修道说》是《王文成公全书》卷七中的内容。《王文成公全书》是阳明先生一生的著作汇总，此书收录《传习录》三卷，后附《朱子晚年定论》，

---

① 《王文成公全书》卷七："率性之谓道，诚者也；修道之谓教，诚之者也。故曰：'自诚明，谓之性；自明诚，谓之教。'《中庸》为诚之者而作，修道之事也。道也者，性也，不可须臾离也。而过焉，不及焉，离也。是故君子有修道之功。戒慎乎其所不睹，恐惧乎其所不闻，微之显，诚之不可掩也。修道之功若是其无间，诚之也夫！然后喜怒哀乐之未发谓之中，发而皆中节谓之和，道修而性复矣。致中和，则大本立而达道行，知天地之化育矣。非至诚尽性，其孰能与于此哉！是修道之极功也。而世之言修道者离矣，故特著其说。"

为徐爱辑、钱德洪删定；《文录》五卷，皆杂文，其中有涉及经学的《宋子晚年定论序》《修道说》《大学古本序》等；《别录》十卷；《外集》七卷，为诗与杂著（序、记、墓志铭等）；《续编》六卷，为《文录》续编，皆为卒后，钱德洪搜辑整理。后附《年谱》三卷及其《附录》两卷，《世德纪》一卷及其《附录》一卷，《年谱》与《世德纪》皆钱德洪所撰，《附录》为王畿撰。书中所收，以《传习录》最为重要，乃阳明先生学术思想的代表作，其他则与经学关系不大。隆庆六年（1572）谢廷杰巡按浙江时，合而刊之，仿《朱子全书》之例，称《王文成公全书》。康熙二十八年（1689）张向达编刻之《阳明文钞》二十卷，均列入《四库全书存目》。

“率性之谓道”“修道之谓教”，出自《中庸》：“天命之谓性，率性之谓道，修道之谓教。道也者，不可须臾离也，可离非道也。”

《中庸》和《大学》这两本书都没有多少字，但想真正读懂，是一件很难的事情。大多数人每个字都认识，串起来就不知道讲的是什么了。

《大学》和《中庸》讲的是儒学核心，等于是儒学的最高纲领和脉络体系，这两本书看懂了，整个儒学的脉络基本就明白了。但只在文意中穿凿是没用的，必须要实修。如果心体尚不知是何物，妄言什么“格致诚正”的心性功夫，就是空中楼阁了。只有在实修的基础上，才能真正学到儒学的精髓。

但有一点要注意：儒家讲的“道”，是把道的“体”和“用”放在一起说的。“体”是不可见的，只是在“用”上、在“形”上才能见“体”。这个观念清楚了，再读其他书，就事半功倍了。

“天命之谓性”“率性之谓道”“修道之谓教”这三句话，是影响几千年来中国文化最大的东西。尤其宋元以后的理学家、儒家们，所有讲的儒道、理学等，都是出自这里。

“天命之谓性”中的“天”，代表形而上的“道”，在这里是“至道”的意思。“至道”就是宇宙中的那个化生天地万物的不可知力量。

人的“性”是“天命”赋予的。老子所讲的“人法地，地法天，天法道，道法自然”，这个就是自然。人性的来源，自然的禀赋，就是这个“性”。“性”在先天是“与天地准”的，是完全合于“道”的。后天有“身”的牵引，“心”就容易被带偏，表现出来的部分，就会有混杂和扭曲。

一台机器有很多零件，每个零件都有其标准要求，这样就能正常组装起来，机器才能正常运行。比如齿轮，直径多少，齿数多少，每个齿的斜度多少，是不能超过公差范围的，超过的话就没办法和相邻的零件配合了。具体零件对应这台机器的要求表现出来的属性，就是它的“性”。不同机器的同一个零件，都是标准件，都在公差范围内，但我们永远找不出两个完全一模一样的零件。

“率性之谓道”，“率”字的钟鼎文字形，是两边有水中间一根绳，就像一根绳索拖在河水中，有的写成“行”中间一根绳，强调拉船前进。篆文字形，在水中的纤绳上下两端各加一个“十”（“又”的变形，表示抓握），强调双手抓纤拉船。“率”在这里是“直”的意思，直道而行，不转弯。直，也就是直心，直心就是纯洁的、天然的，和“道”完全统一的。“率性之谓道”就是一点儿不打折扣，一点儿遮遮掩掩都没有，一点儿弯儿都没拐，直接把上天赋予的“体”用出来。因为天命直接赋予的东西是没有任何污染、纯洁天然的，本性至善，这第一念就是“道”。

“修道之谓教”，“教”在《说文解字》中的释义是“教，上所施下所效也”。

人在后天环境中，会有各种沾染，必须要把这些沾染的影响去掉，把人纠正过来，让人不偏离“道”的根本，所以要修行；修正自己的偏“道”行为，把它改过来。“效”也就是“学”的意思，导正到正道来，把不好的一面修正过来，就是教育或教化的目的。

这里说的“率性”和前面提到的“生知安行”是同一个意思；“修道”和前面提到的“学知利行”是同一个意思。

阳明先生回答说，普通人偶尔也能做到“率性”而为之，但因为普通人还处于“夭寿不贰修身以俟”的阶段，只能偶尔做到符合“道”，多数都是偏离“道”的。而圣人不同，圣人对“道”是清清楚楚、明明白白的，完全可以做到所思、所想、所行、所止都符合“道”，就“率性”这件事来说，在圣人这里体现得比较多，所以说“率性之谓道”是属于圣人分上的事。

圣人也要“修道”，随时随地和“道”校准，但因为圣人本身就是合道的，所以需要校准的时候非常少。贤人则有所不同，贤人是能看清楚“道”

的，但自己还有些欠缺，想继续提高，就必须更加努力向圣人看齐。“修道”在贤人这里体现得比较多，所以说“修道之谓教”属于贤人分上的事。

阳明先生又接着说，《中庸》一书，大体上都是在说“修道”的事。因此后面凡是提到“君子”这个词，说到颜渊、子路等，都是能修道的。说到小人，说到贤、知、愚、不肖，说到庶民，皆是不能“修道”的。其他说到舜、周文王、姬旦、孔子，至诚至圣等，是指自己具备“修道”能力的圣人。

【209】
三更之静

【原文】

问："儒者到三更时分，扫荡胸中思虑，空空静静，与释氏之静只一般，两下皆不用，此时何所分别？"

先生曰："动、静只是一个。那三更时分空空静静的，只是存天理，即是如今应事接物的心；如今应事接物的心，亦是循此天理，便是那三更时分空空静静的心。故动、静只是一个，分别不得。知得动、静合一，释氏毫厘差处亦自莫掩矣。"

【老刘说】

有人问阳明先生，某个儒者是夜猫子型的人物，到半夜的时候特别精神，这个时候，心里是很宁静的，没有任何闲思杂虑。这种静和佛家的静是不是一回事呢？

阳明先生说，儒家说的心，动和静都只是同一个本体，白天是存天理，晚上也是存天理，本质上没什么不同。这个"静"只是循理而行，白天有事时心的活动是循理而行；三更时分，空空静静，心也是循理而行，所以白天的心和半夜的心是同一个。活动和宁静是同一个本体，无法分离。知道了这一点，也就明白了儒家说的"静"和佛家说的"静"之间的细微差别了。

许多人都认为阳明心学和佛家禅宗是同一码事，甚至有人批评王阳明的心学是"禅骨儒表"，这种属于典型的"不知其然，偏偏要跳出来论其所以然"的半桶水之人。这么说的人，不了解阳明心学，也不了解禅宗。禅宗和阳明心学，都是在谈“心”，但两者方向不同，目的也不同，完全是“差之毫厘，谬以千里”。

禅宗走的是“顿悟”的方向，讲避世的“无为”，目的是“明心见性，即身成佛”，关心的是生命中“本质”的层面；阳明心学走的是“士不可以不弘毅”的方向，讲的是“有为”，目的是通过“内圣外王”的功夫，最终成圣，关心的是“活在当下”的积极用世。

禅宗关心“本体”层面的东西，心学关心“实用”层面的东西。两者的交集点在“心”。但禅宗讲“心即是佛，即心即佛”；阳明心学讲“心外无理，心外无物”。

在“无善无恶心之体”的层面上，禅宗和阳明心学是一致的，后面就分道扬镳了。儒家之静和佛家之静的区别只在一个“循理”，儒家的静是“未发之中”，随时可以转化为应事接物的“用”；禅宗的静是为了静而静，是避世的求静，这个“静”是无法积极用世的。

【210】
矜持和直率

【原文】

门人在座，有动止甚矜持者。

先生曰：“人若矜持太过，终是有弊。”

曰：“矜持太过，如何有弊？”

曰：“人只有许多精神，若专在容貌上用功，则于中心照管不及者多矣。”

有太直率者。

先生曰：“如今讲此学，却外面全不检束，又分心与事为二矣。”

【老刘说】

门人在座的时候，有个门人的举止过于矜持。阳明先生说，人要是矜持太过是有弊端的。

《说文解字》：“矜，矛柄也。”“矜持”一词本指“手持仪仗矛”，“矜持”一词经常用于形容社交场合中女性的自信，姿态端庄，举止得体。“矜持太过”用现在的话讲就是很能“装”，这个“装”不是很拽很嚣张的那种“装”，而是顾及太多的“装”，是一切真性情都用拘束的言行举止包装起来，待人接物像个演员一样处处拿捏，时刻将精力集中在接触的各色人等上，精神高度紧张，活得很累。

阳明先生很反感这种“装”，人的精力是很有限的，应该用在有意义的事情上，把有限的精力浪费在过分而无用的文过饰非上，无异于暴殄天物。

入世治世，应对人情事变，必要的个人仪表、礼节礼貌是要有的，但不可过分到“装”的程度。对于太过直率的人，阳明先生也是反对的。阳明先生说：“现在在这里讲良知之学，却对外在的言行举止全然不加检点，又是将心和事割裂为二了。”

另外，人太过于率直，好处是诚实不欺，缺点是行事不密，很容易因为太过鲁莽而导致功亏一篑。

这一节，阳明先生分别指出了“甚矜持者”和“太直率者”这两种人，综合起来看，阳明先生教诲的主旨还是中庸之道，不偏不倚。

【211】
修辞立诚

【原文】

门人作文送友行，问先生曰："作文字不免费思，作了后又一二日常记在怀。"

曰："文字思索亦无害；但作了常记在怀，则为文所累，心中有一物矣，此则未可也。"又作诗送人。先生看诗毕，谓曰："凡作文字要随我分限所及，若说得太过了，亦非修辞立诚[①]矣。"

【老刘说】

阳明先生的一个门人平常喜欢舞文弄墨，有一次做了一篇文章为朋友送行。之后对阳明先生谈自己的体会说，写文章是一件很耗神的事情，写的时候殚精竭虑，写完之后一两天内还会常常记挂在心。

阳明先生说，能构思，会写文章是一件好事，也没有什么害处，有个好文笔是受益终身的事情。但要懂得写完就放下，一事毕了完一事，如果写完后又常常记挂在心，就会为写文章这件事所拖累，心中就塞进一个"物"了，相当于增加了不必要的干扰，这样就不对了。

后来，这个门人又作诗送人。阳明先生看完他作的诗，对他说："子曰：'《诗》三百，一言以蔽之，曰"思无邪"。'"诗歌，是根据自己的真情实感来写的，如果偏离"思无邪"这个根本，写得太过夸张，就不是"修辞立诚"了。

---

① 《周易·文言·乾》："修辞立其诚，所以居业也。"

这一节文字没有什么难度，写得很浅白，主要阐述了阳明先生对写诗作文的看法。

第一点，“言亡虑绝，事过无痕”，无论应对什么事情，做完了就放下，当下还有当下的事情，不要让那些已经过去的事盘踞心中，占据当下的心。

第二点，“修辞立其诚”。

此语出自《周易 · 文言 · 乾》。对于“修辞立其诚”中的“修辞”是“修辞者，立言也”的意思。也就是说，“修辞”是指撰文著书等立言行为。“诚”的含义是“真实无妄”“不自欺”。“修辞立其诚”是儒家对撰文著书者的一个最基本要求。

“修辞立其诚”的反面就是“修辞立其伪”，撰文著书时心口分离、心辞不一，其表现或是曲学阿世（歪曲自己的说辞，以投世俗之好）、巧言媚俗，或是浮言夸饰、言不由衷，或是故作高深、故弄玄虚，或是装模作样、卖弄文笔，等等。

我们的文化传统中，“修辞立其诚”一直是撰文著书时的一个基本原则，许多学者都以违背这一原则为耻。冯友兰在“批林批孔”运动中，曾经写过一本违背自己本意的小册子《论孔丘》，后来他对这一行为痛悔不已，多次提及，而且剖析原因就是违背了“修辞立其诚”。他说：“我在当时的思想，真是毫无实事求是之意，而有哗众取宠之心，不是立其诚，而是立其伪。”

“修辞立其诚”除了要求撰文著书时说心里话、真心话外，还有更深一层的含义，就是要求撰文著书时求真理、立真理。这涉及对“诚”的理解。《中庸》中说：“诚者，天之道也；诚之者，人之道也。”孟子也有同样的说法：“诚者，天之道也。思诚者，人之道也。”

作为“天之道”的“诚”，就是“天道之本然也”。从“修辞立其诚”的角度来说，在撰文著书时不仅要“不自欺”，还要保证是真知灼见，不会误人子弟，遗祸天下。这点要求比较高，不容易达到。

撰文著书之前，时时存养良知，按照“博学之，审问之，慎思之，明辨之，笃行之”要有“一言一句，都会影响别人一辈子”的千钧重负感，要有战战兢兢，如临深渊，如履薄冰的谨慎戒惧感。

【212】
格物的轻重

【原文】

“文公[①]‘格物’之说，只是少头脑，如所谓‘察之于念虑之微’，此一句不该与‘求之文字之中，验之于事为之著，索之讲论之际’[②]混作一例看，是无轻重也。”

【老刘说】

阳明先生说，朱熹先生关于“格物”的学说，是眉毛胡子一把抓了，缺少一个要领。把“察之于念虑之微”这一句明显向内的话和“求之文字之中”等三句明显向外的话混为一谈，有点儿不分轻重了。

朱熹先生认为“理”普遍存在于一切事物之中，事物大小精粗莫不有“理”，他在《大学或问》中说：“若其用力之方，则或考之事为之著，或察之念虑之微，或求之文字之中，或索之讲论之际，使于身心性情之德，人伦日用之常，以至天地鬼神之变，鸟兽草木之宜，自其一物之中，莫不有以见其所当然而不容已，与其所以然而不可易者。”

这表明朱熹认为格物的对象是极为广泛的，上至宇宙本体，下至一草一木，其中的“理”都必须加以研究，这种对象的广泛性也就决定了格物途径的多样性。

朱子格物学说的四个方面，即“则或考之事为之著，或察之念虑之微，或求之文字之中，或索之讲论之际”。

---

① 文公：朱熹谥号“文”，世称朱文公。

② 此四句为朱熹格物学说的四个方面，语出朱熹《大学或问》。

“考之事为之著”的关注处是“事”；“求之文字之中”的关注处是“文字”；“索之讲论之际”的关注处是“讲论”它们都是在“物”上。唯有“察之念虑之微”是指在心上念虑精微的地方省察，是在心体上用功。

所以阳明先生才说朱熹关于“格物”之说“少头脑”。

【213】
“有所忿懥”的实修

【原文】

问“有所忿懥”① 一条。

先生曰：“忿懥几件，人心怎能无得，只是不可‘有’耳。凡人忿懥，著了一分意思便怒得过当，非廓然大公之体了。故有所忿懥，便不得其正也。如今于凡忿懥等件，只是个物来顺应，不要著一分意思，便心体廓然大公，得其本体之正了。且如出外见人相斗，其不是的，我心亦怒；然虽怒，却此心廓然，不曾动些子气。如今怒人，亦得如此，方才是正。”

【老刘说】

有人问阳明先生关于《大学》中“有所忿懥”这部分该怎么理解。

“有所忿懥”出自《大学》，原文的大意是说，身在愤懥、恐惧、好乐、忧患等的影响下，心会偏离本来的位置。

阳明先生回答说，七情六欲这些事情，心里怎么可能没有呢？只不过不能留存而已。普通人有了愤怒，会因为额外的私欲攀附，导致愤怒的影响远远超出妥当的范畴，进而变成了，情绪主导行为，而不是心智主导行为。原因就是私欲攀附心体，导致良知被遮蔽，心体也就失去了廓然大公的状态。所以说“有所愤懥，便不得其正也”，对于愤懥等几种情感，只要物来顺应，

① 《大学》：“身有所忿懥，则不得其正；有所恐惧，则不得其正；有所好乐，则不得其正；有所忧患，则不得其正。”

保持没有私欲攀附心体，良知始终不被遮蔽，心体就能廓然大公，就能做到本体不失其正了。

心学是不禁欲的，对于七情六欲的涌动，是顺其自然，坦然面对的。很多人对修心性有个误解，觉得心性水平足够高了，七情六欲就全都没有了，这显然是不对的。如果修身修到七情六欲全部都消失了，十有八九就修成植物人了。

北宋苏洵在讲为将之道的时候说：“为将之道，当先治心。泰山崩于前而色不变，麋鹿兴于左而目不瞬，然后可以制利害，可以待敌。”意思是“泰山在眼前崩塌而面不改色，麋鹿在身边奔突而不眨眼睛，这样才能够保持心智在线，洞悉真相，这样才可以对付敌人”。核心意思是心不会因为外部的影响而偏离本来的位置，这样才能做到有效地排除一切干扰，临大事而不乱。

如果理解成七情六欲全都没有了，又如何感知敌人所处的情绪状态和下属的情绪状态呢？这些不知，又如何保持士气呢？苏洵的意思是无论什么样的干扰，都不会影响到主将的判断，即便有情绪，也不会导致其失去理智。

阳明先生接着举了个例子。他说：“我出门看到俩人在打架，如果一个明显是有理的，一个明显是在无理取闹。我一样会对这个无理取闹的人很生气，只是我这个愤怒不会影响到我的心性。就算对人发怒也要做到这样，才算是心在正的位置上。”

心就像一面湖水，情绪就像是吹过湖面的风。平常状态下，湖面是平静的，一阵风吹过来，满湖涟漪；风吹过去了，湖面又恢复了平静。这是心“得其正”的状态。

风从湖上吹过来，被湖边的障碍物挡住，不能顺利通过，于是风就在湖面不断盘旋，不断自我加成，这就是七情六欲驻留心体，干扰心智的状况。随着风的不断加成，最后变成了龙卷风，湖面一片惊涛骇浪。于是，心完全被私欲遮蔽，爆发的情绪控制了所有行为，心智完全离线。

这部分理解起来并不难，但真正做到是很不容易的。心学的功夫，从比较粗浅的角度来说，就是在七情六欲溢出或者不及的时候，踩一下刹车或者踩一下油门，让此心回到“天理”的正轨上来。

【214】
儒不着相[1]

【原文】

“先生尝言：‘佛氏不着相，其实着了相；吾儒着相，其实不着相。’请问。”

曰：“佛怕父子累，逃却了父子；怕君臣累，却逃了君臣；怕夫妇累，逃却了夫妇，都是为个君臣、父子、夫妇着了相，便须逃避。如吾儒有个父子，还他以仁；有个君臣，还他以义；有个夫妇，还他以别[2]，何曾着父子、君臣、夫妇的相?”

【老刘说】

阳明先生曾经说，佛家称自己是不着相的，其实已经着了相。我们儒家看似着了相，其实没有着相。

先从佛家的角度解释一下“着相”，“着相”是佛门术语，意思是执着于外相、虚相等，而非本质。《金刚经》说“凡所有相，皆是虚妄”，意思是：所有的相，凡是形体构造出来的东西，无论虚实，都是虚妄，都是我们的执着、我们的分别心在起作用。如果能悟到一切相都不是真实相，就是开悟了。这个悟并非是从逻辑上明白，而是真正“见到”。

明心见性的佛门弟子应该知道：所有因缘和合产生的事物都是表面现象，不是真实的存在，一旦执着了，就会有分别心，它就会成为自己内心的一道

① 相：佛家用语。

② 别：区分，辨别。

障碍。若能做到如如不动，从自心上下功夫，不被任何外相所迷惑，便是真正的明心见性了。这个阶段也就不会心生烦恼，到达《心经》所说“度一切苦厄”的程度。禅宗说“佛来斩佛，魔来斩魔”，就是不能因为任何外在的相而生起分别心，不着相，不在任何心外求法。只要我们内心念念清净、无染，不管是佛来、魔来、菩萨来，都能做到不为所动。

有一则佛门故事，说的就是“着相”。元魏时，大孚灵鹫寺（今山西省五台县显通寺），每年春三月设无遮大会，不论道俗、贵贱、贫富、男女、老少、平等供养，施与食品。时有一贫女，带着两个小孩儿，领一条狗，没有任何东西供养，所以剪下一束头发布施，她向施食的僧人说道：“我有急事，请先给我食。”于是僧人给了她三倍的食物，意思是两个小孩儿的食品也有了。但贫女讲道：“我还有一条狗。”僧勉强施与，贫女又说：“我腹中还有子，请给分食。”此时僧人生气地说：“你求食无厌，腹中子还没有生，也要食。”此时贫女说偈曰：“苦瓠连根苦，甜瓜彻蒂甜，三界无着处，致使阿师嫌。”（我对三界早就不执着了，不料今天却被嫌弃）贫女跃身空中，化为菩萨，二子化为二天童子，狗化为狮子，复说偈曰：“众生学平等，心随万境波，百骸俱舍尽，其如憎爱何？”（寺院设立无遮法会是为了修平等之心，而僧人的心却随境起分别，明明知道肉身无常，百骸不存，憎爱犹重，却还如此，不能做到境随心转，这样何时才能修得平等心？）于是众人同说：“菩萨，愿示平等法门，我等奉行。”空中又有偈曰：“持心如大地，亦如水火风，无二无分别，究竟如虚空。”（心要像大地一样包容万物，也要像水、火、风一样没有差异，由此才能开启平等法门）说完偈后就消失了。寺内僧人收取贫女头发，在菩萨起身处建塔供养。明万历初年，寺住持广圆重加修塔，于塔下挖出圣发数绺，其色如金。

有人问阳明先生为什么这么说。

阳明先生回答说，佛家害怕父子关系之累，就逃避了父子关系；害怕君臣关系之累，就逃避了君臣关系；害怕夫妇关系之累，就逃避了夫妇关系。这些都是因为君臣、父子、夫妇而着了相，才要逃避。像我们儒家，有个父子关系，就用“仁”来相处；有个君臣关系，就用“义”来相处；有个夫妇关系，就用“别”来相处。入世治世无非处理好五伦关系而已，又怎么会着什么父子、君臣、夫妇的相呢？

佛家为了避免包装盒的影响，就把包装盒扔掉了，只拿走盒子里装的东西。儒家把包装盒和里面的东西一起拿走，但心里很清楚要的是盒子里装的东西，而不会被包装盒的花花绿绿所影响。佛家看见花丛绕着走，是为了避免被诱惑；儒家则是循理而行，万花丛中过，片叶不沾身，这才是真正的不着相。

以下门人黄修易①录②

【215】
日光之中燃灯

【原文】

黄勉叔问："心无恶念时，此心空空荡荡的，不知亦须存个善念否?"

先生曰："既去恶念，便是善念，便复心之本体矣。譬如日光被云来遮蔽，云去，光已复矣。若恶念既去，又要存个善念，即是日光之中添燃一灯。"

【老刘说】

黄勉叔就是黄修易，是阳明先生的一个学生，自此节至226节，都是他记录的。

黄修易问阳明先生，心中没有恶念的时候，感觉是空空荡荡的状态，不知道这个时候是否还需要另存个善念?

我们知道，心性功夫入门从收束心猿意马开始，接着触摸心体，感知气机流行，之后打扫心体至廓然大公。这是实修入门功夫的基本顺序，清楚心体了，才能谈到"事上磨"，不知心体的"事上磨"差不多就是空中楼阁。

能问出这样的问题，说明黄修易在实修方面已经入门了，但在心性功夫精微的地方，他的理解发生了偏离。黄修易理解心的状态应该有三种，一种

① 黄修易：字勉叔，王阳明弟子，其余不详。

② 自此节起至226节为黄修易所录。

是善念，一种是恶念，一种是空空荡荡的。所以才会问阳明先生，心中没有恶念时，空空荡荡的时候，是否还需要另外存个善念。

显然，黄修易在此阶段已经清晰地知道什么是恶念，但对于善恶之间的边界，还是比较模糊的。当恶念悉数克治导正之后，下一步如何引导和存养，就不清楚了。于是有此一问。

阳明先生回答说，心只有两种状态，要么善念，要么恶念，哪有什么中间状态呢？善念就是中正之念，就是心里良知充盈饱满的状态，如果其中有杂质，就是恶念。既然去除了恶念就是善念，那么心体中恶念完全扫除廓清了，就是恢复了心的本体了，这个时候就已经是善念了。就像乌云遮蔽了太阳，乌云消散后，阳光自然普照大地。恶念已经去除了，再去存养一个善念，就像是在日光之下再点燃一盏灯一样。

凡是不符合天理的念头皆是恶念，黄修易所体验到的“空空荡荡”的心体，已经偏离天理了。符合天理的念头应该是活泼泼的，是一种生机勃勃的状态。黄修易所说的“空空荡荡”的心体，实际上是堕入了枯禅的缘故。这个状态，本质上就是“贪静”的私欲作祟。

心学实修是“必有事焉”的，是欣欣向荣的，如果感觉七情不起，完全寂静下来，必然是出问题了。正常实修的心宁静，是一种如同种子等待发芽的感觉，是“元者，善之长也”的待机而动状态。

如果堕入了枯禅，就要及时跳出来，千万不要把这种状态当成心学内修功夫的终点。否则就没办法真正用世，更谈不上后面的“修、齐、治、平”了。

【216】
责效即是助长

【原文】

问："近来用功，亦颇觉妄念不生，但腔子里为黑窣窣[①]的，不知如何打得光明？"

先生曰："初下手用功，如何腔子里便得光明？譬如奔流浊水，才贮在缸里，初然虽定，也只是昏浊的，须俟澄定既久，自然渣滓尽去，复得清来。汝只要在良知上用功，良知存久，黑窣窣自能光明矣，今便要责效，却是助长，不成工夫。"

【老刘说】

有人问阳明先生，最近做功夫，已经达到心猿意马收拾干净，妄念不生的程度，但是感觉心中依然黑沉沉的，看不到任何生机灵动，究竟该怎么做才能达到心中光明呢？

出现这种问题是在实修中急于求成所导致的。就像刚买了一套二手房，里边乱七八糟的，这边一个窟窿，那边一个洞，满地是垃圾。接手后，刚开始肯定得先把垃圾清出去，清完垃圾再考虑装修的事情，装修要从规划开始，先修补墙上的窟窿，做好隐蔽工程，之后才是做看得见的事情，完成墙壁内装饰等，最后添置家具家电，放上几个月，散一散涂料的味道，这样才能舒舒服服住人。

---

① 黑窣（sū）窣：黑暗枯寂。

不能指望今天接了套破破烂烂的二手房，明天它就能变成自己设想的样子，可以直接拎包入住，这显然是不可能的，这种想法本身就是不切实际的揠苗助长。

问这个问题的人，相当于刚接手二手房（心性功夫前的心体），把里面的垃圾（心猿意马）都清理干净了，就想当然地觉得房子现在应该就是窗明几净的样子，这显然是不可能的。

阳明先生对症下药地回答说，有这种感觉是太着急了，心学功夫是有次第的，要循序渐进，不可能一蹴而就。刚开始用功，怎么可能让心马上光明起来呢？就像混浊的水刚倒到水缸里，虽然静止不动了，也仍然是混浊的。必须等足够长的时间，水才能够沉淀澄清。

在良知上用功，随着良知存养，功夫逐渐进展，不断“集义”，日积月累，黑沉沉的感觉自然会变成春暖花开的感觉。现在就苛求用功的效果，是犯了“揠苗助长”的毛病，已经偏离了心性功夫的基本规律了。

这一节讲的是做功夫的次第，急于求成是初学者的通病，病因正是“揠苗助长”。只要能真正意识到这个问题，让心重新回到“致良知”的正确道路上，假以时日，待到功夫纯熟，自然是瓜熟蒂落。

【217】
无根之树终憔悴

【原文】

先生曰："吾教人'致良知'在'格物'上用功，却是有根本的学问，日长进一日，愈久愈觉精明。世儒教人事事物物上去寻讨，却是无根本的学问；方其壮时，虽暂能外面修饰，不见有过，老则精神衰迈，终须放倒；譬如无根之树，移栽水边，虽暂时鲜好，终久要憔悴。"

【老刘说】

阳明先生说，"致良知"功夫，是把"诚意"放在根本处，在"格物"上用功，这才是有根本的学问。只要能坚持下去，一日比一日长进，时间越久越能掌握心性功夫的精微之处，对良知的驾驭也就越来越清晰通透。而有些人教人在事事物物上寻求，那是没有根本的学问。年轻力壮，精力充沛的时候还能暂时装饰一下门面，看不出有什么过失，等到年纪大了，精力不够的时候，就会丢三落四，终究会倾覆。就好像没有根的树，移栽到水边，虽然暂时枝鲜叶亮，但终究是要枯萎的。

"世儒"指的是朱熹。阳明先生和朱熹，在心性功夫的次序上，一个内求于心，一个外求于物。外求是疲于奔命的扬汤止沸，内求的是循序渐进的釜底抽薪。

人年轻的时候，身体好，记忆力也好，精力充沛，虽然每天应付的事情很多，还是能理得顺，搞得定。但随着岁月流逝，在自然规律的作用下，人的精力会越来越差，应付事情多了，难免疲于奔命，顾此失彼。想事事都做到符合仁义礼智，会越来越难。无根之花木，枯萎终究是早晚的事情。

而向内求，是从根上用功，入门容易，进展不易，但只要纯熟之后，外发的行为，仁义礼智等，只是个自然而然从内心生发延伸出来的瓜熟蒂落。越是岁月流逝，功夫越是精纯，后面的时光自然是“从心所欲，不逾矩”。

【218】
“志于道”的解析

【原文】

问“志于道”[①]一章。

先生曰：“只‘志道’一句，便含下面数句功夫，自住不得。譬如做此屋，‘志于道’是念念要去择地鸠材，经营成个区宅；‘据德’却是经画已成，有可据矣；‘依仁’却是常常住在区宅内，更不离去；‘游艺’却是加些画采，美此区宅。艺者，义也，理之所宜者也，如诵诗、读书、弹琴、习射之类，皆所以调习此心，使之熟于道也。苟不‘志道’而‘游艺’，却如无状小子，不先去置造区宅，只管要去买画挂做门面，不知将挂在何处？”

【老刘说】

有人问阳明先生，《论语》“志于道”一章该怎么理解？

“志于道”出自《论语·述而》，核心一共十二个字，按照“道德仁义”的次序排列。“志于道”是指做人的大原则，不能偏离“道”。

“道”在这里指“天道”，即上天对天地万物所立的法则和秩序，人也是天地万物的一种，所以做事不能偏离“道”。也就是说，在天地万物的大法则和大秩序里，我们应该遵守自己的角色秩序和法则，一旦违背，必然会受到惩罚。这个惩罚包括“天刑其身”和“天刑其神”。“天刑其身”，也就是对

① 《论语·述而》：“子曰：‘志于道，据于德，依于仁，游于艺。’”

有形之体的各种损害，最常见的就是情志病；“天刑其神”，也就是对无形之神的各种损害等，比如精神分裂和良心谴责，等等。

“据于德”，“德”有“得到”的意思，万物各得其所称为德，积德能养正，养正则得长久；偏离道，即失德，失德则病，病久则亡。“志于道”说的是形而上的高度，“据于德”讲的是为人处世的层面，即思想是“志于道”，行为是“据于德”。只有规范做人之道，积德养正才能生生不息，这是个正向循环。所谓的“堕落”就是所行所为偏离了“道”，这样德也就没法养正、没法积累了，自然也就不会有什么生生不息。一路滑下去，就是一条不归路。

“依于仁”的“仁”是有体有用的。在这里有三个层次：首先是“仁者人也”（《中庸》），即“仁”是属于人的属性，动物是不讲“仁”的。其次是“仁者自爱”（《孔子家语》），一个人如果没有自尊、自信、自爱，甚至没有廉耻，还说爱别人就是胡扯了；一个人能做到志存高远、反求诸己，就是“仁者自爱”了，这是仁之体。最后是“仁者爱人”（《论语》：“樊迟问仁。子曰：‘爱人。’”），恕道是仁之用。孔子的仁道，就是忠恕之道，“忠”是个“尽心无私”，是对己；“恕”是个“推己及人”，是对外。这就是“仁”的“体用不二”。“依于仁”就是依傍于仁，发挥道与德。

“游于艺”的“艺”包括礼、乐、射、御、书、数六艺。按照现代的门类划分六艺，“礼”包括哲学、政治、教育、社会等的所有文化。“乐”包括舞蹈、影戏、音乐、美术等。“射”包括射击、击技、体育等，而不仅仅是射箭。“御”包括各种驾驶技能。“书”包括文学和历史等。“数”则指科学方面的。凡是人才的培养，生活的充实，都要依六艺修养，“艺”绝不是狭义的艺术。“游于艺”其实是一个如何由小及大，如何对待生活、学习、工作的问题。

“志于道，据于德”偏重内心根本层面，“依于仁，游于艺”偏重外放用世层面，贯通了这四个要点，才算是有学问。

阳明先生回答说，“志于道”是提纲挈领的一句，是这四个要点的根本所在。这四个点是一条线顺下来的，不能仅仅停留在“志于道”上。比如建造一个房子，“志于道”就是想定方向、选择建造地址及建筑材料，构思蓝图。“据于德”是指构思蓝图已成，让具体建造有所依据。“依于仁”是指房子建成之后，要常常住在里面，不断维护修缮，不会离去。“游于艺”是指对房子添加各种家具家电，各种装饰等。如果不在“志于道”的前提下“游于艺”，就像傻小子做事一样，房子还没有见到影儿，先买了一大堆家具、装饰等，显然这些东西是没地方放的，这种行为也是会被别人笑话的。

【219】
读书和调摄此心

【原文】

问："读书所以调摄此心，不可缺的。但读之之时，一种科目[①]意思牵引而来，不知何以免此？"

先生曰："只要良知真切，虽做举业，不为心累，总[②]有累，亦易觉克之而已。且如读书时，良知知得强记之心不是，即克去之；有欲速之心不是，即克去之；有夸多斗靡之心不是，即克去之。如此亦只是终日与圣贤印对，是个纯乎天理之心。任他读书，亦只是调摄此心而已，何累之有？"

曰："虽蒙开示，奈资质庸下，实难免累。窃闻穷通有命，上智之人，恐不屑此。不肖为声利牵缠，甘心为此，徒自苦耳。欲屏弃之，又制于亲，不能舍去，奈何？"

先生曰："此事归辞于亲者多矣；其实只是无志。志立得时，良知千事万为只是一事，读书作文安能累人，人自累于得失耳！"因叹曰："此学不明，不知此处担阁[③]了几多英雄汉！"

【老刘说】

有人问阳明先生，读书是调摄此心的必由之路，但是读书之时，难免会

---

① 科目：分科选拔官吏的名目，如秀才、明经、进士等，后沿用为科举考试的通称。

② 总：通"纵"。

③ 担阁：耽搁，延误。

有些功利的想法，比如难免会不时有通过科举考试当官的念头。这算不算是私欲遮蔽心体呢？又该怎么样才能避免这种情况出现呢？

“摄”有“收敛，保养”的意思，“调摄”原意是指对身体调理使康复，这里延伸的意思是对“心”的调理和存养。问问题的这个人应该年纪不大，心思还在读书考学上。他把读书存养本心和通过读书走仕途当成两件事情，故此有这样的疑问。

阳明先生说，只要良知真切，就算是有为科举的心，也不会成为修养本心的拖累。良知真切的时候，气机流行顺畅，人是不会有心累的感觉的，之所以会觉得很累，是因为自己的良知不够真切，在天理之外，又立了一个目的，而不是顺应天理的自然而行。

就算是有了拖累心的感觉，也是很容易觉察到，并能很快“克治”的。比如读书的时候，良知觉察到强迫记住的心是不符合天理的，克治它就可以了；良知觉察到过于求速成的心是不对的，克治它就可以了；良知觉察到显摆浮夸的心是不对的，同样克治就可以了。这样一来，每天通过读书在心上与圣贤的心印证对比，存养的自然就是一颗纯乎天理的心了。读书存养本心和通过读书考科举本来就是一回事，只是在其中调摄此心而已，这点通透了，又怎么会有被读书拖累的问题呢？

读书的时候其实也是可以致良知的，大家一起学习，天资禀赋不同，有的人学习成绩好一些，有的人学习成绩差一些；老师提问的时候，有的人答得好，有的人答得不好，这个时候，自己不要有争胜之心。注意这个争胜心和上进心不是一回事，争胜心意思是“我一定要比别人强”，上进心意思是“我一定要比昨天有进步”，一个是和别人比，一个是和自己比。争胜心是需要克治的，上进心是不用的。

关于对内观照，一定要注意观照的是气机流行，不是观照情绪，情绪只是虚相，气机流行才是实相，一旦观照对象错了，后面的功夫就完全偏了。

心是一面湖水，情绪是一阵风，气机是一湖涟漪，涟漪升起的风，就是情绪的外显，涟漪结束，风也就结束了。

气机带动七情流动和运转，气机通畅，涟漪结束风也消失得无影无踪。气机受阻，涟漪不停风也不止，涟漪和风反复相互影响加成，形成龙卷风，人被情绪控制。涟漪就是气机的实相，内观的时候观的是涟漪怎么动，不是观风怎么吹。很多人在观照的时候是盯着风看的，这样不但不能达到感知气机流行的目的，反而会因为对风的关注，让情绪驻留在心体中，甚至导致风在湖面反复盘旋，变成龙卷风，心里也就成惊涛骇浪了，最后贪嗔好恶延伸出来的情绪遮蔽良知，控制心智，人就倾覆了。

这个人接着问："虽然承蒙您的指教，怎奈我的天资悟性比较低，实在是难以避免被这件事情拖累。我私下里听说，天命是有定数的，一辈子什么样，都是上天注定的。上智之人是不屑于为功名纠结的，所以这件事情对上智之人是不会造成什么拖累的。而我只是个普通人，比不得那些先天条件就很好的人，还做不到放下名利的牵缠。

"继续为了科举而读书，就必然有这个苦累在其中；想放下读书入仕，考取功名的事情，父母双亲又不可能同意，我对父母总得有个交代，这也是没办法的事情，想想实在是两难。究竟该怎么办呢？"

阳明先生说，将这种事情归咎于父母的人实在太多了。对我们人类来说，找借口是再容易不过的事情。人想做一件事，可以找出一百条理由来论证这件事应该做；不想做一件事，同样可以找出一千条理由来证明这件事不能做。

根本问题是立志不够坚定，如果立志坚定，在良知的统摄下，千事万事也只是一事，读书和写文章这样的事情，又怎么可能拖累人呢？人只不过是被自己患得患失的得失之心所拖累罢了！

最后，阳明先生感慨地说，良知之学不能彰明于天下，故此耽搁了多少英雄好汉啊！

【220】
“性”“气”之论

【原文】

问：“‘生之谓性’①，告子亦说得是，孟子如何非之？”

先生曰：“固是性，但告子认得一边去了，不晓得头脑；若晓得头脑，如此说亦是。孟子亦曰：‘形色，天性也。’② 这也是指气说。”又曰：“凡人信口说，任意行，皆说此是依我心性出来，此是所谓生之谓性；然却要有过差。若晓得头脑，依吾良知上说出来，行将去，便自是停当。然良知亦只是这口说，这身行，岂能外得气，别有个去行去说。故曰：‘论性不论气，不备；论气不论性，不明。’③ 气亦性也，性亦气也，但须认得头脑是当。”

【老刘说】

有人问阳明先生，告子说的“生之谓性”这句话应该是对的，孟子为什么反对呢？

“生之谓性”出自《孟子·告子上》。原文：“告子曰：‘生之谓性。’孟子曰：‘生之谓性也，犹白之谓白与？’曰：‘然。’‘白羽之白也，犹白雪之白；白雪之白犹白玉之白与？’‘曰：‘然。’‘然则犬之性犹牛之性，牛之性犹人之性与？’”

---

① 语出《孟子·告子上》。
② 语出《孟子·尽心上》。
③ 语出《二程集·河南程氏遗书》。

这个典故如果不能理解，阳明先生后面的回答就不容易真正理解了。先把译文说一下：

告子说：“一个‘体’于其存在时所本具的自然之质即被称作‘性’；‘性者生也’，如其生之自然之质谓之性。”

孟子问曰：“性者生也，如其生之自然之质谓之性，就像白者说为白，是这个意思吗?”

告子答曰：“是。”

孟子又问曰：“那么，白羽的‘白’就像白雪的‘白’，白雪的‘白’就像白玉的‘白’，是这样吗?”

告子答曰：“当然是。”

孟子又问曰：“既如此，犬之性犹牛之性，牛之性犹人之性吗?”

问至此，告子无答。

告子在此正式提出说性之原则，即“生之谓性”。一个“体”存在时所本具之种种特性即被称作性。西汉董仲舒说：“性之名非生与？如其生之自然之质谓之性。”“生之谓性”从这个角度理解，即把一个“体”所本具的“自然之质”（种种自然特性）呈现出来。也就是说，它必须实指自然之质而抒发之，即所谓生而“本有”是生物学的“本有”，是以“生而有”的“生”来定的。

最低层次的“生之谓性”是生物本能（食色，性也）的动物性，稍高一点儿的是气质或才能；这都属于自然生就的实然，即朱熹讲的“知觉运动之蠢然者，人与物同”。如果从这个角度来理解人的“性”，人和犬牛仅仅是分类不同而已，并没有什么价值上的本质差别。牟宗三说：“你若只是饮食男女，不管你怎样讲究，用上多少聪明才智，你总与禽兽无以异，甚至比禽兽还坏。”讲的就是这个意思。

由此可以推出，孟子理解的人之“性”，是人之所以异于禽兽之价值意义的“性”，不是“生之谓性”的“性”。

阳明先生回答说，天生自然事实的“性”固然可以认为是“性”，但还不够全面，告子的理解有所偏颇，还不知道其中要领。如果知道性的本质，他这样说也是对的。孟子说过“形色，天性也”，是指“气”而言的。

人的自然属性自然可以划归到“天地万物公共之理”的范围中，这是毋庸置疑的。但如果按照告子所认为的，人之自然属性就是“性”，那么，人和动物界的狗、牛之类就没有区别了。这就是孟子反对告子这样说的原因。

阳明先生又说，普通人由着性子信口说、任意行、撒欢打滚，却把这些当作“依据我的心性而表现出来的”，认为这就是所谓的“生之谓性”。就是因为在这个地方的理解出了差错。如果这个地方通透了，再依据“良知”之指引做功夫，行止语默就自然妥帖了。“良知”要表现出来，是需要有行止语默做具体载体的。

人如果由着性子来，必然会出问题。只有用“良知”对人的行止语默进行裁剪取舍，才充分体现了“性”之用，做到“从心所欲，不逾矩”，毕竟良知之用是不能脱离躯体而独立存在的，所以说“岂能外得气，别有个去行去说。”

“从心所欲，不逾矩”，说的是“心所欲”，也就是“良知”所欲，而不是“身所欲”。“身所欲”是动物性的范畴了，所以《大学》说“修身在正其心者”，指的就是要把“心所欲”放在前面。

程颐说：“论性不论气，不备；论气不论性，不明。”气也是性，性也是气。但是要清楚其中要领，“气”和“性”是互相补充、相辅相成的关系。

孟子属于“论性不论气”，讲人性本善，但没有去讲气禀如何，这样是不完备的；荀子属于“论气不论性”，说人都会做坏事，但没讲人性本善，所以“不明”。

人性本善，从人性的本源上来说的，只要是人，老天一定赋予你“合道”的属性，也就是善性。但是“气禀”有清有浊、有正有偏。

《论衡·命义》中说：“人禀气而生，含气而长，得贵则贵，得贱则贱。”程颐说：“才禀于气。气有清浊，禀其清者为贤，禀其浊者为愚。”

打个比方，生在热带地区的人和生在温带地区的人是很不一样的。热带地区的人的生存相对要轻松些，一年四季食物不断，肚子饿了，动动手就有吃的。温带地区的人是不能这样的，春夏秋冬四季分明，秋天一片萧瑟，冬天冰天雪地，春夏不努力工作，秋天没有存粮，冬天就只好等死了。

每个人的成长历程不同，周边的人不同，碰到的事情也不同，这些都会影响人的“气禀”，这点也是必须要考虑的。

所以，做功夫要二者兼顾，既要论性也要论气。如果只看到“性”，就没办法解释人与人之间怎么会有那么多的不同；如果只看到“气禀”不同，而不知道人性本善，就会失去根本。所以说，“性”跟“气”是不可分的。

“论性不论气，不备”，只论性，而不去讨论气禀的不同，这是不完备的；只论气禀的不同，而不去探讨根本的人性，就是不明理。所以说我们不能只论本性而不论后天的气禀，也不能只重视后天的气禀而忽略我们本来的善性，这样才能够完备。

【221】
功夫的进退

【原文】

又曰："诸君功夫，最不可'助长'。上智绝少，学者无超入圣人之理，一起一伏，一进一退，自是功夫节次，不可以我前日用得功夫了，今却不济，便要矫强做出一个没破绽的模样，这便是'助长'，连前些子功夫都坏了。此非小过。譬如行路的人遭一蹶跌，起来便走，不要欺人做那不曾跌倒的样子出来。诸君只要常常怀个'遁世无闷，不见是而无闷'之心，依此良知忍耐做去，不管人非笑，不管人毁谤，不管人荣辱，任他功夫有进有退，我只是这致良知的主宰不息，久久，自然有得力处，一切外事亦自能不动。"又曰："人若着实用功，随人毁谤，随人欺慢，处处得益，处处是进德之资；若不用功，只是魔也，终被累倒。"

【老刘说】

阳明先生说，对绝大部分普通学习者来说，致良知的道路上是充满曲折和艰辛的，这些艰难困苦是心性磨砺中不可或缺的组成部分，入此门，就要有这样的心理准备。

大家做致良知功夫的时候，最要不得的是助长。上智之人是凤毛麟角的，求学者几乎没什么人能直接达到圣人境界。一起一伏，一进一退，都是做功夫过程中不可少的程序。就像婴儿学步，跌跌撞撞是自然规律，是无可避免的。昨天状态好，走得稳当些，今天状态不好，走得差一些，甚至摔几个跟头，都是很正常的事情，没有必要遮遮掩掩的。不能因为昨天功夫做得很到位，今天做得不如昨天，就装扮出一副没有破绽的模样，这就是助长了。这种助长造成的自欺，会将之前积累的功夫破坏掉，这是大问题，必须引起足够重视。

有的人走路时跌倒了，发现没人看到，就装出一副没有跌倒过的样子，这是不可取的。这是一种贪名、贪利的私欲在心里作祟，对做心性功夫是妨害很大的。

大家要常常怀有一颗“遁世无闷，不见是而无闷”的心，把对自己的评价中心从外部转到内心，行止语默都依据自己的良知，而不是参照别人的脸色和评价。面对别人的非难和嘲笑、诋毁和诽谤、夸奖和侮辱，以及功夫的反复等，都要做到一颗心笃定平实。坚持致良知的主宰不变，一切外物的影响都不会动摇自己致良知的心。如此坚持不懈，时间久了，自然就能从量变到质变，下学而上达。

《战国策·秦策》说：“（苏秦）说秦王书十上而说不行。黑貂之裘弊，黄金百斤尽，资用乏绝，去秦而归。羸縢履蹻，负书担橐，形容枯槁，面目犁黑，状有归色。归至家，妻不下纴，嫂不为炊，父母不与言。苏秦喟然叹曰：‘妻不以我为夫，嫂不以我为叔，父母不以我为子，是皆秦之罪也。’”

这就是豪杰的胸怀，受挫了，不怨天尤人，坦然面对现实，将挫折当作激励自己进步的动力。这也正符合阳明先生所说的“人若着实用功，随人毁谤，随人欺慢，处处得益，处处是进德之资”。

在应对人情事变中，心态是内求还是外求，区别很大。比如做慈善这件事，仅仅有一颗慈悲的心，是做不来的。相反，越是做慈善的人越是需要有一副铁石心肠。“铁石心肠”在这里是指不被外物所动，坚定地按照自己的本心把事情坚持到底。从人性角度来说，人更愿意复仇而不愿意感恩。因为复仇是有快感的，感恩会有一种负重感，没人愿意走路的时候身上总是背个包袱。所以，在做慈善时，遇到忘恩负义之人，遭遇诋毁污蔑是常态。很多人宁愿相信你做慈善是别有用心、另有目的的，因为只有这样，这些人才可以理所当然地不用背负“感恩”这个包袱。从这个角度来说，只有心志足够坚定的人，才能真正做好慈善，脆弱的人，是很难坚持到底的。

所以，当我们帮助别人的时候，心里一定要知道，这么做只是为了给自己内心一个交代，而不是为了别人说声“谢谢”，更不是为了别人的感恩戴德。这和是否高尚没多大关系，而和自己的人生质量有直接关系。

心态趋向外求的时候，自己期望的是平等交换，帮助别人的时候，就会有所期望，当这种期望没有被满足的时候，就会感觉受到了伤害，进而心生怨恨，使得自己的人生质量受到影响。当一切行为都以自己的内心作为参照物的时候，就不会再存在这样的怨恨。

比如资助贫困生这件事情，显然是一件善事。感觉被伤害的人，往往是因为外求，资助了很长时间，对方信也不写一封，电话也不打一个，心里就会很不舒服。而内求于心就简单得多，自己做的事情只是因为对自己内心有个交代，别人是否有回应是别人的事情，与自己无关。有这种心态，就不会有那么多不舒服了。

从儒家的“恕”道的推己及人来说，资助贫困生的时候，也需要考虑贫寒子弟的感受，比如自己的所言所行会不会伤害到对方的自尊心等。如果彰显自己的高尚是以伤害别人的自尊心为代价的，那么这件事情真的还是一件有良知的事情吗？

我以前也资助过贫困生，一般会随便在网上找一些稿子，甚至是网络小说等，发给他们做校对，然后按照工作量给钱。对贫困生来说，这是自己的劳动所得，自然不会有被伤害的感觉，同时还可以培养他以后进入社会时的自信心。对我来说，只是做了一件对自己内心有个交代的事情。结果是皆大欢喜。

“遁世无闷，不见是而无闷”出自《周易·文言·乾》，初九爻叫潜龙勿用，孔子曰：“龙，德而隐者也。不易乎世，不成乎名，遁世无闷，不见是而无闷，乐则行之，忧则违之，确乎其不可拔，潜龙也。”

“潜龙”指的是“龙”不得风云，需要韬光养晦的阶段，“遁”字源于第三十三卦“遁卦”，卦象天下有山，山高天退阴长阳消，小人得势，君子退隐。“遁”是退避而去的意思，即明哲保身，伺机济天下。

“遁世无闷”说的是处在独善其身、韬光养晦的阶段，一切要以自己的内心为基准，别人是否认可你、肯定你，是别人的事情，与你无关，也不必因此而“闷”。因为大家认知高度不同，各怀心思，嘲笑、诽谤甚至侮辱都可能会发生，自己不能因为外部的挫折和各种障碍而偏离本心的和乐。

阳明先生最后总结，人若是立志坚定，着实在良知上用功，随便别人诋毁诽谤，轻慢欺侮，也能从中汲取有益的养分，处处增长自己的德行。若不能在内求本心上用功，外在的种种挫折和磨砺，难免会遮蔽自己的良知，让人偏离正道，任由这些挫折和磨砺破坏肆虐，心难免会被侵蚀变质。

【222】
人之灵根

【原文】

先生一日出游禹穴，顾田间禾曰："能几何时，又如此长了！"

范兆期[①]在傍[②]曰："此只是有根。学问能自植根，亦不患无长。"

先生曰："人孰无根？良知即是天植灵根，自生生不息；但着了私累，把此根戕贼蔽塞，不得发生耳。"

【老刘说】

阳明先生有一天带着几个学生到禹穴附近走走。（传说中有两个地方都叫禹穴，一个地方在四川北川九龙山下，是大禹降生的地方；另一个地方在浙江绍兴东南会稽山，是大禹死后埋葬的地方。这里谈到的禹穴明显是指绍兴会稽山这里。）大家看见路边的庄稼地，阳明先生感慨地说，有一段时间不来了，庄稼又长高了。

旁边有个叫范兆期的人，也是阳明先生的一个学生，接着阳明先生的话说，庄稼能长这么高，主要是因为它有根，如果没根的话，庄稼就不长了。修心性功夫，如果有根，就不怕没长进了。

阳明先生说，人怎么会没根呢？良知就是上天种在人身上的灵根，自然能生生不息。只是有的人心体被私欲遮蔽，把这个根戕害堵塞，导致它不能生长，就更不要说生生不息了。

良知就是人的灵根，这是人人与生俱有的。人需要发愁的不是自己没有灵根，而是这个灵根被私欲所遮蔽。

---

① 范兆期：范引年，字兆期，号半野，王阳明的弟子。

② 傍：通"旁"。

【223】
动气责人之过

【原文】

一友常易动气责人。

先生警之曰："学须反己。若徒责人，只见得人不是，不见自己非。若能反己，方见自己有许多未尽处，奚暇责人？舜能化得象[①]的傲，其机括只是不见象的不是。若舜只要正他的奸恶，就见得象的不是矣；象是傲人，必不肯相下，如何感化得他？"

是友感悔。

曰："你今后只不要去论人之是非，凡当责辩人时，就把做一件大己私克去，方可。"

【老刘说】

有个人跟从先生学习，但是还没有正式拜师，所以称"友"。这个人脾气比较急，性格不太好，容忍度比较低，经常会因为一些小事而发怒责备别人。阳明先生提醒他说，这样是不好的，指责别人本身就是好名邀功之心在作祟。显摆自己比别人高明，这是好名；在领导面前踩踩张三，踩踩李四，显得自己功劳更大更厉害，这是邀功。这都是私欲遮蔽良知的表现。为学功夫是向内求的事情，应当经常反身自省，而不是总指向外面。如果一味责备他人，总是拿着放大镜找别人的毛病，寻别人的不是，只看到别人的不对，看不到

① 象：舜的同父异母弟弟。《史记·五帝本纪》："舜父瞽叟（瞍）顽，母嚚，弟象傲，皆欲杀舜。舜顺适不失子道，兄弟孝慈。"

自己的问题，久而久之，就会落入外求一端了。如果能反求诸己，时时戒慎恐惧，就能看到自己有许多地方没有做到，哪里还有闲工夫责备别人呢？

舜的父亲叫瞽瞍，“瞽”是“盲人”的意思，应该是说这个人对身边的大圣人视而不见，有眼无珠，和盲人没多大区别，而不是说他真的就是个盲人。

瞽瞍和舜的继母、异母弟象，多次想害死他：让舜修补谷仓仓顶时，从谷仓下纵火，舜手持两个斗笠跳下逃脱；让舜掘井时，瞽瞍与象却下土填井，舜掘地道逃脱。事后舜毫不嫉恨，仍对父亲恭顺，对弟弟慈爱。帝尧听说舜非常孝顺，有处理政事的才干，把两个女儿娥皇和女英嫁给他；并经过多年的观察和考验，选定舜做他的继承人。

阳明先生借舜和象的典故说，舜能感化象的傲气，其关键只是不盯着象的不是之处。较真是容易的，但如果不能真正解决问题，较真也就失去了意义。水是天下至柔的东西，钉子看似比水坚硬得多，但在钉子和水的接触中，水会用柔性的力量，把钉子锈蚀得什么都不剩。如果舜只想着纠正象的奸恶，就只能看到象的不是。“不是”是一种现象，想解决现象，仅仅从表面做功夫，只能扬汤止沸。只有从根本上做功夫，才能釜底抽薪。象是傲慢的人，必定不肯听从，又如何能感化他呢？

这个人听后很有触动，对自己过去的言行深感懊悔。阳明先生接着说，以后不要去议论别人的是非，凡是想要去指责、挑刺、显摆的时候，都要把这些涌起的私欲克治了，这是心性功夫的一件大事，不可等闲视之。

应对人情事变的功夫，要把事情看通透，尽量引出别人人性中光明的一面，而不要引出别人人性中晦涩的一面，这就是积极用世的智慧所在。

很多事情，是不能点破的，一旦点破，马上就会转向相反的方向。《三国演义》中，吕布被曹操围困在下邳城，当时，部将侯成违反军令酿酒被发现，吕布知道后大怒曰：“吾方禁酒，汝却酿酒会饮，莫非同谋伐我乎！”命推出斩之。这句“莫非同谋伐我乎！”意思是你们打算合起伙来造反吗？当时下邳城士气低落，没人知道能不能见到明天的太阳，有另谋出路的想法也是正常的。吕布此话点破了有些人的心事，引出了这些人人性中晦涩的一面，故此有人动了杀机。

城破了，大家是个死，这是毫无疑问的；就算此战打赢了，上面已经怀疑你的忠诚了，难保不会秋后算账。对于侯成、宋宪、魏续诸将来说，唯一的求存之法就是翻脸自保。

【224】
露才扬己之病

【原文】

先生曰："凡朋友问难，纵有浅近粗疏，或露才扬己，皆是病发。当因其病而药之可也，不可便怀鄙薄之心，非君子与人为善之心矣。"

【老刘说】

"问难"的意思是"对于疑难问题，两方各抒己见，互相驳斥，互相诘问，展开辩论"，也就是"坐而论道"。阳明先生说，同道在一起坐而论道的时候，应该心有敬畏，不要有鄙薄之心，每个人都是从大小便不能自理的婴儿成长起来的，人的天资禀赋有差异，闻道有先后。心里有瞧不起别人的想法，就已经偏离良知了。

如果有人局限于自己的阅历和水平，讲出比较没水平的话，不要笑话人家。这个时候但凡有炫耀自己才能、表现自己的想法，都是好名私欲在作祟，需要省察克治。如果碰到别人水平不如自己，就心怀鄙薄，就不是君子与人为善之心了。

【225】
易理与术数

【原文】

问："《易》，朱子主卜筮，[①] 程《传》主理，[②] 何如？"

先生曰："卜筮是理，理亦是卜筮。天下之理孰有大于卜筮者乎？只为后世将卜筮专主在占卦上看了，所以看得卜筮似小艺。不知今之师友问答，博学、审问、慎思、明辨、笃行之类，皆是卜筮。卜筮者，不过求决狐疑，神明吾心而已。《易》是问诸天。人有疑，自信不及，故以《易》问天。谓人心尚有所涉，惟天不容伪耳。"

【老刘说】

朱熹在《周易本义》和《易学启蒙》中，认为《易经》是一本算卦的书。而程颐认为《易经》本质上是阐明天理，也就是把天理彰显出来的书。

有人问阳明先生："对于《易经》，朱熹先生主要从卜筮（术数）方面解释，程颐在他著的《伊川易传》中主要从易理方面解释。先生您怎么看呢？"

阳明先生说，卜筮是理，理也是卜筮，易理和术数本来就是一回事。后世人将卜筮简单粗暴地看作占卦，而没有真的理解卜筮的意思，所以将卜筮看作小技艺。天下之理，还有什么能大于卜筮的吗？

卜筮的本质是"求决狐疑，神明吾心"。因为对自己不自信，故向天求理，发起"卜筮"之念的依然是良知。人去"卜筮"的初衷是"决狐疑，神

---

① 朱熹在《周易本义》《易学启蒙》等著作中均认为，《易》原为卜筮之书。

② 程颐著有《伊川易传》，认为圣人作《易》实则是为了阐明天理。

明吾心”，毫无疑问，这是良知之发，所以“卜筮”活动本质还是“致良知”的过程。从这个角度看，“卜筮”还是在“心即理”的范畴内。

《易经》是向天询问，人有了疑惑，不相信自己的判断，有所狐疑，才用《易经》来向天询问。人心的缺点是“尚有所涉”，而天却“不容伪耳”，所以才“以《易》问天”。

“《易》是问诸天”这句的主语是人，发问的是人，而不是狗熊大象。阳明先生说卜筮是“求决狐疑，神明吾心而已”，以此心求取“明吾心”之理，所以所发依旧是“良知”，而不是私欲。

占卜只能前知，并不能改变什么。譬如听天气预报明天下雨，你可以选择不出门，但改变不了要下雨这个事实。义理和术数的核心就一个字——“德”，“道为德之体，德为道之用，无道不生，无德不蓄”。

现在的天气预报，本质上也是卜筮，是“求决”未来的天气情况。从广义上来说，阳明先生将“博学、审问、慎思、明辨、笃行”之类，皆归为“卜筮”，因为“博学、审问、慎思、明辨、笃行”都没有越出“求决狐疑，神明吾心”的范围。

易卜之术，从良知出发，才会灵验。占卜干坏事，已经偏离天理了，不灵验也是很正常的。孔子说：“吉凶悔吝者，生乎动者也；刚柔者，立本者也；变通者，趣时者也。”

古人有句老话，有疑则卜，无疑则不卜。一件事情，在两难之间，往东亦对，往西亦对，两个方向都对，而自己又无法确定的时候才去占卜。如果自己的智慧足够，用自己的智慧去解决就可以了，又何必占卜呢?

【226】
义之与比

【原文】

黄勉之[1]问:"'无适也,无莫也,义之与比'[2],事事要如此否?"

先生曰:"固是事事要如此,须是识得个头脑乃可,义即是良知,晓得良知是个头脑,方无执着。且如受人馈送,也有今日当受的,他日不当受的;也有今日不当受的,他日当受的。你若执着了今日当受的,便一切受去;执着了今日不当受的,便一切不受去。便是'适、莫',便不是良知的本体。如何唤得做义?"

【老刘说】

黄勉之问阳明先生,《论语》中说"无适也,无莫也,义之与比",是不是所有的事情都要这样呢?

"无适也,无莫也,义之与比","适"是"厚"的意思,"莫"是"薄"的意思。这句话是说,君子对于天下的事情,没有什么是必须要亲近的,也没有什么是必须要疏远的,只将道义作为唯一的准则。世间事并无绝对的对错,对天下的事不要先入为主地肯定或否定,也不要预设立场,判断的唯一准则就是"惟义所在"。

阳明先生回答说,虽然所有的事情都要这样,但必须要懂得个头脑才行。"头脑"指的是重要性的顺序。"义"就是"宜",也即良知,良知是最核心

① 黄勉之:黄省曾,字勉之,号五岳。苏州人,王阳明弟子,著有《会稽问道录》。

② 《论语·里仁》:"君子之于天下也,无适也,无莫也,义之与比。"

最重要的，必须排在第一位，其他都要排在它的后面。明白了良知就是要领，把握清楚这个主次关系，“经权之道”也就有了着落，做事情才不会拘泥执着，才能应对自如。

比如说别人跑来送东西，今天送可能是应该收的，明天送的话，可能就不应该收了，因为情况发生变化了，应对的方式就要相应的有变化。不能固执地认为今天是应该收的，那么，以后无论什么时候都是应该收的；今天不应该收，那么以后无论什么时候都不应该收。把今天的应对方式当成万古不变的死规矩，这就是食古不化的迂腐了。这样的僵化已经偏离了天理，就成了“厚”，就成了“薄”，就不是良知的本体了，又怎么能称得上“义”（宜）呢？

《孟子·公孙丑下》有个典故，孟子在齐国的时候，弟子陈臻问他：“前些天齐王赠送您一百镒兼金（价值倍于兼金的好金子），您不接受；可是在宋国的时候，宋君赠送七十镒，您却接受了；在薛国的时候，薛君赠送五十镒，您也接受了。如果之前您不接受这个金子是对的，那么今天您接受就错了；如果今天您接受金子是对的，那么之前您不接受就是错的。二者必居其一。”

孟子回答说：“都是对的。在宋国的时候，我将要远行，出行者必然要有路费，这是送路上用的钱，我出发正好需要啊，为什么不接受呢？我在薛国的时候，是有戒备之心的（孟子在薛国的时候，曾经有人想加害他），薛君听说我需要防身的东西，送我这五十金来让我置办防身的东西。我为什么不接受呢？在这两个地方，一个国君送金子是送路费，另一个国君是为了帮我防身，我为什么不接受呢？至于在齐国，齐国国君的钱是平白无故给的，没有任何正当理由的，这是想贿赂我呀，哪里有道德高尚的君子随便接受别人贿赂的呢？”

这个典故的核心，主要是突出一个“义”字，“义”就是收和不收的原则，这个“义”就是良知。孟子在齐不接受百镒之金的原因，就是不合“义”，不义之财是不能接受的。孔子说：“不义而富且贵，于我如浮云。”讲的是同样的意思。

在这个典故中，“无处而馈之，是货之也。焉有君子而可以货取乎？”这句是核心，没有任何理由就随便接受别人的金钱，就会被别人看作和“货”

一样，等于是把自己放低到跟“货”一样。“货之也”，就是可以像商品一样没有道德操守和底线，可以买卖的人，是被君子唾弃的“有奶便是娘”的人。

“良知”是我们应对人情事变的“主脑”，是放在首位的最核心原则，是不可偏离的。在实际的事情上，要懂得依据时间、环境等条件的不同，顺势而为，不可死守教条，才称得上是“义”。

以下门人黄省曾录[1]

【227】
思无邪

【原文】

问："'思无邪'[2] 一言，如何便盖得三百篇之义?"

先生曰："岂特三百篇，六经只此一言便可该贯。以至穷古今天下圣贤的话，'思无邪'一言也可该贯。此外更有何说？此是一了百当的功夫。"

【老刘说】

有人问阳明先生，孔子为什么说"思无邪"三个字就能涵盖《诗经》三百篇的含义呢?

阳明先生回答说，岂止《诗经》的三百篇，六经也是可以用"思无邪"三个字涵盖的。甚至穷究古圣先贤的话，也是可以用"思无邪"三个字涵盖的。除此之外就没什么可说的了，这是一了百当的功夫。

程颐说："'思无邪'者，诚也。"也就是之前说过的"修辞立其诚"，诗人要有真性情才能"文以载道"，做到"乐而不淫，哀而不伤"（《论语·八佾》）。

孔子认为邪和正，必要有个标准，这个标准就是"仁"。子曰："兴于《诗》，立于礼，成于乐。"（《论语·泰伯》）这里的"兴于《诗》"第一层意

① 自此节起至294节为黄省曾录。邓艾民先生认为238节、294节可能为钱德洪所录。

② 《论语·为政》："子曰：'《诗》三百，一言以蔽之，曰"思无邪"。'"

思是“思无邪”的“诚”，第二层意思是“兴于《诗》，兴，起也。《诗》本性情，有邪有正，其为言既易知，而吟咏之间，抑扬反复，其感人又易入。故学者之初，所以兴起其好善恶之心，而不能自已者，必于此而得之”（朱熹《四书章句集注》）。

在阳明先生看来“思无邪”就是“致良知”，就是诚意功夫，就是“圣人致知之功，至诚无息。”

【228】
人心惟危，道心惟微

【原文】

问道心、人心。

先生曰："'率性之谓道'便是道心，但着些人的意思在，便是人心。道心本是无声无臭，故曰'微'；依着人心行去，便有许多不安稳处，故曰'危'。"

【老刘说】

有人问阳明先生，"道心"和"人心"该怎么理解？

"人心"和"道心"出处是十六字心传："人心惟危，道心惟微，惟精惟一，允执厥中。"人心和道心只是一颗心的两种状态，一种是没有私欲的道心状态，另一种是有私欲的人心状态，人心得其正者即道心，道心之失其正者即人心。即心体上没有攀附贪嗔好恶的状态，就是道心；有贪嗔好恶攀附的状态，就是人心。心在同一个时刻，只能是存在一种状态，不可能两种状态共存。

阳明先生回答说，"率性之谓道"就是"道心"，一旦掺杂了人的私欲，就是"人心"了。道心本来是无声无味的，所以说"微"。依着人心去做，就会有许多不安稳之处，所以说"惟危"。

"人心惟危，道心惟微"的本义不是人心危险、道心微弱，这么解释的人，是没有真正实修过的人，还不知"心"为何物，只是自己想当然地在理解。

"二者杂于方寸之间，而不知所以治之，则危者愈危，微者愈微，而天理之公卒无以胜夫人欲之私矣。”（朱熹《中庸章句序》，语意：人心和道心混杂于心这个方寸之地，若不知如何治理，就会使危险的越加危险，隐微的愈加隐微，难以呈现，天理也就永远无法战胜人欲了。）

《荀子·解蔽》中对“人心惟危，道心惟微”解释得比较清楚，老刘认为，这也是最贴近原意的。原文“昔者舜之治天下也，不以事诏而万物成。处一危之，其荣满侧；养一之微，荣矣而未知。故《道经》曰：‘人心之危，道心之微’。危微之几，惟明君子而后能知之。故人心譬如槃水，正错而勿动，则湛浊在下而清明在上，则足以见须眉而察理矣。微风过之，湛浊动乎下，清明乱于上，则不可以得大形之正也。心亦如是矣”。

舜治天下之道是循理的结果，循理而行才达到了“不以事诏而万物成”的境界。

“处一危之，其荣满侧；养一之微，荣矣而未知。”意思是坚守“一”，随时保持戒惧，这样自然就能彰显出“仁义礼智”，被赞誉包围也是自然而然的事情；存养“一”的精微之处，“道”的水平自然精进，当“虚一而静”达到了精微之处的修为，个人的显荣、声誉、德行就会在自己和别人都不知不觉的情况下自然养成，进入“荣”的境界。

对于未得道而求道的人来说，“心”尚处于清浊混杂的状态，就像一盆水，上面有水，下面有泥土，保持稳定不动，土自然开始沉淀，水自然开始澄清，随着时间的推移，分层就会很清晰（即“正错而勿动，则湛浊在下而清明在上，则足以见须眉而察理矣”）。但经不起晃动，哪怕是很微小的晃动，都会让水重新混浊起来（即“微风过之，湛浊动乎下，清明乱于上，则不可以得大形之正也”）。所以必须“导之以理，养之以清，物莫之倾”（意思是所以要存养本心，用天理把心导正，随着不断地存养“集义”，清明之气自然会培养起来，就能不再受外物的干扰了）。

从实修的角度来说，“人心惟危”说的是基于“私欲”的扰动是无时无刻不存在的，必须保持戒慎恐惧，时时慎独。“道心惟微”说的是“积善成德，而神明自得，圣心备焉”，“清明内景”的提高是基于对“道心”精微之处的洞悉和把握。

心性功夫必须实修，如果不能触摸心体，不能对气机流行洞悉，是永远无法真正入门的。道听途说的结果，只会让言行成为笑话。苏轼在《日喻》一文中用生动形象的比喻说明了这个道理。一个天生失明的人不认识太阳，向有眼睛的人求教，有人告诉他“日之状如铜盘”，他“扣盘而得其声，他日闻钟，以为日也”。又有人告诉他“日之光如烛”，他“扪烛而得其形，他日揣籥，以为日也”。他为什么会犯这种可笑的错误呢？受生理状况影响，他自己无法看见太阳，只好求助于人，而别人无论怎样告诉他，他也是无法真正理解的。

【229】
施教不可躐等①

【原文】

问："'中人以下，不可以语上'②，愚的人与之语上尚且不进，况不与之语，可乎？"

先生曰："不是圣人终不与语，圣人的心忧不得人人都做圣人，只是人的资质不同，施教不可躐等，中人以下的人，便与他说性、说命，他也不省得，也须谩谩③琢磨他起来。"

【老刘说】

"中人以下，不可以语上"出自《论语·雍也》，原文为："子曰：'中人以上，可以语上也；中人以下，不可以语上也。'"意思是说人的天资禀赋是不同的，根据领悟能力把人分为上、中、下三类——上智之人对应生知安行，中智之人对应学知利行，下智之人对应困知勉行。

有人问阳明先生，《论语》中说"中人以下，不可以语上"，愚钝的人，对他们讲比较高明的"道"理，他们尚且不能进步，更何况不对他们说呢？

这个人问的核心意思是，中人以下的人已经这个样子了，如果再不讲点高级的东西，这些人岂不是越来越没什么进展了吗？

阳明先生说，并不是圣人不想跟他们说，圣人巴不得人人都能成为圣人。

① 躐等：越级；不循原有序列。
② 语出《论语·雍也》。
③ 谩谩：俞本作"慢慢"。

只是因为人的天资禀赋不同，讲道的时候，需要因材施教，不可逾越实际情况而冒进。对天资禀赋处于中人以下的人而言，说到“性”“命”，已经超出了这些人的领悟能力范畴，需要慢慢引导才可以。

圣人心里当然希望人人都能达到圣人的水平，但人的天资禀赋的高低是没办法的事情。太高深的东西是没办法讲给领悟能力太差的人听的，不仅是因为他听不懂，甚至还可能会误导他。只有立足实际情况，慢慢地去引导，一点点地推着往前走，走到一定程度了，从量变到质变有突破的时候，再因势利导地讲更高深的东西，才是正确的教育方法。

老子说“上士闻道，勤而行之；中士闻道，若存若亡；下士闻道，大笑之。——不笑，不足以为道。”讲到“道”的层面，已经很高妙了。上智之人天资禀赋很高，一听就懂了，很清楚自己该如何行“道”，直接就去落实了；中智之人限于天资禀赋的水平，听得半懂不懂，但这类人已经具备了分辨能力，知道好歹，即便是半懂不懂，也会时时警醒、纠正自己以便去行“道”；下智之人还不具备分辨能力，分不清是非对错，把自己的想当然当作真理，不愿意接受任何和自己臆想相悖的真相，对“道”完全没概念，听到他人讲“道”，会觉得那个人是神经病，自然就会大笑之。

拿登山来打比方，假如下智之人从来没登过山，你对他说，现在山脚下的地面温度是35度，山顶应该是零度以下。他会笑你缺心眼儿，山顶距离太阳更近一些，只会更热，怎么会更冷呢？居然说山顶会是零度以下，这不纯粹是笨蛋吗？他当然觉得自己比你聪明得多，绝对有资格嘲笑你。

中智之人属于以前爬过山，只是没有登过顶的人。他很清楚随着高度的提升，温度会下降，但对于你说的山顶会是零度以下是半信半疑的。如果需要登顶，他还是会认真准备抗寒装备的，万一用得上呢？

上智之人已经登过不止一座高山，并到达过山顶你说的情况，他会根据自己的切身体会认真分析，并积极准备。

让下智之人相信山顶会是零度以下，仅仅靠说教是没用的，要想办法让他往山上爬一点儿，用事实说话，当他自己有些体会之后，在体会的基础上，再做进一步的工作。这就是阳明先生说的“因人施教”和“循序渐进”。

【230】
读书第一义

【原文】

一友问："读书不记得，如何?"

先生曰："只要晓得，如何要记得？要晓得已是落第二义了，只要明得自家本体。若徒要记得，便不晓得；若徒要晓得，便明不得自家的本体。"

【老刘说】

一个朋友问阳明先生："我这个人记忆力很一般，读书的时候，很多内容看过没多久就忘记了，读书记不住这件事该怎么办呢?"

阳明先生回答说，只要理解就行了，为什么非要死记硬背呢？其实理解也不是最关键的，最关键的是要明白自己的本体。如果只会背书却不理解，就是两脚书橱了；如果只理解却不知道所为何事，不知道自家的本体，也就失去了方向和根本，这样的理解也是没多少意义的。

这一节从字面意思看，似乎阳明先生很轻视背记书上的内容的行为，实则不然，阳明先生博古通今，行文论道的时候，引经据典也是信手拈来，如果没有强大的记忆积累，是不可能做到的。

阳明先生这样说，本意依然是强调良知作为根本的重要性。在具体的学习过程中，必要的"记得"还是要有的，知道在什么情况下该记得，什么情况下该晓得，本身就是本体（良知）之用的表现。也就是说本体（良知）的确比"晓得"和"记得"都重要。

【231】
学问极至处

【原文】

问："'逝者如斯'①，是说自家心性活泼泼地否?"

先生曰："然。须要时时用致良知的功夫，方才活泼泼地，方才与他川水一般；若须臾间断，便与天地不相似。此是学问极至处，圣人也只如此。"

【老刘说】

有人问阳明先生，孔子说的"逝者如斯"是在形容自己的心性活泼泼的吗?

阳明先生说，可以这么理解，"天地之大德曰生"，只要时时存养良知，循理而行，坚持做致良知的功夫，自己的心性就能活泼泼的，就像江河里的水一样奔流不息。如果致良知的功夫有了间断，哪怕间隔时间很短，也是偏离"天地之大德曰生"的天地之道，也就无法保持活泼泼的心性常在了。这是做学问的极致之处，圣人也只是如此。

"逝者如斯"出自《论语·子罕》，后人对于"逝者如斯"的解释五花八门，有的解释为"时间如流水流逝，人生就是如此，时光一去不复返，大家要活在当下，有惜时之意在其中"。也有的解释为"世人追逐名利，前仆后继，就像这江水一般，挟老死病苦，昼夜不停地奔劳。"

阳明先生对"逝者如斯"的解释比较符合《周易·易经上》乾卦辞之

---

① 《论语·子罕》："子在川上，曰：'逝者如斯夫！不舍昼夜。'"

“天行，健。君子以自强不息”。也符合《大学》的“苟日新，日日新，又日新”。“逝者如斯”有两个关键点，一是“时时”的功夫连贯性，二是“致良知”的方向正确性。时时存养良知不间断，气机自然流转，通透顺畅，人的精气神就会饱满充盈、蕴含无限勃勃生机。

“天行，健。君子以自强不息”这句的“天”字，可以理解成“马”。“天行，健”就像庞大的马群在头马的带领下，在草原上万马奔腾而过，其气势和动感，就是“自强不息”的感觉。

做心性功夫，最怕的就是间断。从收束心猿意马，感知气机流行，到触摸到心体，时刻存养良知，刚开始的坚持是一件很艰难的事情，后面顺畅之后，就会如呼吸一样自然，抵达圣人之功夫也不过如此简单。

【232】
当死则死

【原文】

问“志士仁人”[①] 章。

先生曰：“只为世上人都把生身命子看得来太重，不问当死不当死，定要宛转委曲保全，以此把天理却丢去了，忍心害理，何者不为？若违了天理，便与禽兽无异，便偷生在世上百千年，也不过做了千百年的禽兽。学者要于此等处看得明白；比干[②]、龙逄[③]，只为他看得分明，所以能成就得他的仁。”

【老刘说】

有人请教阳明先生，《论语·卫灵公》“志士仁人”篇该怎么理解。

阳明先生说，做人要知道做人的根本在什么地方，世上很多人把生命看得太重，不问当死不当死，而是一定要设法委曲保全性命，甚至为了活命做伤天害理之事，这样的人和禽兽又有什么分别呢？就算活到一千岁，也只不过是禽兽而已。

做一个真真正正的人，一个大写的人，一个有一腔浩然正气、顶天立地的人。要效仿比干、关龙逄这样的志士仁人，这就是“杀身成仁”的根本含义。

---

① 《论语·卫灵公》：“子曰：‘志士仁人，无求生以害仁，有杀身以成仁。’”

② 比干：商纣王的叔父，因向纣王进谏，被剖心而死。

③ 龙逄：关龙逄，夏末大臣。因多次进谏，被桀囚禁杀死。

比干是以死谏君的忠臣，他既是商纣王的叔父，又是商纣王的丞相。比干对纣王倒行逆施的暴虐统治不满，多次向他进谏，纣王不听，比干最终因谏而死。关龙逢是夏桀时期的大臣，因忠谏而被桀所杀。据《韩诗外传》记载，夏桀荒淫无道，关龙逢多次向夏桀进谏，但夏桀根本听不进去。经过长期思考之后，关龙逢决定以献黄图的方式进谏。黄图，是一种关于地舆、陵庙、宫观、明堂等事的图画，关龙逢想借此说明当前有亡国的可能，形势甚是危急。他献黄图后不肯离去，夏桀大怒，命人把他囚而杀之。

以比干和关龙逢的心智水平，又怎么可能不知道进谏的结果呢？但在他们的价值观中，坚守“仁”要比坚守生命重要得多。人类和其他动物很不同的一点就是人会为了心中的信念，选择做明知其不可为而为之的事情，而动物不会。儒家并非不珍惜生命，只是在他们看来，生命并不是人生中排在第一位的东西。

《中庸》中说：“是故居上不骄，为下不倍。国有道其言足以兴，国无道其默足以容。《诗》曰：‘既明且哲，以保其身。’其此之谓与?”“明哲保身”这个词现在多用于贬义，被现代人糟蹋得不成样子，完全失去了本来面目。“明”“哲”“身”三个字的理解在现在多数情况下都是离题万里，“明”与“哲”本是大智慧，如果仅为自己的切身利益去考虑算计，就成小聪明了。“明哲保身”四个字，之所以从褒义词沦为贬义词，完全是后人断章取义的结果。

现代人通常所理解的“明哲保身”与儒家的一贯主张是背道而驰的。如孔子曰：“志士仁人，无求生以害仁，有杀身以成仁”；“见义不为，无勇也”。孟子曰：“生亦我所欲也，义亦我所欲也；二者不可得兼，舍生而取义者也。”这些都没有苟且偷生的意思。

孟子曰：“不得志，修身见于世。穷则独善其身，达则兼善天下。”“穷”“达”虽然外在表现有所不同，但内在是一样的。“有大人者，正己而物正者也”，“正己”是“独善其身”，“正己而物正者”便是“兼善天下”。“独善其身”是“不得志，修身见于世”，而“修身见于世”落实在德行上，在古代不仅能得君行道，还可以觉民行道，即通过推行教化来唤醒民众内心的光明。由此可见，“独善其身”不是自私自利，不是只管自己，不顾他人。

从儒家的角度，“身”是小体，“心”是大体。孟子曰：“体有贵贱，有小大。无以小害大，无以贱害贵。养其小者为小人，养其大者为大人”。小人被躯体（小体）欲望驱使，唯利是图。对于君子来说，“学问之道无他，求其放心而已矣”。《大学》曰：“自天子以至于庶人，壹是皆以修身为本。”“修身”不是养其小体，“修身”是明明德于身，其中蕴含着弘道的事业，齐家、治国、平天下包含在其中。“明哲保身”的“身”也是要从“修身”的角度理解的。

阳明先生说“言心则天地万物皆举之矣”，即此心与天地万物为一体，“明明德于天下”正是从“修身”拓展出去的。

孔子曰“杀身成仁”，孟子曰“舍生取义”，当“身”与“心”相对立时，“心”是大体，“身”是小体，显然应该贵“心”而贱“身”。除此之外，都应该珍惜身体，善待生命。

【233】
毁誉在外安能避得?

【原文】

问:"叔孙武叔毁仲尼①,大圣人如何犹不免于毁谤?"

先生曰:"毁谤自外来的,虽圣人如何免得?人只贵于自修,若自己实实落落是个圣贤,纵然人都毁他,也说他不着;却若浮云掩日,如何损得日的光明?若自己是个象恭色庄、不坚不介的,纵没一个人说他,他的恶慝②终须一日发露,所以孟子说:'有求全之毁,有不虞之誉。'③ 毁誉在外的,安能避得,只要自修何如尔。"

【老刘说】

有人问阳明先生:"我认为人做到极致的时候,应该人人都称赞才是,《论语》中说叔孙武叔毁谤孔圣人,为什么大圣人犹然不免被人毁谤呢?"

叔孙武叔,名州仇,是叔孙不敢的儿子。鲁定公十年,孔子陪同鲁定公在夹谷拜会齐景公,州仇也于是年继位,成为叔孙氏家族的掌门人;鲁哀公十六年(前479)孔子去世,孔子逝世后不久,州仇即多次在朝堂上公开诋毁孔子。

对此子贡曰:"无以为也!仲尼不可毁也。他人之贤者,丘陵也,犹可逾

---

① 《论语·子张》:"叔孙武叔毁仲尼。"

② 慝(tè):指邪恶、恶念。

③ 《孟子·离娄上》:"有不虞之誉,有求全之毁。"大意是有预料不到的赞扬,也有求全苛责的毁谤。

也；仲尼，日月也，无得而逾焉。人虽欲自绝，其何伤于日月乎？多见其不知量也。”

意思是“叔孙武叔这么做是白费力气呀，仲尼是不怕诋毁的。别人的贤德，好比小山包一样高，是可以想到办法翻越的，而仲尼就像日和月一样，高高悬挂，光芒四射，又怎么可以超越呢？在地上的人想伤害到日和月，又怎么可能做到呢？有这种想法的人无疑是自不量力呀。”

阳明先生回答说，毁谤是从外面来的，即使是圣人，也是没有办法管住悠悠众口的，所以圣人也无法避免被别人非议。同样，看这个世界，每个人角度不同，看法和结论自然也不同。比如几百人吃饭，请个御膳房的厨子下厨做一桌菜，食客中肯定有人说这个菜太咸了，那个菜淡了，这个菜醋放多了，那个菜辣椒放多了……众口难调是没办法的客观存在。

想让所有人都满意，这种想法很好，但操作起来，无疑是费力不讨好的。做好自己，把评价中心从外部转到自己的内心，自然可以做到“你若盛开，蝴蝶自来”。注意这里的“做好自己”，不是标榜特立独行，标榜特立独行无疑是一种哗众取宠的低心智的表现。

如果自己确确实实是个圣贤，纵然有很多人毁谤，也没什么大不了的。毁谤的原因可能是各种各样的，看不顺眼的、嫉妒的、隐藏各种无可言说龌龊想法的，等等。在这种事情上浪费自己宝贵的人生，无疑是不智的。

毁谤就像浮云，圣人的德行就像太阳，浮云的确有的时候能掩盖住太阳的光芒，但浮云怎么可能损害到太阳的光明呢？

如果一个人只是一个外表道貌岸然，内心没有坚贞和正直的人，就算没人说什么不好的话，存有邪念的心隐藏得再好，早晚也会暴露出来的。

所以孟子说“有不虞之誉，有求全之毁”，赞誉和毁谤都是外来的，怎么能避免呢？

世上人，再蠢，指责别人时也是英明神武的；再聪明，做起事情来也是笨手笨脚的。

凡事内求于心，时时不忘存养良知，走好自己的路。要清楚一个客观事实，别人怎么说是别人的事情，不是你能左右的。被别人嘴巴干扰，无疑是好名私欲作祟导致的外求。

【234】
厌外物之心

【原文】

刘君亮[①]要在山中静坐。

先生曰："汝若以厌外物之心去求之静，是反养成一个骄惰之气了；汝若不厌外物，复于静处涵养，却好。"

【老刘说】

刘君亮是阳明先生的学生，跟着阳明先生学习了一段时间，然后表示自己要去山中静坐，避世修心性。

心性实修功夫从入静功夫开始，收束心猿意马，感知气机流行，触摸心体，这段功夫和禅学很接近，起手处都是心体。触摸到心体之后，时时存养良知，戒慎恐惧，气机流转顺畅，在入世治世的实践中事上磨，这是心学的用世功夫。这里要注意：事上磨的重点不是事一端，而是心一端，事只是心性的载体，不是心性本身。

刘君亮对前一阶段的功夫，显然是听明白了，但对后一阶段的功夫，还不甚清楚。于是，阳明先生针对这件事说："在触摸到心体之后，如果你是基于厌弃外物的心刻意去求静，就会偏离儒家积极用世的根本原则，反而会养成一种骄傲懒惰的习惯，这样对个人的提高反而是有害的。相反，如果你心中没有厌弃外物的想法，只是去静处涵养自己，就不会有这样的弊端，是值得支持和肯定的。"

---

① 刘君亮：字元道，王阳明弟子，余不详。

应对人情事变的时候，外物对内心的扰动是在所难免的，在这种扰动中，心能定得住，才是真正的心性功夫。如果一味逃避外物对心的扰动，就如同学游泳一样，本来是为了应对遇到江河湖泊的实际情况，现在却刻意回避任何江河湖泊，一辈子都泡在游泳池里，学游泳这件事也就失去了学的意义。

【235】
人之才气本不同

【原文】

王汝中[1]、省曾侍坐。

先生握扇命曰："你们用扇。"

省曾起对曰："不敢。"

先生曰："圣人之学不是这等捆缚苦楚的，不是妆做道学的模样。"

汝中曰："观仲尼与曾点言志一章略见。"

先生曰："然。以此章观之，圣人何等宽洪包含气象。且为师者问志于群弟子，三子皆整顿以对，至于曾点，飘飘然不看那三子在眼，自去鼓起瑟来，何等狂态；及至言志，又不对师之问目，都是狂言。设在伊川，或斥骂起来了，圣人乃复称许他，何等气象！圣人教人，不是个束缚他通做一般，只如狂者便从狂处成就他，狷者便从狷处成就他，人之才气如何同得。"

【老刘说】

王汝中和黄省曾执弟子之礼，侍奉阳明先生而坐。

王汝中即王畿，也就是王龙溪，此人官至南京兵部郎中，后辞官讲学四十多年，为王门七派中"浙中派"创始人。

---

① 王汝中：王畿（1498—1583），字汝中，号龙溪，山阴（今浙江绍兴）人。王阳明的得意弟子，官至南京兵部郎中，后辞官，讲学四十余年，传播王学。著有《龙溪集》。

黄省曾，字勉之，号五岳山人，黄鲁曾之弟。吴县（今江苏苏州）人，《明儒学案》记其“少好古文，解通《尔雅》。为王济之、杨君谦所知”。嘉靖十年（1531）以《春秋》乡试中举，名列榜首，后累举不第，便放弃了科举之路，转攻诗词和绘画。交游极广，王阳明讲学越东，黄省曾往见执弟子礼，又请益于湛若水，学诗于李梦阳。长于农业与畜牧，诗作以华艳胜。

师徒三人坐而论道，天气比较热，阳明先生自己在扇扇子，同时对两个学生说，你们也扇一扇吧，不必过分拘礼。

黄省曾站起来说：“老师在此，吾等不敢放肆。”意思是“有先生在此，我们做学生的要心有敬畏，守好自己的本分，不敢僭越。”

中华传统文化是比较讲究守位的，也就是知道自己的本分在哪里，不僭越自己的本分。维系五伦关系正常运转的基础就是每个人各守其位，做好自己的本分。比如三国时代的刘备、关羽、张飞三人，他们关上门一起吃饭、睡觉，情同手足，当哥哥有哥哥的样子，做弟弟有弟弟的样子；打开门是义属君臣，“稠人广坐，侍立终日”，做君的有君的样子，做臣的有臣的样子。所以黄省曾才有此一说。

阳明先生对两个学生说：“圣人之学不是这样拘束的。你不要‘妆’成一个道学的样子。”

阳明先生说，圣人之学“守位”的根本是“仁”，《周易・系辞下》“圣人之大宝曰位，何以守位？曰仁。”孔颖达疏：“圣人何以保守其位，必信仁爱，故言‘曰仁’也。”是心里真正存养“仁”，而不是做出一副看起来像“仁”的样子，懂得了这点，就知道各种捆缚苦楚是外在的表现，不是根本。所以不必做作。

王汝中心有灵犀，接着说：“先生您讲的和《论语》中‘曾点言志’篇的意思大致相同，也是‘君子不器’的意思。”

阳明先生说：“是的。从‘曾点言志’篇来说，可以看到圣人具有何等宽宏包容的气度啊！作为老师，孔圣人向自己的众位弟子询问志向，三个学生都毕恭毕敬地回答。而曾点却看都不看那三个人一眼，自行鼓起瑟来，这是多么狂放不羁之态啊！轮到他谈论志向时，又不正面回答老师的问题，说的都是些狂言。也就是孔圣人宽宏包容，换作程颐，碰到这样的弟子，早就开始斥骂了。”

圣人传道授业解惑，是非常懂得因势利导、因材施教的，不会把学生教育成像从一个模子里刻出来的，而是让他们发展自己的长处，引导他们在这方面成才。对狂者就从狂的地方造就他，对狷者就从狷的地方造就他，这才是真正的育人之道。

“曾点言志”的典故在上篇27节讲过，这里就不再赘述了。程伊川的典故出自《二程集·河南程氏外书》：

韩维是二程（程颐，程颢）的老前辈，有一次，约二程到颖昌游西湖，韩维叫诸位弟子随行服侍，有人言貌稍不庄敬（说说笑笑，不够庄重），程颐立刻回头厉声呵斥道：“汝辈从长者行，敢笑语如此，韩氏孝谨之风衰矣。”（你们这些小字辈，随着长辈出行，一点儿恭谨的规矩都没有，韩家的家风都被你们败坏了！）

这话说得很重，韩维脸上挂不住了，就把这几个弟子撵回去了。这件事平心而论，程颐做得有点儿过分了，一则游西湖是件让人放松的事情，这么一搞，气氛就被破坏了；二则无论他和韩维交情有多深，当面斥责人家的子弟，也是不够妥当的，毕竟打狗还要看主人。从这件小事来看，程颐虽然在学术上水平是比较高的，但在圣人气象方面，跟孔子相比还是要差很大一截的。

“大成至圣文宣先师”，孔子在这个方面水平要高得多，儒学在孔圣人手中“鸢飞鱼跃，活泼泼地”，生机勃发。在《论语》和《史记·孔子世家》的记载中，儒家虽然一向以礼教人，但在师生关系上，并不总是板着面孔教训人的。

孔子的高足子路经常对老师甩脸子：子见南子，子路不悦；公山弗扰召孔子，孔子欲往，子路不悦；甚至在孔子说出“必也正名乎”的时候，干脆直接顶回去：“有是哉，子之迂也！奚其正？”

孔子对这位高足，也并不是每次都和颜悦色、循循善诱。从最轻微的“哂之”（《论语·先进》），到直接骂“野哉，由也！”（《论语·子路》），甚至被孔子当面指责“君子固穷，小人穷斯滥矣”（《论语·卫灵公》）。

“望之俨然，即之也温，听其言也厉”的孔子，并不总是一副正襟危坐的道学模样，在《史记·孔子世家》中，在陈绝粮，从者病，莫能兴的时候，孔子对颜回说："有是哉颜氏之子！使尔多财，吾为尔宰。"（颜回啊，将来你发大财了，我给你当总管吧！）

我们知道，颜渊其实是非常穷的。"一箪食，一瓢饮，在陋巷，人不堪其忧，回也不改其乐。"孔子身处绝境，还不忘涮一下自己的爱徒，这无疑是圣人气象的体现。

【236】
好博之心

【原文】

先生语陆元静[1]曰："元静少年亦要解'五经'，志亦好博。但圣人教人，只怕人不简易，他说的皆是简易之规；以今人好博之心观之，却似圣人教人差了。"

【老刘说】

陆元静就是陆澄，"五经"指儒家的五部经典，即《诗经》《尚书》《礼记》《周易》《春秋》。

阳明先生对陆澄说："你年纪轻轻就立志要注解'五经'，也是志在博学。然而圣人教人，都是'简易之规'，是为了让人真正懂得，学的人真正能学明白，所以尽量把学问说得简单明白，通俗易懂。现在的人崇尚把学问说得很广博，玄之又玄，这种心态是不对的。从这个角度来说，反倒像是圣人教错了似的。"

"好博之心"有显摆自己比别人高明一些的意思，从这个角度来说，"好博之心"也是好名私欲作祟导致的。

"简易之规"出自《周易·系辞上》："易则易知，简则易从。易知则有亲，易从则有功。有亲则可久，有功则可大。"

容易的事情很便于理解，简单的事情容易去做。容易理解的事情，就容易让人心里有亲近感，愿意接受；简单的事情，就比较容易做好，中间

① 陆元静：指陆澄，"元"当为"原"字之误。

不出问题。好理解的事情在传播上障碍很小，所以很容易流传开来，存在的时间自然就长久；容易成功的事情，做的人就会比较多，就更容易做出大的影响。

“易则易知，简则易从”。“易知”是属于认知层面上的，而“简从”则是属于操作层面上的。也就是说要在做到容易理解的同时，还能够简便操作，用最简单的话来说，就是八个字：一看就知，一学就会。“易知”和“简从”其实是相互促进的一对，在“易知”的前提下才能做到“简从”。

“易知”是基础，在对事物有了认识的基础上，觉得该事物是可以接受的，操作层面的事情就容易展开了，“易从”也就容易跟进了。“易从”是指执行层面的事情，事情不做是体现不出功效来的，只有做了才有效果，光自己做还不够，只有足够多的人跟着一起做，才能够体现出大的效能，所以说“易从则有功”。

“有亲则可久”，说的是在理解的基础上感觉亲切了，才能对事物保持长久的好感，才能够不断深入学习，不断领会理解；“有功则可大”，就是说经过长期实践，当功效体现出来了，我们才能把所从事的事业发扬光大。

天下人做天下事，天下事有天下理，理正则事不悖，所有的事情都逃不出“易简”这个至理。

阳明先生对经的态度，在《稽山书院尊经阁记》中说得很明确。原文是：“而世之学者，不知求‘六经’之实于吾心，而徒考索于影响之间，牵制于文义之末，硁硁然以为是‘六经’矣；是犹富家之子孙，不务守视享用其产业库藏之实积，日遗忘散失，至于窭人丐夫，而犹嚣嚣然指其记籍曰：‘斯吾产业库藏之积也’何以异于是。呜呼！‘六经’之学，其不明于世，非一朝一夕之故矣。尚功利，崇邪说，是谓乱经。习训诂，传记诵，没溺于浅闻小见，以涂天下之耳目，是谓侮经。侈淫辞，竞诡辩，饰奸心盗行，逐世垄断，而犹自以为通经，是谓贼经。若是者，是并其所谓记籍者而割裂弃毁之矣，宁复知所以为尊经也乎。”

意思是说：而世上学“六经”的人，不懂得从自己的心里去探求“六经”的实际内容，却空自从实际之外的影响痕迹之中去探索，拘守于文字训诂的细枝末节，鄙陋地以为那些就是“六经”了，这正像富家的子孙，不致力于守护和享用家中的产业库藏中的实际财富，一天天遗忘散失，最终变成穷人乞丐，却还要傲然地指着账本说道："这便是我家产业库藏的财富！同这有什么两样?"唉！"六经"之学，它不显扬于人世，不是一朝一夕的事了。重视功利，崇奉谬论，这叫淆乱经义；学一点儿文字训诂，教授章句背诵，沉陷于浅薄的知识和琐屑的见解，以掩蔽天下人的耳目，这叫作侮慢经文；肆意发表放荡的言论，逞诡辩以取胜，文饰其邪恶的心术和卑劣的行为，驰骋世间以抬高身价，还自命为通晓"六经"，这叫作残害经书。像这样一些人，简直是连所谓账本都割裂废弃掉了，哪里还知道什么叫作尊重"六经"呢！

【237】

圣学真血脉

【原文】

先生曰："孔子无不知而作[①]，颜子有不善未尝不知，此是圣学真血脉路。"

【老刘说】

阳明先生说，孔子说自己"无不知而作"，颜回"有不善未尝不知"，这就是圣学真正的血脉精髓传承。

"不知而作"出自《论语·述而》，"子曰：'盖有不知而作之者，我无是也。多闻，择其善者而从之；多见而识之；知之次也。'"

"识"是记住的意思；"作"，朱熹在《论语集注》中的注释是"不知而作，不知其理而妄作也"，是作为的意思；"多闻"是指多去学习古人的嘉言良行；"多见"则是自己亲身事上磨。故"多闻"与"多见"的区别就是"闻指远，见指近"。

孔子说："有的人在自己尚是一头雾水的时候，也会去想当然地作为，我是没有这个毛病的，我的做事风格是多闻多见。择其善者而从之，其不善者而改之，这是次一等的智慧啊！"

"未尝不知"出自《周易·系辞下》，"子曰：'颜氏之子，其殆庶几乎！有不善，未尝不知；知之，未尝复行也'。"

---

① 语出《论语·述而》。

孔子说，颜回这个人心性水平很高，他自身有一点点不善的念头，马上就能觉察到，一知道错误，便不会再发生错误，这是不贰过。心性功夫，心头一涌动，无论善恶，自己马上就清清楚楚。善念保留，恶念克治导正，这就是“知之，未尝复行”。

【238】
“必为圣人”之志

【原文】

何廷仁[1]、黄正之[2]、李侯璧[3]、汝中、德洪侍坐。

先生顾而言曰：“汝辈学问不得长进，只是未立志。”

侯璧起而对曰：“珙亦愿立志。”

先生曰：“难说不立，未是必为圣人之志耳。”

对曰：“愿立必为圣人之志。”

先生曰：“你真有圣人之志，良知上更无不尽，良知上留得些子别念挂带，便非必为圣人之志矣。”

洪初闻时心若未服，听说到，不觉悚汗。

【老刘说】

何廷仁、黄正之、李侯璧、王汝中、钱德洪执弟子之礼，侍奉阳明先生而坐，阳明先生环顾在座的弟子说：“你们的学问之所以没有太多长进，只是因为没有立志。”

李侯璧站起来对答道：“我愿意立志。”

阳明先生说：“不能说你没有立志，只是立的不是必为圣人之志。”

---

① 何廷仁：字性之，号善山，江西雩都（今江西于都县）人，王阳明的得意门生，时称“浙有钱（德洪）、王（畿），江（西）有何（廷仁）、黄（宏纲）”。

② 黄正之：黄宏纲（一说弘纲），字正之，号洛村，江西雩都人，王阳明弟子。

③ 李侯璧：名珙，浙江永康人，王阳明弟子。

李侯璧对答道：“愿意立一个必为圣人的志向。”

阳明先生说：“你真有圣人之志，良知上就必须要扩充到极致。心体上如果还有私欲杂念攀附，就不是必为圣人之志了。”

钱德洪起初听到阳明先生讲立志的事情，心中还有些不服，听阳明先生说到这里，不觉警醒汗下。

立志是把良知立起来，时时存养，让良知时时刻刻充盈饱满，无论行止语默都没有丝毫间断。这件事情听起来容易，实际做起来是很难的。

《论语·雍也》有言，“子曰：‘回也，其心三月不违仁，其余则日月至焉而已矣。’”圣人此语，对颜回评价极高。从字义上看，颜回能做到三月不违仁，而三月后可能会偶有“违仁”之迹。孔子赞扬颜回“不迁怒，不贰过”，说明颜回仍然难免有过，但不会犯同样的错误，故周敦颐称颜回为“亚圣”。不违仁，不离仁道，居于仁宅。三月不违仁，长时间住在仁宅里。这是把“仁”比喻成宅子，颜回是长期在家（仁），偶尔出短门；其余学生是长期出门在外，偶尔回家（仁）一次。圣人从心所欲不逾矩，是永不离家（仁）。

即便以颜回的境界，他也只是不贰过，偶有小过、微过；三月不违仁，偶尔有违，只是其仁偶有间断，心偶尔于仁道有所偏离而已。圣人之心纯天理，颜回偶尔尚有微染耳。

由此可见，这个“必为圣人”之志的难度还是非常大的，所以钱德洪才会“不觉悚汗”。

【239】
造化的精灵

【原文】

先生曰："良知是造化的精灵。这些精灵，生天生地，成鬼成帝，皆从此出，真是与物无对。人若复得他完完全全，无少亏欠，自不觉手舞足蹈，不知天地间更有何乐可代。"

【老刘说】

阳明先生说，良知是造化的精灵。这些精灵生出天地、鬼神、万物一切，真是无与伦比。

"造化"的"化"字甲骨文的写法是：左边一个头朝上站立的"人"，右边一个头朝下入土的"人"，表示由生到死的改变，即脱胎换骨，破茧重生的意思。

"精灵"在这里的意思不是英文"Elf"的意思，也没有具体实体，"精灵"在这里是"枢机"的意思（孔颖达疏："枢，谓户枢。机，谓弩牙。"）。"精"是精华、关键的意思；"灵"是灵动、鬼神莫测的意思，是说感知触及就会有反应。

广义的"灵"指的是有自我存在的意识，能够自觉区分自己这个主体以及周围环境的客体，同时能在自然之则的范畴内做一些改变。

比如物理学或者热力学中有一种"熵增"现象，说的是天地间所有的事物都是从有序走向无序的。比如抓一把火柴扔出去，落地的时候火柴乱七八糟，只有一根根捡起来摆好才会整齐，但是摆火柴这个过程所消耗的能量会增加更多的"熵"。所以从整体上熵值是一直在增加的。

但对于智慧的定义并不是追究天地间整体无序度的增加，而是寻找局部的有序出现。自然界无意识的规律是从有序走向无序，但“灵”的出现从局部改变了这个过程。比如石灰石不会自动变成水泥再砌成高楼大厦，如果它出现了这种变化，一定是通过有智慧的活动使其发生改变。

这几个字搞懂了，“良知是造化的精灵”也就明白了。

阳明先生接着说，人如果能将良知完完全全恢复原貌，没有一丝一毫的瑕疵或者夹杂，自然就能感受到这种脱胎换骨的“圣人之乐”，在这个世界上，还有什么能比这种“圣人之乐”更快乐的呢？

“心即理”说的是天地万物与人之间的关系，天地万物投射在心上，才有人和天地万物的互动。人是天地之间的万物之灵，而这个“灵”也要仰仗着良知才能实现。

【240】
静坐有见

【原文】

一友静坐有见，驰问先生。

答曰："吾昔居滁[①]时，见诸生多务知解口耳异同，无益于得，姑教之静坐。一时窥见光景，颇收近效；久之渐有喜静厌动，流入枯槁之病，或务为玄解妙觉，动人听闻。故迩来只说'致良知'。良知明白，随你去静处体悟也好，随你去事上磨练也好，良知本体原是无动无静的。此便是学问头脑。我这个话头，自滁州到今，亦较过几番，只是'致良知'三字无病。医经折肱[②]，方能察人病理。"

【老刘说】

有个人跟阳明先生学心性功夫，这个人开始心学实修的时间应该不久，还在收束心猿意马，触摸心体的阶段。某一天，他终于在实修中触摸到心体了，有这样的突破当然很高兴，于是就跑过来与阳明先生分享喜悦，汇报一下心得体会。

阳明先生说："正德八年，我在安徽滁州督马政的时候，跟随我学习心学的人也很多，但大多数人都只专注于在文意穿凿和知识见闻上做功夫，纠缠于各种异同之辩，争论各种是非对错等，最后甚至形成了显示自己比别人更高明、更正确，为辩论而辩论的风气。这对于实际学问的增长是没什么益处的。

---

① 居滁：正德八年（1513），王阳明四十二岁，十月至滁州（今安徽滁县），督马政。

② 《左传·定公十三年》："三折肱，知为良医。"

“于是我就让大家从收束心猿意马入手，做打坐入静的功夫。闲思杂虑等沉淀下去，心体自然就呈现出来了。这样过了一段时间，大部分人都能从静中触摸到心体，真正知道‘心’是何物，窥探到了良知的境界，短时间的效果很明显。但随着时间的推移，又有两个弊病暴露出来了。”

一个是流入枯槁之病，也就是枯禅，这个之前讲得比较多，这里就不赘述了。另一个是“玄解妙觉”。“玄”是“尚玄好奇”的意思，这里指虚无而神秘莫测。也就是把简易具体的事情，搞得神神鬼鬼的，让人捉摸不透。现在也有这种情况，甚至私下里有人对老刘说，阳明先生这么厉害，是因为有了神通，能未卜先知，撒豆成兵，等等，就差没说阳明先生是活神仙了。

人性里有喜欢猎奇的成分，但把简单明了的事情扯得很玄妙，听起来的确很有意思，但这个对心性的提高毫无帮助。

所以阳明先生说：“我现在只说‘致良知’三个字。良知的本体是做学问最基础的部分，就像盖房子的地基，大树的根一样，所有的功夫都是从这个地方开始的。知道了这个学问的要领，后面无论是入静体悟，还是事上磨炼，都不会有偏差。

“从滁州时期到现在，我带过很多批学生，讲心学很多次，我也反复斟酌过好几遍，只有说‘致良知’这三个字才不会出现误导别人的情况。良知才是根本，只有抓住‘良知’这两个字才不会出现偏离，才是‘一以贯之’的功夫，这也是我自己做功夫的切身体会，这和‘三折肱，知为良医’的道理是一样的。”

“医经折肱，方能察人病理”出自《左传·定公十三年》，意思是一个好的骨科医生，自己至少也有过几次骨折的经验，有亲身经历，对病症才会有更好的体会，这句和“久病成医”的意思差不多。

【241】
心、事合一

【原文】

一友问："功夫欲得此知时时接续，一切应感处反觉照管不及，若去事上周旋，又觉不见了。如何则可？"

先生曰："此只认良知未真，尚有内外之间，我这里功夫不由人急心，认得良知头脑是当，去朴实用功，自会透彻。到此便是内外两忘①，又何心事不合一？"

【老刘说】

有个人问阳明先生，自己做存养良知的功夫，没事的时候，良知始终都在，一旦有事情发生，自己开始忙忙碌碌应对具体事情的时候，就会忘记存良知这件事了。顾得上外面就顾不上里面，顾得上里面就顾不上外面，存养良知总是断断续续的，这种情况该怎么办呢？

这是初学心学的人容易碰到的事情，平常宁静的时候，觉得挺好，一忙活起来，就忘了要存养良知这件事情了。这其实还是不够纯熟的缘故，就像刚开始学开车一样，因为不熟练，车一上路，往往手忙脚乱，顾东不顾西，换挡位的时候忘记踩离合器，看后视镜的时候，忽略了正前方，等等。认真练习，开一段时间之后，对车也足够熟悉，就能自己上路了，就不会再有无法兼顾的问题，自然而然就能做到"内外两忘"了。

阳明先生说，有这种感觉的主要原因是对良知的认识不真切，还没有真

① 《明道文集·答横渠先生定性书》："与其非外而是内，不若内外之两忘也。"

正把良知是什么搞清楚，所以才会感觉良知也有内外不同的分别。

致良知的功夫，是个水磨工夫，如同在独木桥上走路，是不能心急的，一着急就会用力过猛，很容易掉下桥去。要心态平和，不偏不倚，才能刚好行在“道”上。只要能抓住良知这个要领，去笃实用功，随着功夫的增进，自然会领悟透彻。这个时候，自然就是“内外两忘”了，又怎么会有心和事不能合一的时候呢？

致良知功夫出现间断的根源不外乎是“认良知未真”，解决之道只是个“不由人急心”的“朴实用功”。

【242】
胸中渣滓浑化

【原文】

又曰："功夫不是透得这个真机，如何得他充实光辉[①]？若能透得时，不由你聪明知解接得来，须胸中渣滓浑化[②]，不使有毫发沾带始得。"

【老刘说】

阳明先生又说，致良知的功夫如果不能洞悉透彻良知的真机，是没办法到达"充实光辉"境界的。想能透彻洞悉这个真机，仅仅靠"聪明知解"是不行的，必须要通过实修功夫，将心中的渣滓消融掉，不能有一丝一毫的阻碍涩滞，只有这样才能达到"充实光辉"的境界。"浑化"在这里是"浑然化一，融为一体"的意思。

"真机"原意是"玄妙之理，核心根本"，这里指孔子说的"一以贯之"，也就是阳明先生说的"'致良知'是学问大头脑"。

"充实光辉"出自《孟子·尽心下》："可欲之谓善，有诸己之谓信，充实之谓美，充实而有光辉之谓大，大而化之之谓圣，圣而不可知之之谓神。"

孟子说的"善、信、美、大、圣、神"是儒家自我完善的过程中呈现出的六个次第境界（关于这六个境界的详细解释在上篇16节已有，这里不再赘述）。"充实而有光辉之谓大"是第四个境界，这里的"大"是大人之"大"，

---

① 《孟子·尽心下》："充实而有光辉之谓大。"

② 朱熹《论语集注》："八音之节，可以养人之性情，而荡涤其邪秽，消融其渣滓。"

《周易·文言·乾》曰："夫大人者，与天地合其德，与日月合其明，与四时合其序，与鬼神合其吉凶。"大人的德性因充盈而向外流露，这就是"充实而有光辉"。阳明先生说"大人者，以天地万物为一体者也。其视天下犹一家、中国犹一人焉"，也就是儒家的"一体之仁，民胞物与"的道理。

这节说的是实修的内容，也就是气机流行的事情，如果只在字句间穿凿，是很难真正理解的。

"不由你聪明知解接得来"说的是心性实修不能仅仅靠"知解"，"知解"的"知"是"知晓，了解"的意思，"解"原意是指"剖牛"，也就是杀牛的时候，把牛按照生理结构肢解成小块。"知解"引申意思是按照条理推导，也就是我们现在说的逻辑推理。

我们都清楚，心性和思维是两回事，懂得一堆大道理，人生却一塌糊涂的人并不少见。道理千千万，做不到等于零。逻辑推理是基于理性思维，但如果心性打不通，结果就是知道做不到，等于完全没用。

在了解阳明心学体系框架的阶段，可以用思维和逻辑推导的方式来帮助理解，但在实修功夫的阶段，一定不可以用思维和逻辑推导心体，这是一条死胡同。这也是我个人的切身体会。

"渣滓浑化"说的是气机流行顺畅与否的事情，可以形象地理解为水中有涩滞。比如一盆水，用勺子搅动起来是不费力的，如果水里有冰块（渣滓），冰块（渣滓）就会影响勺子的搅动，搅动的时候就会比较费力。"浑化"就是冰块（渣滓）全部融化成水，这样搅动起来就不费力了。

心体没有私欲攀附的时候，气机流行是顺畅无阻的，一旦观照到气机有涩滞的现象出现，就说明有私欲影响心体。"沾带"这里指私欲对心体的遮蔽和攀附。

这个时候正是做"致良知"功夫的时候，"如猫之捕鼠，一眼看着，一耳听着，才有一念萌动，即与克去，斩钉截铁，不可姑容，与他方便，不可窝藏，不可放他出路，方是真实用功。"只有这样用功，才是心性功夫的正途，水平才能真正提高。

【243】
道即是教

【原文】

先生曰：“‘天命之谓性’，命即是性；‘率性之谓道’，性即是道；‘修道之谓教’，道即是教。”

问：“如何道即是教？”

曰：“道即是良知。良知原是完完全全，是的还他是，非的还他非，是非只依着他，更无有不是处，这良知还是你的明师。”

【老刘说】

阳明先生说，《中庸》中说的“天命之谓性”，天命于人而言，则命即为“性”；“率性之谓道”，率性而行，那么性即称为“道”；“修道之谓教”，修道而学，那么道即称为“教”。

有人问阳明先生，为什么“道”就是“教”呢？

阳明先生回答说：“‘道’就是良知，就是天理，致良知就是循理而行。‘教’是让人依天理而行，良知本身就是和天理严丝合缝、完全贴合的。我们判断所思所想、行止语默的正确标准就是合乎天理的良知，良知的监察功能发动之后，我们就知道自己所做的是否正确。从‘意’动开始，符合良知的就是‘是’，不符合良知的就是‘非’，简单明了。从这个角度来说，良知就是帮助我们人生‘传道授业解惑’的明师，所以才说‘道即是教’。”

【244】
戒慎恐惧和不睹不闻

【原文】

问："'不睹不闻'是说本体，'戒慎恐惧'是说功夫否?"

先生曰："此处须信得本体原是不睹不闻的，亦原是戒慎恐惧的。戒慎恐惧不曾在不睹不闻上加得些子。见得真时，便谓戒慎恐惧是本体，不睹不闻是功夫亦得。"

【老刘说】

有人问阳明先生，《中庸》中说的"不睹不闻"是说本体，"戒慎恐惧"是说功夫，这样理解对吗?

《中庸》说："是故君子戒慎乎其所不睹，恐惧乎其所不闻。莫见乎隐，莫显乎微，故君子慎其独也。"这里的"独"，指心的独处；"慎"指小心谨慎；"其"是指别人。大意是说：一个人在"人所不知己独知"的情况下，要保持戒慎恐惧，时时刻刻警惕"人心惟危"的扰动。"不睹不闻"和"戒慎恐惧"就是从这句话而来的。

阳明先生回答说："我们是讲'体用一源'的，体和用是一回事，从这个角度来说，心的本体原本是'不睹不闻'的，也原本是'戒慎恐惧'的。'戒慎恐惧'并没有在'不睹不闻'上添加什么。当你真正把这个良知贯穿于内外的时候，就算说'戒慎恐惧'是本体，'不睹不闻'是功夫也是没什么的。"

古人讲"体用一源"，把一个名词和这个名词对应的事物所具有的功能看作同一个事情。说到锅盖，就包含了盖锅的功能；说到"照心"，就包含了

“照心”所具有的功能。

阳明先生说：“盖不睹不闻是良知本体，戒慎恐惧是致良知的功夫”。“戒慎恐惧”是“诚者自成也”，所以《中庸》的“戒慎不睹，恐惧不闻”是体用一源，是“一”而不是“二”。

【245】
通乎昼夜之道

【原文】

问“通乎昼夜之道而知”①。

先生曰：“良知原是知昼知夜的。”

又问：“人睡熟时，良知亦不知了。”

曰：“不知何以一叫便应？”

曰：“良知常知，如何有睡熟时？”

曰：“向晦宴息②，此亦造化常理。夜来天地混沌，形色俱泯，人亦耳目无所睹闻，众窍俱翕，此即良知收敛凝一时。天地既开，庶物露生，人亦耳目有所睹闻，众窍俱辟，此即良知妙用发生时。可见人心与天地一体，故上下与天地同流③。今人不会宴息，夜来不是昏睡，即是妄思魇寐。”

曰：“睡时功夫如何用？”

先生曰：“知昼即知夜矣。日间良知是顺应无滞的，夜间良知即是收敛凝一的，有梦即先兆。”

【老刘说】

有人向阳明先生请教，《周易》中“通乎昼夜之道而知”该如何理解？

---

① 《周易·系辞上》：“通乎昼夜之道而知，故神无方而《易》无体。”
② 《周易·易经上·随》：“君子以向晦入宴息。”
③ 《孟子·尽心上》：“夫君子所过者化，所存者神，上下与天地同流，岂曰小补之哉？”

“通乎昼夜之道而知”出自《周易·系辞上》，原文：“范围天地之化而不过，曲成万物而不遗，通乎昼夜之道而知，故神无方而《易》无体。”

“范围天地之化而不过”，“范”字在这里是“范畴”的意思；“围”是包围；“化”就是变化，化育万物；“而不过”，指不超过。这句话的意思是：宇宙没有任何法则是超过《易》以外的，所有宇宙的一切学问，都离不开《易》这个范围。《易》里的学问懂了，整个宇宙万物就都懂了。

“曲成万物而不遗”，“曲”指顺从“道”的弯曲，完全吻合地跟随“道”；“而不遗”指没有遗漏。《中庸》叫作“参赞天地之化育”，“参”是参与；“赞”是帮助、赞助。要参与天地、帮助天地，而不是损害天地。

天理是不断变化的，不是一成不变的，就像公路一样，不存在几百公里的高速路都是直线的情况，修路都是根据地势等具体自然情况来修建的，开车是要沿着公路的走向向前开，而不是固定死方向盘就不管了，那样肯定会出车祸的。

“通乎昼夜之道而知”的解读说法不一，朱熹说“通，犹兼也；昼夜，即幽明、生死、鬼神之谓”。昼夜之象常人皆知，昼夜之道真正懂得的人就没多少了。

“刚柔者，昼夜之象也”（《周易·系辞上》），若要进而知刚柔之性及其往来变化，必须透知阴阳相济相生之理。昼夜之象涵盖了深存其中的幽明、生死、鬼神等一切万物之象；以阴阳相济相生之理为根本法则的昼夜之道，当然涵盖了深存其中的幽明、生死、鬼神等万物诸象变化之理。可见，此处之“通”，兼具层次递进、深入浅出、化繁就简之义。而其中“知”，是以“通”为前提的。

“故神无方而《易》无体”，结合其下文的“阴阳不测之谓神”，“‘神’也者，妙万物而为言者也。”“知变化之道者，其知神之所为乎！”可以看出“神”是指阴阳变化之道。

“故神无方”，“方”指方向、趋向。天地万物无时无刻不在变化之中，其中虽有永恒的规律，但没有具体的方向趋势，懂的人能看清楚，不懂的人看上去觉得好像万花筒一样，所以才说“阴阳不测之谓神”。

《易》是以“用”为“体”的，“体”在“用”上才能看到。无“用”就看不到“体”，“体”本身的功能是看不到的，只有在“用”上才能看到。

《易》理是无定在，又无所不在的。凡在某一方面“熟能生巧”而擅长者，当均有类似之体悟。所以说“《易》无体”。

上面提及的四句是为其下文“一阴一阳之谓道”做铺垫的。有志“参赞天地之化育”者，必须学习效法天地造化万物之妙而成的《易》。

阳明先生回答说，良知原本就是知道昼夜之道的，也就是说，良知是知道昼夜之象后面的以阴阳相济相生之理为根本法则的昼夜之道的。

这个人接着问，人活着的时候，良知是时时刻刻都在吗？人睡熟的时候，对外的感知差不多都关闭了，这个时候良知对外还起作用吗？如果不起作用了，良知岂不是中断了？

阳明先生说，良知当然时时刻刻都在了，这是毋庸置疑的。人熟睡的时候，良知只是处于收敛凝聚的状态，就像动物冬天蛰伏一样。如果良知不在了，人又怎么可能被叫醒呢？

这个人接着问，良知应该随时随地都是生机勃勃的，怎么还会有晚上睡觉这种状态出现呢？

阳明先生说，“向晦宴息”是造化的常理。《周易·易经上·随》，“《象》曰：泽中有雷，随，君子以向晦入宴息。”意思是说君子行事要遵从天地之道，白天好好干活，晚上好好睡觉，按照自然节律来。

到了晚上就应该睡觉，这也是自然规律。太阳一落山，能见度越来越低，人的耳目没有什么可听可看的了，感觉器官也就闭合了，良知也随之收敛凝聚。经过一个晚上，白昼来临，万物显露，人的感觉器官随着天地的变化而变化，良知也按照天地之道的规律从收敛凝聚的状态转换为生机勃勃的状态，即良知妙用彰显出来。这就是道法自然，天人合一之道。

由此可见，人心和天地是一体的，所以，孟子说“上下与天地同流”，这句话出自《孟子·尽心上》：“上下与天地同流，岂曰小补之哉？”意思是人和“道”完全统一和谐，就是如鱼得水，怎么能说只有小益处呢？如果开车不按照客观规律来，该加速的时候不加速，该减速的时候不减速，这样开车很容易在不该发生事故的时候发生事故。

现在人不太懂这个道理，生物钟往往和天地之序相悖，晚上该睡觉的时候不睡觉，白天不该睡觉的时候蒙头大睡。结果非但睡不好，还总会做噩梦。

这个人接着问：“我知道白天做致良知的功夫是存养良知，那么晚上睡着的时候要不要继续做功夫，如果做功夫该怎么做呢?”言外之意是，他都睡着了，啥也不知道，这个功夫怎么做呢?

阳明先生回答说，知道白天怎么做功夫，也就知道夜间怎么做功夫了。白天怎么存养良知，晚上就怎么存养良知，无非是让它顺应自然。就像植物的春华秋实一样，没有什么特别的。白天良知是顺应天理而无所凝滞的，夜间良知是收敛凝聚的，做梦就是良知仍在发生作用的表现。

【246】
良知和夜气

【原文】

又曰："良知在夜气发的方是本体，以其无物欲之杂也。学者要使事物纷扰之时，常如夜气一般，就是'通乎昼夜之道而知'。"

【老刘说】

"夜气"在上篇47节有详细解释，这里更通俗地说一下，夜气是我们晚上静思所产生的良知善念。人白天要应对各种人情事变，扰动相对比较大，心体容易沾染各种杂质，气就不容易纯净。晚上人比较宁静，扰动很小，气会比较纯净。

阳明先生说，"夜气"是没有外界扰动的时候，心宁静之时生发出来的，这个时候心体没有私欲的攀附，气是纯净的，所以更接近良知的本体。做心性功夫的人，如果能让自己的良知始终保持像"夜气"一样，就是"通乎昼夜之道而知"了。

保持"夜气"于"纷扰之时"对心性功夫的要求是非常高的，阳明先生在指挥作战之时，常常是在前堂处理完军机大事，回到后堂继续神态自若地讲学，确实做到了"言亡虑绝，事过无痕"的良知常在，万事循理的心性境界。

【247】
虚实有无

【原文】

先生曰："仙家说到虚，圣人岂能虚上加得一毫实？佛氏说到无，圣人岂能无上加得一毫有？但仙家说虚从养生上来，佛氏说无从出离生死苦海上来，却于本体上加却这些子意思在，便不是他虚无的本色了，便于本体有障碍。圣人只是还他良知的本色，更不着些子意在。良知之虚便是天之太虚，良知之无便是太虚之无形，日、月、风、雷、山、川、民、物，凡有貌象形色，皆在太虚无形中发用流行，未尝作得天的障碍。圣人只是顺其良知之发用，天地万物俱在我良知的发用流行中，何尝又有一物超于良知之外能作得障碍？"

【老刘说】

阳明先生说，道家说到"虚"，圣人没办法在这个"虚"字上再加一丝一毫的"实"；佛家说到"无"，圣人也同样没办法在"无"字上再加上一丝一毫的"有"。仙家指的是道家，道家讲"虚"，佛家讲"无"，心学讲"良知"，归根结底都是一个意思，都已经讲到位了。所以即便圣人，也不能在"虚"或"无"上增加或者减少什么。

但是道家说"虚"，是从修道养寿、长生久视的角度说的，佛家说"无"，是从看破生死、脱离苦海的角度说的。因为有了特定角度，这个时候看本体，就不是全面通透的了。就像你看一部电影，你会基于自己的三观得出你的体会和看法。但如果在看之前，有人对你说了倾向性的话，比如点出谁是坏人，加入自己的价值观等，你再看这部电影的时候，就会有所不同，看完之后得出来的体会和看法也会有所不同。

佛道两家，因为有了先入为主的意思，就等于在“虚”和“无”之前画蛇添足了。这个时候再看“虚”和“无”就是四脚蛇，而不是蛇原本该有的样子了。对本体的认知而言就有了障碍。圣人只是还原“良知”本义，不再增加另外的意思在其上面。所以儒家是直指根本，对“虚”和“无”理解的大中至正，不偏不倚。

良知的“虚”，就是“天之太虚”的“虚”；良知的“无”，就是“太虚之无形”的“无”。

“太虚”这部分出自张载的《正蒙》。张载，字子厚，凤翔郿县（今陕西眉县横渠镇）人。青年时喜论兵法，上陈《边议九条》。交好范仲淹，研读儒家“六经”。进士及第，拜祁州司法参军，授云岩县令，迁著作佐郎、崇文院校书郎。辞官归家后，讲学于关中，所建学派被称为“关学”。宋神宗熙宁十年（1077），病逝于临潼，时年五十八岁，谥号横渠先生，尊称张子，封先贤，奉祀孔庙西庑第三十八位，与周敦颐、邵雍、程颐、程颢合称“北宋五子”。其“为天地立心，为生民立命，为往圣继绝学，为万世开太平”即“横渠四句”，历代传颂不衰。有《正蒙》《横渠易说》等著述留世。

张载认为，有形有象的物体本原于气。万物之生，乃由气之聚。万物之灭，乃是气之散，万物复归于气。而气在未聚而生万物之前的本来状态，就叫作“太虚”，即“太虚无形，气之本体，其聚其散，变化之客形尔。”（《正蒙·太和篇》）

由于“太虚”与“气”是两个不同的名称，为防人误会，所以张载在此反复强调，并不是说在“气”之外还有一个“太虚”存在，而是说“太虚即气”。天地之间，唯气而已。气散而未聚之状态，即为太虚。气聚则生万物，万物散而为气的本来状态则为太虚。

为了方便理解，张载用了一个冰凝释于水的比喻。“气之聚散于太虚，犹冰凝释于水，知太虚即气，则无无。”气的本来状态就是太虚，正如水的本来状态就是水。气聚而成万物，正如水凝聚成冰；万物散而为太虚，正如冰释而为水。

在“太虚即气”的基础上，张载构建起了“天”“道”“性”“心”等体系。以无形之本体为“天”，以本体之运行为“道”，以特殊之存有出现之理为“性”，以万有中之能知觉者为“心”。(《正蒙·太和篇》)：“由太虚，有天之名；由气化，有道之名；合虚与气，有性之名；合性与知觉，有心之名。”

阳明先生说“太虚”是从万物一体的角度说的，即从“灵明”出发，知觉所到达的范畴，就是“太虚”的范畴。“天之太虚”的“虚”和“太虚之无形”的“无”说的都是本然如此的“道”。

阳明先生接着说，天地万物，日月风雷、山川民物，等等，凡是有貌有形有色的东西，都在“太虚无形”之中生发、作用、运行，生生不息。这些都是“道”的本然状态，自然是顺天理而行，不会成为天理运行的障碍。圣人只是顺应自己良知的发用，而良知本身就是合道而行。与“道”完全契合，天地万物自然都在自己良知的发用流行中，不会有任何“物”超出良知之外。

“良知”是贯通“心”与“物”(天地万物)的桥梁，而“致良知”就是通过这个桥梁将“心”和“物”连接为一体，使得万物皆不出“我良知的发用流行中”。

【248】
释不可治世

【原文】

或问："释氏亦务养心，然要之不可以治天下，何也?"

先生曰："吾儒养心未尝离却事物，只顺其天则自然，就是功夫。释氏却要尽绝事物，把心看作幻相，渐入虚寂去了，与世间若无些子交涉，所以不可治天下。"

【老刘说】

有人问阳明先生，佛家也追求养心功夫，讲明心见性；儒家也讲追求养心功夫，讲"格、致、诚、正"。为什么儒家可以治理天下，佛家不能治理天下呢?

对这件事情，很多人都是有疑问的。大部分人根本不知道"治世"是什么，往往自己认为的"治世"只是基于自己的"想当然"，与实际真相相差十万八千里，遇到这类人来问这样的问题，只能一笑置之。因为讲了也没用，只是个鸡同鸭讲。

有的人则是困于自己的浮躁，对佛、儒都是浅尝辄止，两面都是三脚猫的水平，自己脑子里一堆糨糊，只能看到现象，看不到本质，知其然不知其所以然。往往会抬出自己认为的佛道或者儒道，而不是真正的佛道或者儒道，按照自己的臆想开始辩论，阐述自己认为的道理。这种情况下，还要浪费时间和精力跟他去辩，无疑是不智的。

阳明先生说，儒家和佛家起手的点是一样的，都是心。但方向完全不一样。儒家的养心功夫是积极用世，顺应天理而行，与天地万物自然一体，和谐相处；佛家的明心见性功夫是避世修行，去除一切七情六欲的影响，六根清净，与世间事断绝，把心看作幻相，即“一切有为法，如梦幻泡影，如露亦如电”（《金刚经》），渐渐坠入虚无空寂中去了，和世间事物没有任何关涉，所以不能用来治理天下。

儒家讲心性功夫，始终是积极用世的态度，“穷则独善其身，达则兼济天下”，时时不忘以天下为己任。“修身”“齐家”“治国”“平天下”无一不是担当天下“士不可以不弘毅，任重而道远”的意思。

客观地说，佛家讲明心见性，主要还是修自己，在入世这个层面还是有一些东西的，好好按照佛法来修的话，处理好一般的个人与个人之间的关系，应该问题不大。但佛家典籍里的确没有治世层面的东西，这也是事实存在的。

《宗镜录》说：“如人在荆棘林，不动，即刺不伤。”人生世间如至荆棘丛中，心不动则不痛，心动则痛。如果放下七情六欲，六根清净无情，自然就没什么东西可以伤到我们了。把心看作幻相，“一切有为法，如梦幻泡影，如露亦如电”，人在其中，自然无欲无求，平和喜乐。这个方向，显然是不能用于治世的。

【249】
同德与异端

【原文】

或问“异端”。

先生曰：“与愚夫、愚妇同的，是谓同德；与愚夫、愚妇异的，是谓异端。”

【老刘说】

有人问阳明先生什么是异端。

“异端”二字出自《论语·为政》，原文是“子曰：‘攻乎异端，斯害也已’”。

关于“攻”字的解释，众说纷纭，朱熹《论语集注》中，范氏曰：“攻，专治也，故治木石金玉之工曰攻。”意思是，这个“攻”同“术业有专攻”的“攻”意思相同。

个人认为，《论语》中所用“攻”字，均作“攻伐”解，如“小子鸣鼓而攻之”“攻其恶，无攻人之恶”等。这里的“攻”字应该也作“攻伐”解，孔子说，要攻伐异端，因为异端对“道”是有妨害的。

阳明先生回答说，与愚夫、愚妇相同的，叫作同德；与愚夫、愚妇不同的，叫作异端。

同德和异端的区别就是看是否合天理，合就是同德，不合就是异端。天理落在心体上，就是良知。阳明先生把是否符合良知，作为区分同德和异端的标准。因为良知是人人具有，不假外求的。

最纯粹的、无任何遮蔽的天性发用流行，正是最朴素的“诚”，也正是普天下人都一致的、与生俱来的“良知”。这就是儒家所推崇的同德。

【250】
“不动心”之辩

【原文】

先生曰：“孟子不动心与告子不动心，所异只在毫厘间。告子只在不动心上著功，孟子便直从此心原不动处分晓。心之本体原是不动的；只为所行有不合义，便动了。孟子不论心之动与不动，只是‘集义’，所行无不是义，此心自然无可动处，若告子只要此心不动，便是把捉此心，将他生生不息之根反阻挠了，此非徒无益，而又害之。孟子‘集义’工夫，自是养得充满，并无馁歉，自是纵横自在，活泼泼地，此便是浩然之气。”

【老刘说】

我在上篇 81 节中，对孟子与告子关于不动心的典故有比较详细的阐述和解析，这里就不再赘述了。

阳明先生说，孟子说的“不动心”和告子说的“不动心”，其中的差异非常小，实修到精微的程度，就能感觉到。心的本体原本是不动的，当人的行为不能完全合于“义”时，心的本体就会偏离天理，便是动了。告子讲的不动心，是通过外力强行把心按住，孟子讲的不动心，是通过“集义”使心自然不动。

孟子不管心动还是不动，都做“集义”的功夫，从根本上用力，此心自然不会动。告子是强行按住此心，后果是破坏了此心生生不息的根本。这样做虽然也是让心不动了，但后遗症很多，反而有害于心。

对一个人来说，做一件事情，是发自内心地想去做，还是被迫去做，效果是完全不一样的。《孟子·梁惠王上》中：“挟太山以超北海，语人曰：‘我不能。’是诚不能也。为长者折枝，语人曰：‘我不能。’是不为也，非不能也。”孟子说：“让一个人把泰山夹在胳膊下跳过北海，这人告诉人说：‘我做不到。’这是真的做不到。让一个人为老年人折一根树枝，这人告诉人说：‘我做不到。’这是不愿意做，而不是做不到。”

这个典故，说的就是个人意愿的事情。孟子的不动心指的是做事的人发自内心，积极主动地做一件事情，既会感到心情舒畅，事情也很容易事半功倍。比如打麻将这件事，自己愿意玩，打三天三宿不睡觉依然兴趣盎然，不觉得累；相反，如果有人给钱雇你打麻将，别说打三天，一天一宿熬下来就会腰酸背痛、哭爹喊娘。

告子把心按住的做法，是揠苗助长，欲速不达。本来是希望庄稼快点儿长，反而把庄稼弄死了。

孟子做“集义”功夫，气机通畅，正气滋养精气神，精气神反过来促进正气养成，此心养得充实圆满，气机没有丝毫涩滞，心是活泼泼的生机盎然。这种纵横自在、生机勃勃的气息就是浩然之气。

【251】
告子之病源

【原文】

又曰："告子[1]病源，从性无善无不善上见来。性无善无不善，虽如此说，亦无大差，但告子执定看了，便有个无善无不善的性在内，有善有恶又在物感上看，便有个物在外，却做两边看了，便会差。无善无不善，性原是如此。悟得及时，只此一句便尽了，更无有内外之间。告子见一个性在内，见一个物在外，便见他于性有未透彻处。"

【老刘说】

告子犯错误的根源，是把性看成"无善无不善"。从体用关系上来说，这么讲也算不上是什么大错误。以前我们讲过体用关系：锅盖是体，盖锅是用；菜刀是体，切菜是用。菜刀是没有善恶的，用来切菜就是厨师的好帮手，用来砍人就是凶器。有善恶的是用菜刀的那个人。

告子对性"无善无不善"的认知过于死板，他认定有个无善无不善的用心在内。告子曰："性犹湍水也，决诸东方则东流，决诸西方则西流。人性之无分于善不善也，犹水之无分于东西也。"（告子说，人性就好比极速流动的水，你在东边开个口子，它就往东边流，你在西边开个口子，它就往西边流。）

① 告子：邓本中作"孟子"。

告子的观点是：如同水没有固定的流向一样，人性也无所谓善与不善。而诸如仁义道德之类的东西，是外在的东西，它们与性无关。他把“仁”看成是人内在的东西，而不是外在的东西；把“义”看成是外在的东西，而不是内在的东西。

由此可见，告子已经把“心”和“物”看作两回事了，遇到有善有恶的情况，就会从外物的角度看，是外求而不是内求。见性在内，物在于外，这样自然会内外脱节。所以说告子对“性”的理解是不够透彻的。

【252】
天地万物一体

【原文】

朱本思[①]问："人有虚灵，方有良知，若草、木、瓦、石之类，亦有良知否?"

先生曰："人的良知，就是草、木、瓦、石的良知；若草、木、瓦、石无人的良知，不可以为草、木、瓦、石矣。岂惟草、木、瓦、石为然，天、地无人的良知，亦不可为天、地矣。盖天、地、万物与人原是一体，其发窍之最精处，是人心一点灵明，风、雨、露、雷、日、月、星、辰，禽、兽、草、木、山、川、土、石，与人原只一体。故五谷、禽兽之类皆可以养人，药石之类皆可以疗疾，只为同此一气，故能相通耳。"

【老刘说】

朱得之，字本思，自号参元子、虚生子，王阳明晚年的入室弟子。朱得之是王阳明之后心学的继承者与发展者。关于他的生平，主要见于他所修的《靖江县志》中。书中记载了朱氏家族的兴衰，并保存了许多正史中所不见的珍贵资料。根据《靖江县志》中的记载，朱得之也算是出身仕宦之家，因祖父遭陷害而家道衰落，父亲也因为此事而死，并客葬他乡。朱得之凭借王阳明的声望，将父亲尸骨迁葬回乡。这段坎坷的经历，使他饱尝了人间的辛酸。

① 朱本思：朱得之，字本思，号近斋，江苏靖江人，王阳明弟子。

因此，在被王阳明收为弟子之后，甚是好学。据黄宗羲《明儒学案》载：“南中之名王氏学者，阳明在时，王心斋、黄五岳、朱得之、戚南玄、周道通、冯南江，其著也。”可见，朱得之是南中王门学派的代表人物之一。

朱得之著述甚丰，《明史·艺文志》著录有《印古诗说》一卷、《老子通义》二卷、《列子通义》八卷、《庄子通义》十卷。《庄子通义》是现所见明人最早的一部解庄著述。

朱得之在老庄方面的功底比较深厚，所以他看问题更多是从道家的角度。他问阳明先生，人有虚灵，才有良知，像草木瓦石之类，也有良知吗？

“虚灵”是道家语。《辞海》云：“虚者，空；灵者，聪明。虚灵者，宁静荡淡而智慧之意。”在这里，虚灵可以理解为清明的觉知，也就是心的原点，没有任何掺杂、遮蔽，清清澈澈、明明白白的觉知。

阳明先生回答说，“物”“意”“心”原是一体的，人的良知，也就是草木瓦石的良知。如果没有人的良知，草、木、瓦、石这些“物”也就没办法进入人的“心”，那也就没什么草木瓦石了。天地万物也是同样的道理，离开了人的良知，也就没什么天地万物了。

天地和人原本是一体的，这个一体的关键，就是“物”“意”“心”是一体的，所以风雨露雷、日月星辰、禽兽草木、山川土石也是如此，与人原本是一体的。

另外，我们从天地万物中获取营养，滋养我们的身体。从这个角度说，我们赖以生存的天地万物，和我们是一气同源的。如果不是一气同源的关系，我们也就无法从自然界获取生命必需的营养了。

【253】
岩中花树

【原文】

先生游南镇[1]。一友指岩中花树问曰："天下无心外之物；如此花树在深山中自开自落，于我心亦何相关？"

先生曰："你未看此花时，此花与汝心同归于寂；你来看此花时，则此花颜色一时明白起来。便知此花不在你的心外。"

【老刘说】

南镇这里指会稽山，明朝时候分封五岳五镇："今依古定制，并去前代所封名号。五岳称东岳泰山之神，南岳衡山之神，中岳嵩山之神，西岳华山之神，北岳恒山之神。五镇称东镇沂山之神，南镇会稽山之神，中镇霍山之神，西镇吴山之神，北镇医无闾山之神。"（见《明史》）

阳明先生和几个朋友到会稽山游玩，一个朋友指着山岩中的一棵花树说："你说天下无心外之物。这棵花树长在深山之中，自开自落，它与我的心又有什么关系呢？"

阳明先生回答说："你没有看到这棵花树的时候，它在你的世界里是'寂'的状态。你来看它的时候，它就在你的世界里彰显出来，由此就知道这些花并不在你的心外。"

"岩中花树"是理解"心即理"的钥匙，能够真正搞懂这一节，"心即理"也就清楚了。

---

① 南镇：浙江会稽山在隋文帝开皇年间被封为南镇。

阳明先生自龙场悟道通透“心即理”之后，认为天理不外于人心，即“心外无理、心外无物、心外无事”。

与阳明同游会稽山的朋友，显然知道“心外无物”说，但并不明白“心外无物”的真正含义，所以才会问：“这花在深山中自开自落，和我的心能有什么关系呢?”“心”是我的心，“花”明明在山里，怎么能说“心外无物（花）”呢?

人对外部世界的认识，是从五感六识开始的，眼、耳、鼻、舌、身、意把看到、听到、嗅到、尝到、感觉到、意识到的信息汇集，传递到心（灵明），这是一条线顺下来的过程。

发出和主宰“意”的“心”（身之主宰便是心）、“意”指向的“物”（意之所在便是物），以及连接“心”与“物”的“意”（心之所发便是意），三者是一个不可分割的整体，缺一不可。

“寂”是指“花”和“心”之间无任何关系，也就是说，在你的意识世界里，是没有这个“花”的。当“花”进入你的意识世界，“花”（物）就和心发生了关系。

“物”并不是独立于心之外存在的，而是投射到心中的映像，就像一个杯子放在镜子前面，这时会出现两个杯子，一个是镜子外的，另一个是镜子里的，镜子里的杯子是镜子外杯子的映像。如果将镜子比作心的话，镜子里的杯子就是人知觉到的“物”。镜子里外两个杯子能否一样，取决于镜子是否变形或者是否有尘垢的遮蔽。

理解了这个例子，也就明白“其心若镜”是什么意思了。人类认识的所有事物，其实都不是这个事物的本身，而是客观事物通过人的五感六识投射到心上的映像。

注意，“物”“意”“心”是一体的，所以不会出现所谓的意识决定存在的唯心主义观点。西方哲学的表达方式是：基于“意”的结构，这个映像是心（主观）和客观事物在意向活动中共同构成的，既有主观的成分又有客观的成分，因此，“认识”是一个主客共构的过程，并不否认客观事物的存在，客观为主观提供素材、内容，主观为客观提供意义、价值等认知。

比如甲乙俩木匠看同一棵树，这棵树是俩木匠都能看到的，他俩可以对其进行讨论和交流，但这棵树在两个人心（意识）中的呈现是由个体的主观意识决定的，必然会有所不同。在甲木匠心里，这棵树是做桌子的材料；在乙木匠心里，这棵树是做床的材料。由此可见，心学绝对不是什么“唯心主义”，而是打破了主客观对立的“心物”交互体系。

既然看到的“花”是客观的花在心中的映像（物），那么这个映像（物）自然不在心之外，映像（物）的“理”自然也不在心外，所以“理不在心外”“物不在心外”，即“心外无理”“心外无物”。

这句“你未看此花时，此花与汝心同归于寂”，这个“寂”字是说当花还没有进入你的知觉范围时，你的心（意识）中还没有花的意义、性质、价值等（“理”），而一旦你看到此花，“则此花颜色一时明白起来”，这时“物”“意”“心”一体的共构关系形成，花的映像在心（意识）中产生，其意义、性质、价值等（“理”）也就随之而来。阳明心学的“心即理”从认识的根源出发，即从人类认知的基础来看待心物关系。

正因为世界是“物”“意”“心”一体的共构关系，在同一个世界中，不同的人对世界的认知是不同的，这也是为什么有人为善、有人为恶，有人坦坦荡荡、有人忧忧戚戚，有人平和快乐、有人纠结拧巴。

一个人心性水平提高，看世界的眼光和角度也会改变，心中的世界也自然随之改变。“致良知”是一个破茧成蝶的过程。随着不断地积累，最终从量变到质变，“下学而上达”，最后自然是脱胎换骨，“从心所欲，不逾矩”。心有光明，人生快乐幸福。

【254】
条理和厚薄

【原文】

问："大人与物同体，如何《大学》又说个厚薄？"

先生曰："惟是道理自有厚薄，比如身是一体，把手足捍头目，岂是偏要薄手足？其道理合如此。禽兽与草木同是爱的，把草木去养禽兽，又忍得；人与禽兽同是爱的，宰禽兽以养亲与供祭祀、燕[①]宾客，心又忍得；至亲与路人同是爱的，如箪食豆羹，得则生，不得则死，[②]不能两全，宁救至亲，不救路人，心又忍得；这是道理合该如此。及至吾身与至亲，更不得分别彼此厚薄。盖以仁民爱物皆从此出，此处可忍，更无所不忍矣。《大学》所谓厚薄，是良知上自然的条理，不可逾越，此便谓之义；顺这个条理，便谓之礼；知此条理，便谓之智；终始是这条理，便谓之信。"

【老刘说】

有人问阳明先生，既然说"大人与物同体"，对待天地万物应该是一视同仁的，不应该分什么远近厚薄，为什么《大学》中又说"厚"和"薄"呢？

"厚""薄"在《大学》中的原文是"其所厚者薄，而其所薄者厚，未之有也"。杨伯峻的《大学译注》说："轻视本该重视的，重视本该轻视的，却

---

① 燕：同"宴"。

② 《孟子·告子上》："一箪食，一豆羹，得之则生，弗得则死。"

想把事情做好，这是不可能的（指不分轻重缓急，本末倒置，却想做好事情，是不可能的）。”

阳明先生回答说，对待天地万物的确应该一视同仁，但道理是有厚薄的，实际用世治世的时候是要循理而行的。

《老子》说：“天地不仁，以万物为刍狗；圣人不仁，以百姓为刍狗。”“天地不仁”指天地以道为本，故能造化万物。如果天地以物为本，就会害道，正因为天地无恩，才能有大恩生，泽被、造化万物。万物有产生就会有泯灭，生命只是天地相合而造化出来的产物。万物生于天地，死于天地，循环往复。“圣人不仁”指圣人以天为本，不以人情为理，才能不失天，并施大恩于天下百姓。天地对万物既没有仁慈心，也没有冷酷心，天地只是按照道来运转；圣人治理天下，对待百姓，同样无恩无亲，只是按照道来治理天下而已。一旦偏离了无恩无亲，就会有厚此薄彼的偏私之心，就会施小恩而损害大道。

天地万物都是按照道来运行的，从道理上来说自然有一个“厚”和“薄”的区分。就像路上跑的车，是需要秩序的，所有车都按照交通规则行驶，车与车之间才不会互相影响，才能顺畅运行。上坡的车要让行下坡的车，不是因为下坡的车比上坡的车重要，只是因为这样更合理，如果反过来，会更容易出事故；轻车要让行重车，不是因为重车就比轻车重要，而是重车惯性大，不好刹车和转弯，例如，开小车的碰到大水泥罐车，只要不缺心眼，肯定会让行的，不会和罐车抢道。

身体上的器官都是平等的，遇到危险，都是用手护住头，没有用头护住手的。草和马都是有生命的，用草喂马怎么忍心？宰杀禽兽来奉养父母，供奉祭祀，宴请宾客，又怎么忍心？不是因为没有恻隐之心，而是天地万物的道理本来如此。

对于至亲和路人同样都爱，如果只有一点儿食物，只够救一个人，得到的就能活下来，得不到就死去，二者不能两全，只救至亲而不救路人难道就忍心吗？但显然绝大部分人都会选择先救至亲，而不是路人。这不是因为这个人无恻隐之心，而是天理本来如此。

各安其位，各司其政，只有这样，才能秩序井然，天地万物才能生生不息。家养的看门狗，也能分清主人和陌生人，知道亲疏有别，对主人和陌生人的态度完全不同。一棵茁壮成长的树，树根负责在地下吸收养分，永远不见天日；树干承上启下，负重前行；树叶光合作用，迎接阳光雨露；果实坐享其成，繁衍后代。如果所有树细胞都要当果实，这棵树就只有死路一条。

所以，《大学》所谓的“厚”“薄”指的是良知上自然的条理不可逾越，条理就是次序，这就是“义”。顺着这个道理，就称为“礼”；知道这个道理，就称为“智”；始终遵循这个道理，就称为“信”。

几个人合伙做生意，开始的时候热情满满，过一段时间鸡飞狗跳，硝烟四起。原因无非是赚钱了，都觉得自己干得多拿得少；亏钱了，都觉着自己没错，都是别人的错。最后生意没得做，朋友也没得做。

刚开始谈妥的分工，就是分清楚次序，是个“义”字；后面大家不能按照初始这个“义”字行事，“礼”自然就没有了；不能遵循最初定的道理，“信”字也就没有了；放下应该知道的道理，混淆轻重缓急，“智”字也就不在了。最后的结果必然是分崩离析。

出现“其所厚者薄，而其所薄者厚”这种情况，无疑是违背常理的，后果一定很严重。

春秋五霸之首的齐桓公，任用贤相管仲，实现富国强兵，称霸一时。齐桓公晚年，管仲病重将死，齐桓公问管仲谁可以接替相位，管仲反问齐桓公的意思，齐桓公就说：“易牙如何？”

易牙是给齐桓公做饭的一个厨子，非常善于逢迎主子。一次齐桓公对易牙说，他天下的美味都吃过了，唯独没吃过人肉，不知道人肉是什么味。估计齐桓公当时也就是和自己宠信的人开个玩笑，随口说说。

但说者无心，听者有意，有一天，齐桓公喝到一碗无比鲜美的肉汤，就问易牙是什么肉。易牙未开口泪先流，说这是人肉，是他四岁儿子的肉，主公没吃过人肉，令他寝食不安，于是就把他的儿子杀了，做成肉汤给主公尝尝。齐桓公被易牙的行为深深打动，认为易牙爱他胜过爱自己的儿子，怎么能不让人感动呢。于是易牙更加得宠。（此典故出自《管子·小称》）

就是这样一个人，齐桓公想让他接替管仲的相位。管仲当即反对说：“杀掉自己的亲骨肉来讨好君主，不合人情，不可以让他接替相位。”管仲的意思是，易牙这个人已经离谱到超越了自己作为人应有的感情，这种人无论如何是不能重用的，非但不能用，还应该将其驱逐。

管仲去世后，齐桓公把易牙等人驱逐出国，但后来舍不得就又召了回来，并给予重用。易牙等人立即实现了自己梦寐以求的人生理想——专权擅政。

齐桓公四十三年，齐桓公病重，五个儿子各率自己的党羽忙着争位，易牙等人矫托王命，将王宫用高墙垒起，只留一个小洞，以递送饮食，后来干脆连饭也不递送了，齐桓公就这样被活活饿死，直到六七十天后，尸体已腐烂不成形了，才予以发丧。

齐桓公英明一世，最后却活成了笑话。对易牙这种行事甚是乖谬的人，怎么能授以重权呢？但齐桓公认为，“对我好，才是真的好”是硬道理，压根没有想过人家为什么对他好，最后活成笑话也就不奇怪了。

【255】
心无体

【原文】

又曰："目无体，以万物之色为体；耳无体，以万物之声为体；鼻无体，以万物之臭为体；口无体，以万物之味为体；心无体，以天地万物感应之是非为体。"

【老刘说】

阳明先生说："感官的本体就是知觉，比如眼睛的本体就是知觉万物的颜色；耳朵的本体就是知觉万物的声音；鼻子的本体就是知觉万物的气味；口的本体就是知觉万物的味道。心的本体，不是一个看得见、摸得着的存在，而是把知觉、感应天地万物的是非作为本体。"

这一节主要讲"心"与"物"之间的关系，深入理解可以参照前面253节关于"心""意""物"三位一体的关系。

"无善无恶心之体"，要从"心无体，以天地万物感应之是非为体"的角度理解。"无善无恶心之体"的"体"，是从体用关系上讲的。体无善恶，用了才有。内容是"无善无恶心之体，有善有恶意之动，知善知恶是良知，为善去恶是格物"。第一句说的是体；第二句说的是意动，就是用；第三句说的是良知的监察功能发动，导正"知"；第四句说的是事上磨，保留妥当的，去除不妥当的，就是"知行合一"的圆满。四句一条线下来，心、意、知、物只是一件。

【256】
尽性至命之学

【原文】

问“夭寿不贰”。

先生曰：“学问功夫，于一切声利、嗜好俱能脱落殆尽，尚有一种生死念头毫发挂带，便于全体有未融释处。人于生死念头，本从生身命根上带来，故不易去。若于此处见得破，透得过，此心全体方是流行无碍，方是尽性至命[①]之学。”

【老刘说】

有人请教阳明先生关于孟子说的“夭寿不贰”该怎么理解。

阳明先生回答说，做学问功夫，即便对一切“声利嗜好”的私欲都可以克治干净，如果生死看不开，哪怕是一丝一毫，也是没有办法真正进入圣人之境的。

“声利嗜好”指的是名声、利益和痴迷的特殊爱好等。这些都是基于“人道求有”的东西，对于已经达到“天道求无”的圣人来说，是不屑一顾的。儒家修身，是合天理而行，当生则生，当死则死，来去从容。

这个世界生死固然很重要，但还有很多比生死更重要的事情。元灭南宋后，文天祥宁死不降。死后人们在他的衣带中发现了一首遗诗：“孔曰成仁，孟曰取义，惟其义尽，所以仁至。读圣贤书，所学何事？而今而后，庶几无愧。”

---

① 《周易·说卦》：“穷理尽性以至于命。”

史可法的敌人清朝乾隆在《钦定胜朝殉节诸臣录》中评价道："至若史可法之支撑残局、力矢孤忠，终蹈一死以殉；又如刘宗周、黄道周等之立朝謇谔、抵触佥壬，及遭际时艰，临危授命：均足称一代完人，为褒扬所当及。"

文天祥、史可法等人，如果只想活命，其实很容易，甚至荣华富贵都唾手可得。之所以一心求死，就是因为在这些人心中，死的意义远远大于活着的意义。

所谓"千古艰难惟一死"，贪生怕死是生物本能，是从生命的本源上带来的，所以不容易去除。只有真正看得破，看得透，此心才能真正随心所欲，畅通无阻，才算是真正到了"尽性至命"的学问水平。

"夭寿不贰"在《传习录》上篇和中篇已经提到过不止一次，这一次阳明先生回答的角度明显和之前是不同的，更像是借"夭寿不贰"这个话题来谈自己对生死的看法。人只有将生死参破，真正把良知放在生命前面，才是彻底的"尽性至命"之学。

【257】
剜肉做疮？

【原文】

一友问："欲于静坐时将好名、好色、好货等根，逐一搜寻，扫除廓清，恐是剜肉做疮否？"

先生正色曰："这是我医人的方子，真是去得人病根，更有大本事人，过了十数年，亦还用得着。你如不用，且放起，不要作坏我的方子！"

是友愧谢。

少间，曰："此量非你事，必吾门稍知意思者为此说以误汝。"

在坐者皆悚然。

【老刘说】

一位朋友问阳明先生，想要在静坐时，将好名、好色、贪财等病根，逐一搜寻出来，清除干净，恐怕是剜肉做疮吧？

剜肉做疮的意思是本想割肉除疮，但因为处理不当，反而在割破的地方又形成新疮，比喻行事的时候只顾解决眼前问题，结果适得其反。

这个人要表达的意思是，静坐时应该"不思善，不思恶"，守住一个虚静。如果用"省察克治之功"，"将好名、好色、好货等根，逐一搜寻，扫除廓清"，这属于后天起意，是"剜肉做疮"，对修人静功夫来说，可谓得不偿失。

阳明先生严肃地说："这是我治病救人的方子，是经过无数次实践检验过的，是真正能去除人病根的。一些更有本事的人，过了十几年，仍然还用这个方法修炼心性。你如果不用，就放在一边，不要胡说八道，糟蹋我的方子。”

这个人很惭愧地向阳明先生表示歉意。

停了一会儿，阳明先生说：“你说出这样的话也不怪你，我猜必定是我门人中有稍微懂得一点儿意思的人，在这个精微之处讲得不够透彻，所以才误导你。”

在座的门生们都悚然动容。

阳明先生说的“必吾门稍知意思者”是指陆澄。在中篇159节中，陆澄曾对阳明先生说的修心之法——在没事的时候防止私欲萌发，在私欲产生的时候立即遏制住——提出质疑。陆澄认为防止私欲于未萌，私欲还没来，就时时警惕，等于是没有问题创造问题来解决，是“引犬上堂而逐之”的没事找事，遏私欲于即发，等于是东边着火东面灭，西面着火西面灭，追着火头跑，是疲于奔命，所以学者根本不应有“省察克治之功”。

阳明先生对此回答说，此心达到“心纯乎天理，而无一毫人欲之私”就是成为圣人的功夫。具体修习方法就是在私欲还没有萌发时预防，在私欲刚刚萌发时加以遏制，这就是《中庸》中“戒慎恐惧”和《大学》中“致知格物”的功夫。这点是毫无疑问的。至于陆澄说的“灭于东而生于西”“引犬上堂而逐之”，是因为心里还有私欲作祟，有“迎合”的念头作怪。“求圣之功”的意念太切就是揠苗助长了。

这个关键点，正是儒家圣人之学和佛道的根本区别，陆澄、王畿等弟子均是在这个根本问题上有所迷失。

【258】
功夫不切的原因

【原文】

一友问“功夫不切”。

先生曰：“学问功夫，我已曾一句道尽，如何今日转说转远，都不着根！”

对曰：“致良知盖闻教矣，然亦须讲明。”

先生曰：“既知致良知，又何可讲明？良知本是明白，实落用功便是，不肯用功，只在语言上转说转糊涂。”

曰：“正求讲明致之之功。”

先生曰：“此亦须你自家求，我亦无别法可道。昔有禅师，人来问法，只把麈尾①提起。一日，其徒将麈尾藏过，试他如何设法。禅师寻麈尾不见，又只空手提起。我这个良知就是设法的麈尾，舍了这个，有何可提得？”

少间，又一友请问功夫切要。

先生旁顾曰：“我麈尾安在？”

一时在坐者皆跃然。

【老刘说】

有个人问阳明先生：“我对做学问功夫这件事情，总是没有办法完全搞清

① 麈（zhǔ）尾：麈尾是古人闲谈时执以驱虫、掸尘的一种工具。

楚，不能做到切实通透，该怎么办呢?”

估计这个人问此类问题已经不是第一次了，属于昨天问了，今天接着问。老师解答了不往心里去，于是反反复复问同样的问题。

阳明先生回答说：“这个事情已经说过无数遍了，就是个‘致良知’而已，你翻来覆去总是问同样的问题，现在越说越远了。”

这个人接着问：“‘致良知’这话我的确听您说过很多次了，但还是不清楚，能不能讲得再清楚一点儿呢?”

我想，对于这种始终不得要领的学生，阳明先生应该也是很无语的。阳明先生说：“你既然知道了‘致良知’，这已经到了掰开揉碎到不能再细化的程度，还怎么再说清楚呢？良知本来就是明白的，切实下功夫就行了。不肯踏踏实实从实修入手，在事上磨中做功夫，只在语言上解说，在文意中穿凿，只会越学越糊涂。”

我也见过很多这种所谓修心性的人，最后发现都是嘴把式。论道的时候，精神抖擞，引经据典，侃侃而谈，看起来似乎很厉害，其实只是读书多，记得东西多，没任何实修功夫。就像把驾驶手册背得滚瓜烂熟却又没摸过方向盘的人一样，说起来啥都懂，实际一开车就傻眼。

心学这个事情，必须要实修，不实修对提高自己的心性水平一点儿用处都没有。我很讨厌一些读过几本书，就觉得自己才高八斗、学富五车，喜欢到处显摆的所谓心学爱好者。这些人经常问一些钻牛角尖的问题，殊不知问的东西只是在文意中穿凿，毫无意义。不理他吧，他觉得你不给他面子，或者觉得你也不懂，所以不敢正面回答；回答他吧，他又没有实修经验，涉及心体里的东西又完全听不懂。这类人自己觉得自己心学学得还不错，其实心性完全一塌糊涂，连心是什么，在哪里都不知道，还谈什么心性功夫呢?

这个人继续坚持请阳明先生讲清楚致良知的方法。

碰到这种死缠烂打的追问，阳明先生实在是无语，于是回答说：“修心性是你自己内求的事情，你得问你自己，心在你自己的腔子里，问我是没有用的。就像你自己身上痒，你要自己抓，你问我你哪里痒了，我哪里会知道呀。”

举个例子说，从前有位禅师，只要有人来问法，就把麈尾拿起来说事，麈尾是古人闲谈时执以驱虫、掸尘的一种工具。在细长的木条两边及上端插设兽毛，或直接让兽毛垂露外面，类似马尾松。古人清谈时必执麈尾，相沿成习，为名流雅器，不谈时，亦常执在手。有点儿像现代的羽扇，可又不是扇。当然，也不是拂尘，拂尘的形制、用途与麈尾大不相同。

禅师拿麈尾做道具给人家讲法，说修禅就是把心头的灰尘打扫掉，就像麈尾掸尘的功能一样；修法要清除外部的干扰，就像麈尾驱除蚊虫一样；但凡成形的事物有萌发的时候，就有泯灭的时候，就像麈尾有造出来的一天，就有毁坏的一天。每次来人问法，禅师都是这么应对的，有一天他的徒弟把他的麈尾藏起来了，想看看没有麈尾禅师怎么讲法。这时候又来人问法，禅师四处找麈尾找不到，就空手做了个提麈尾动作，假设手里有把麈尾，来和别人讲法。

阳明先生说："这个良知就是我的麈尾，你就当我手里有把麈尾就可以了，我只能比喻到这儿了，再往下我也没法说了。除了良知，还有什么可以提起的呢?"

过了一会儿，又有人问阳明先生功夫切要的事情。

阳明先生就动作夸张地调侃说："我麈尾放在哪儿了?"

一时间，在座的人哄堂大笑。

【259】
“至诚”与“前知”

【原文】

或问“至诚前知”①。

先生曰：“诚是实理，只是一个良知。实理之妙用流行就是神，其萌动处就是几。诚神几，曰圣人。② 圣人不贵前知；祸福之来，虽圣人有所不免，圣人只是知几，遇变而通耳。良知无前后，只知得见在的几，便是一了百了。若有个前知的心，就是私心，就有趋避利害的意。邵子③必于前知，终是利害心未尽处。”

【老刘说】

有人向阳明先生请教《中庸》中“至诚之道，可以前知”一节该怎么理解。

“至诚之道，可以前知”出自《中庸》，原文是“至诚之道，可以前知。国家将兴，必有祯祥；国家将亡，必有妖孽。见乎蓍龟，动乎四体。祸福将至：善，必先知之；不善，必先知之。故至诚如神”。

达到“至诚”的境界，人就自然有“前知”了。这个前知不是指神乎其神、玄之又玄的各种神通，不要理解到“怪力乱神”方面去。比如阳明先生

---

① 语出《中庸》。

② 语出周敦颐《通书》。

③ 邵子：邵雍，字尧夫，谥号康节，北宋易学家，有内圣外王之誉。创“先天学”，以为万物皆由“太极”演化而成。著有《观物篇》《先天图》《伊川击壤集》《皇极经世》等。

平宸濠之乱的时候，靠的就是这个“至诚无息”，而不是什么呼风唤雨、撒豆成兵等。

“祸福将至：善，必先知之；不善，必先知之”意思是天地间任何事情都是有预兆的。一个国家或者一个家庭要兴旺的时候，必然有好的征兆；相反，一个国家要亡、一个家庭要衰败的时候，必会有不好的征兆。各种征兆出来了，智慧足够的人，是能看出来的。所谓“见微知著”说的就是这个意思，只是这个“微”不是谁都能看懂的。到达这个智慧高度的唯一道路就是“至诚如神”。

阳明先生说，“诚”是实理，这里的“实”是和“伪”相对的。“诚”实质上只是一个良知，实理的妙用流行就是“神”，萌动之处就是“几”。所以周敦颐说，能做到诚、神、几全具备，就可以称为圣人。

“诚神几”出自周敦颐《通书》第四章，原文：“寂然不动者，诚也；感而遂通者，神也；动而未形、有无之间者，几也。诚精故明，神应故妙，几微故幽。诚、神、几，曰圣人。”

“寂然不动者，诚也”出自《易经·系辞上》“寂然不动，感而遂通”。天寂然不动，日月星辰在其中运行不辍；地寂然不动，江河万物生生不息；心寂然不动，承载无穷念头起落来去，生生灭灭。“仁者以天地万物为一体”，心循理而行，就是“寂然不动”的“诚”。心性修炼到寂然不动，才能有感而遂通的无上境界。

“感而遂通者，神也。”诚为体，神为用。这个“用”就是“发微不可见、充周不可穷”的“神”。“感而遂通者”就是心如镜子照物，物来则应，物去不留。诚是无为的，心是空静的，外物出现了，心与它发生了感应，来了就应，去了不留。

“动而未形、有无之间者，几也。”动而未形，就是快要动了，但还没有显现出来，处于有无之间。就像阴阳鱼，一定要找到阴阳之间的那条线，“有”是阳的一面，“无”是阴的一面。随时可以找到先机，体会它，抓住它。

“诚精故明”，普通人和圣人的区别，就在于“诚”的精纯程度，只有在诚上不断下功夫，达到精的程度，心性的光明才会显现出来，才能生起妙用，才能真正做到“明”。

“神应故妙”指的是心性修炼达到一定的境界，就能到达“‘神也者’，妙万物而为言者也”，即万物有迹可见，而神在其中，无迹可见，然神不离乎物也，即万物之中而妙不可测者神也，故曰“妙万物”。

天地万物，对高度足够洞悉一切的人来说，是能看得通透明白的，对高度不够的人来说，是捉摸不透的玄之又玄。比如用微积分计算一根靠墙倒下的棍子的落地速度，是一件非常容易的事情，但对于一个只有中学生数学水平的人来说，这个算法是无法理解的。

“几微故幽”可以结合“道心惟微”来理解，我们对“几”的体会，要越细越好，越微越好，达到“幽”的程度。“幽”就是暗，也就接近于无的状态了。

“诚、神、几，曰圣人”是个总结。如果做到了诚、神、几的状态，就是圣人境界了。诚要至诚，要精诚；神要运用到变幻莫测，奥妙无穷；几，就是要在细微处下功夫，甚至体会到无的状态。

阳明先生接着说，圣人的真正体现不在于是否能够“前知”，即便提前知道了，也是要按照良知应对的。祸福到来了，圣人考虑的首先是合道而行，而不是为一己之私的趋利避害，“孔曰成仁，孟曰取义，惟其义尽，所以仁至”才是圣人用世的根本。对于福祸，圣人也是不能避免的。圣人只是知道“几”，在事物刚一萌动的时候，体会到先机，抓住先机，遇到事情能够持经达变而已。良知不分前后，把控现在的“几”，就是抓住关键，一了百了。

佛家有个“慧而不用”的经义，是关于前知（慧眼神通）的。据说慧眼神通能见未来，有人预见到明日出门楼上邻家抛物砸中了自己的脑门，于是第二天没出门，脑门没被砸中。请问慧眼神通何用？慧眼所见根本没有发生，不成其为神通。但假如此人出门硬着头皮挨砸了，果然有慧眼神通，但此时又有何用？脑袋还是挨砸了。

这是一个居士反诘一名高僧的话，他自以为问得很刁，但高僧答得却很简单：“请问邻家是否抛物？若有，则神通有。莫从楼下走，莫在抛物下留，若果见邻家抛物，上楼劝他莫再行此举。”

比干死谏商纣王的时候，又怎么可能不知道后果呢？但他必须做出选择，是苟且地活着，还是为了维护心中的信仰而殉道。这就是孟子说的“自反而缩，虽万千人，吾往矣”。

阳明先生接着说，如果事事都有一颗为了趋利避害“前知”的心，就已经是私欲之心作祟了，邵雍先生虽然可以洞悉圣人之道，但因为过于醉心于“前知”，终究是趋利避害的私心还没有根除。从这个角度说，邵雍先生虽然精通数术测算之道，但因其利害之心未尽，所以算不上圣人。

致良知是在“实落用功便是”，存养良知，对的就做去，错的就克治，活在当下正是“致良知”三个字玄妙之所在。

心性修炼的真正意义在于顺应天理的合道而行，神通只是副产品。把神通当成目的，就是舍本逐末了。

人如果受制于前知和往事，会无谓地消耗本来就非常宝贵的时间和精力，好好活在当下，素位而行，才是整个人生意义的所在。

【260】
无知无不知

【原文】

先生曰："无知无不知，本体原是如此。譬如日未尝有心照物，而自无物不照。无照无不照，原是日的本体。良知本无知，今却要有知，本无不知，今却疑有不知，只是信不及耳。"

【老刘说】

阳明先生说，心之本体就是无知无不知的，"无知"不是指什么都没有的无念，而是指不学而知。良知不是学来的，是本来就有的，这是心的本体。"无不知"指的是生命活动中，觉知无处不在，这是心的用。二者是体用一源的关系，不可分割。要清楚"体"和"用"的相互关系，就像太阳，太阳不是为了普照大地而存在的，而是因为太阳的本质就是发光发热，这就是太阳的"体"，普照大地只是发光发热的副产品，是这个"体"的"用"。

良知本来是不学而知的，现在却要通过学习来知；良知的知觉本来就是无处不在的，现在却要怀疑它有所不知。还是对良知不能笃信的结果。

阳明先生在这里强调的是良知本体是"即有即无""有无相即"的绝对存在。"无"是良知的本质特征，"有"是良知的作用方式。就良知之本质而言，它是"无知"的；就良知之作用而言，它又是"无不知"的。

换言之，良知既是"无知无觉"的，同时又是"无不知""无不觉"的，即不可偏执于"无"，也不可执着于"有"。

在阳明看来，良知既然是"无知"的，却要执定一个"有知"；良知既然是"无不知"的，却要怀疑其有所"不知"，这都是对自我良知信心不足的表现。

【261】
惟天下至圣，为能聪明睿知

【原文】

先生曰："'惟天下至圣，为能聪明睿知'，旧看何等玄妙！今看来，原是人人自有的。耳原是聪、目原是明、心思原是睿知，圣人只是一能之尔，能处正是良知。众人不能，只是个不致知，何等明白简易。"

【老刘说】

阳明先生说，《中庸》中说"惟天下至圣，为能聪明睿知"，以前看到这句话，会认为只有圣人才能做到真正的聪明睿智，这是多么让人仰视和高不可攀的事情啊！现在看来聪明睿智是每个人天生就有的，耳朵原本就是聪敏的，眼睛原本就是明察的，心思原本就是睿智的。圣人只是能遵循存养良知、合天理而行这一个法则而已。普通人虽然天生也是良知具备的，但因为不能时时遵循，不去致此良知，就如同镜子本来是干净明亮的，长期不保养、不擦拭灰尘，最后也就不能用来照物了。这是何等明白简易的道理啊！

大道至简，真正的大道都是简单明了的，根本不会玄之又玄，时时存养良知不间断，就可以达到聪明睿智了。

人只要坚定地按良知的指引前行，自然会合道而行，囊括万事万物而没有遗漏。普通人和圣人的唯一区别就在于一个不能致自己的良知，一个能致自己的良知。

【262】
孔子谓“远虑”

【原文】

问：“孔子所谓远虑①，周公夜以继日②，与将迎不同何如?”

先生曰：“远虑不是茫茫荡荡去思虑，只是要存这天理。天理在人心，亘古亘今，无有终始。天理即是良知，千思万虑，只是要致良知。良知愈思愈精明，若不精思，漫然随事应去，良知便粗了。若只着在事上茫茫荡荡去思，教做远虑，便不免有毁誉得丧，人欲搀入其中，就是将迎了。周公终夜以思，只是‘戒慎不睹，恐惧不闻’的功夫；见得时，其气象与‘将迎’自别。”

【老刘说】

有人问阳明先生，孔子所说的“远虑”，周公所说的“夜以继日”，与“将迎”之心是不同的，该怎么理解呢?

提问者的意思是，孔子在做“远虑”之思的时候，以及周公夜以继日地操劳国事的时候，他们的用心和“将迎”之心还是不同的，对吗?

“远虑”出自《论语·卫灵公》，原文是：“子曰：‘人无远虑，必有近忧。’”意思是，无论入世还是治世，都要有深虑远见，不要眼光短视，否则很快就会有忧患到来。小而言之，个人是如此；大而言之，国家的前途亦是如此。

---

① 语出《论语·卫灵公》。

② 语出《孟子·离娄下》。

“夜以继日”出自《孟子·离娄下》，原文：“周公思兼三王，以施四事，其有不合者，仰而思之，夜以继日。”意思是说，当年周公治国的时候，碰到具体事情的时候，会考虑假设三王（夏禹、商汤、周武王）碰到这样的事情会怎么办。想不通的时候，晚上接着想，晚上突然想通了，就不睡觉了，爬起来等天亮马上去实施。

“将迎”出自《庄子·知北游》，颜渊问乎仲尼曰：“回尝闻诸夫子曰：‘无有所将，无有所迎。’回敢问其游。”仲尼曰：“古之人，外化而内不化，今之人，内化而外不化。与物化者，一不化者也。安化安不化，安与之相靡，必与之莫多。”

颜回问孔子：“我听到您老人家说过‘无有所将，无有所迎’”。“无将迎”，即举心动念、面对着万事万物“无有所将，无有所迎”，“将”是“送”的意思，“迎”是逢迎的意思。颜回请教老师，这个境界到底是怎么回事。

孔圣人说，古代的人能做到“外化而内不化”，即顺遂外物，而内心不为所动。不管外物如何变化，内心始终能保持良知，顺应天理不变。

现在的人是“内化而外不化”，即内心变化无穷，今天一个念头，明天一个主意，今天一下想到这儿了，明天又想到那儿了，今天信誓旦旦要干这个事情，明天又变卦了，甚至外部环境并没有什么变化，内心却像走马灯似的转个不停。

“与物化者，一不化者也”，能够顺应环境的变化而变化，根本不动，而万象可以无穷地变。“安化安不化”，一方面我们要安于环境的变化，另一方面又要安于自己不化的东西，所谓以不变应万变。在“动”和“静”两端，都要做到心安。

“安与之相靡，必与之莫多”，不管是变化还是不变，我们都要习惯自处，习惯与其相应，参与变化而不加审议，安于造化的“无常”。“必与之莫多”是不要妄加增减生灭。

阳明先生对提问者的问题表示肯定，他认为孔子和周公之用心不是“将迎”。阳明先生说，“远虑”不是漫无边际地思虑，只是要存一个天理。天理就是良知，千思万虑也只是要致良知。良知越是存养磨砺越是精纯，越是精微清楚。

如果只是为了应付差事，随便糊弄，良知就粗疏了。如果把天理放到一边，只是在具体的事情上考虑得失成败，把这个当成“远虑”，就难免有患得患失和私欲掺杂其中，这就是“将迎”之心了。孔子和周公的“思”都没有出离“天理”，都在“致良知”的范畴内，只是一个“戒慎不睹，恐惧不闻”的功夫。认清了这一点，就知道周公的境界和“将迎”之心不同。相反，如果没有遵循“天理”，就是“将迎”之心了。

【263】
克己复礼天下归仁

【原文】

问："'一日克己复礼，天下归仁'，朱子作效验[①]说，如何?"

先生曰："圣贤只是为己之学，重功夫不重效验。仁者以万物为体，不能一体，只是己私未忘。全得仁体，则天下皆归于吾仁，就是'八荒皆在我闼'[②]意；天下皆与其仁，亦在其中，如'在邦无怨，在家无怨'[③]，亦只是自家不怨，如'不怨天，不尤人'之意；然家邦无怨于我，亦在其中，但所重不在此。"

【老刘说】

有人问阳明先生，《论语》中说的"一日克己复礼，天下归仁"，朱熹先生解释为是从效验上说的，对吗?

"一日克己复礼，天下归仁"出自《论语·颜渊》，这里的"礼"，意思是天理的"理"。礼节礼貌就是理顺天理秩序，也就是天理在人间秩序的载体。"克己复礼"意思是克治自己的私欲，恢复内在的天理。让自己所作所为所行所言所动都符合天理。如果每个人都做到"克己复礼"，整个天下就归于大道，天理流行顺畅，社会彰显出来的就是生生不息的"仁"。当颜渊"请问其目"，孔子才针对个人的修行而说"非礼勿视，非礼勿听，非礼勿言，非礼

① 朱熹《论语集注》："一日克己复礼，则天下之人皆与其仁，极言其效之甚速而至大也。"

② 吕大临《克己铭》："亦既克之。皇皇四达，洞然八荒，皆在我闼。"

③ 语出《论语·颜渊》。

勿动”。可见，孔子是在普遍性的意义上说“仁”和“礼”。同样，“君使臣以礼”的“礼”不是人世间的制度节文，而是“天叙”“天秩”。“君使臣以礼”不是君主作为个人，其言行如何符合礼仪规范，而是君主以仁德守其位，使“政必本于天”，也就是天理行于天下的意思。

朱熹注解说：仁，是本心之全德；克，是胜；己，是己身之私欲；复，是反，回到；礼，是天理之节文。“一日克己复礼，则天下之人皆与其仁，极言其效之甚速而至大也。”这是从效果的速和大上来说的。

阳明先生说，圣贤只是做为己的学问，重点在功夫上，而不是在效验上。“为己”这里指内求于心的“反求诸己”，千万不要理解成万事从自己利益考虑的“自私自利”，那就完全偏离了。

修圣学的目的，是做一个行世合于天理，有一腔浩然正气，顶天立地的人。只有如此，才能保持时时刻刻心有光明。做时时存养良知的功夫才是根本，外边的效验只是致良知的副产品，是自然而然产生的，是水到渠成的事。不能本末倒置，把副产品当成主产品。当我们离开这个世界的时候，最有资格评价我们一生的不是别人，而是自己。心里是不是光明的，是不是坦荡的，是非常重要的。

阳明先生接着说，仁者以万物为一体，不能做到一体，只是因为自己的心中还有私欲掺杂，没有达到廓然大公。只要做到自己的心良知充盈，廓然大公，是个完全的仁的本体，发用出来的自然就是纯粹的“仁”。天下都归于“吾仁”，就是“八荒皆在我闼”的意思。天下万物全都在我的心中，天下都归于我的仁了，我的仁自然也就在天下万物之中。

自己和万物是一体的，以自己灵明为中心的世界就归于“吾仁”了。如果没有做到一体，是因为心里还有私欲遮蔽的地方。吕大临的《克己铭》说：“洞然八荒，皆在我闼。”“闼”是指门楼上的小屋，“八荒”指整个天下，指在自己意识中能知觉到的世界。

这段如果你理解比较生涩，可以回看一下 253 节，搞清楚“心即理”，“洞然八荒，皆在我闼”也就完全清楚了。

阳明先生举例说，《论语》中说“在邦无怨，在家无怨”，意思和“不怨天，不尤人”差不多。要做到“在邦无怨，在家无怨”并不容易，“不怨天，不尤人”就是克己复礼，内求于心，从自己身上找原因，而不是找客观原因、找外部原因。工作和生活只是人生的载体，不是人生本身，做任何事情，都是要给自己内心一个交代，而不是为了做给别人看，让别人点赞。

如果把载体当作根本目标，本末倒置的人生肯定是不太如意的。逐物于外，心是没有办法独立并且坦坦荡荡的。

《老子》说“夫唯不争，故天下莫能与之争”，修身的重点是保持此心一尘不染，“尽人事，听天命”重点在“尽人事”三个字上，而不是消极地放在“听天命”上。面对人力可及的事情，积极向上，努力进取，尽最大的可能让事情按照自己的预期方向走；对于人力不可及的事情，心态平和，坦然面对。这才是儒家用世的正确态度。

【264】
巧力、圣智

【原文】

问："孟子'巧力、圣智'之说，朱子云：'三子力有余而巧不足。'[①] 何如？"

先生曰："三子固有力亦有巧。巧、力实非两事，巧亦只在用力处，力而不巧，亦是徒力。三子譬如射，一能步箭，一能马箭，一能远箭，他射得到俱谓之力，中处俱可谓之巧；但步不能马，马不能远，各有所长，便是才力分限有不同处；孔子则三者皆长。然孔子之和只到得柳下惠[②]而极，清只到得伯夷而极，任只到得伊尹而极，何曾加得些子？若谓'三子力有余而巧不足'，则其力反过孔子了。'巧力'只是发明'圣、知'之义，若识得'圣、知'本体是何物，便自了然。"

【老刘说】

有人问阳明先生，在《孟子·万章》中，孟子用"巧"和"力"来比喻"智"与"圣"，朱熹先生说："三子力有余而巧不足。"他说得对吗？

"巧力、圣智"出自《孟子·万章下》，孟子曰："伯夷，圣之清者也；伊尹，圣之任者也；柳下惠，圣之和者也。孔子，圣之时者也。孔子之谓集

---

① 朱熹《孟子集注》："三子则力有余而巧不足，是以一节虽至于圣，而知不足以及乎时中也。""三子"指伯夷、伊尹、柳下惠。

② 柳下惠：姓展，名获，春秋时鲁国的贤大夫。

大成。集大成也者，金声而玉振之也。金声也者，始条理也；玉振之也者，终条理也。始条理者，智之事也；终条理者，圣之事也。智，譬则巧也；圣，譬则力也。由射于百步之外也，其至，尔力也；其中，非尔力也。”

孔子之学非博学多识，而是一以贯之，唯有一贯，“学”才能成其大，故大人之学即一贯之道。孔子为集大成者，涵摄伯夷之清、伊尹之任与柳下惠之和。

“金声也者，始条理也；玉振之也者，终条理也。”“金声玉振”指古代奏乐以钟发声开始，以磬收韵结束，奏乐从始至终。这句话在这里的意思是善始善终。

朱熹注：“此复以射之巧、力，发明智、圣二字之义。见孔子巧、力俱全，而圣、智兼备。三子则力有余而巧不足，是以一节虽至于圣，而知不足以及乎时中也。”意思是孔子巧和力都是足的，伯夷、伊尹、柳下惠三人在力的方面是足的，但在巧的方面是不足的。用射箭做个比喻，孔圣人既能射到也能射中，这三个人只能在射程上达到，但射不中靶子。

孟子“复以射之巧、力，发明智、圣二字之义”，射之“巧”与“力”，其义还是取自“智，譬则巧也；圣，譬则力也”一句，而孟子以“巧”为始条理者，“力”为终条理者，便知朱熹所谓“三子则力有余而巧不足”，把“巧”凌驾于“力”之上，显然是错误的。

“由射于百步之外也，其至，尔力也；其中，非尔力也”，这一句容易产生误读。朱熹错会了“至”“中”之义，认为孔子能“至”且能“中”，而三子虽能“至”却不能“中”，因而断言“三子则力有余而巧不足”。

阳明先生回答说，朱熹这么解读是不够妥当的。伯夷、伊尹、柳下惠这三个人都是有“力”也有“巧”的，“巧”和“力”实际上是一回事，不是两回事。“巧”也体现在用“力”处，只有“力”而没有“巧”，也只是白用力。“力”和“巧”本质上是一件事的两种属性。就像一部手机，能打电话是它的属性，能上网也是它的属性，结合起来才有意义，如果买两部手机，一部只用来打电话，一部只用来上网，别人会笑话你缺心眼儿的。

用射箭来比喻三个人，相当于一个擅长步行射箭，一个擅长骑马射箭。一个擅长远距离射箭。他们能在自己擅长的领域射中目标，都可以称为有“力”，能射中目标，都可以称为“巧”。但是步行射箭的不能骑着马射箭，骑着马射箭的不能远距离射箭，各有所长，这就是他们的才能和天分有所不同之处。

孔子属于三种都擅长之人，涵摄伯夷之清、伊尹之任与柳下惠之和。不过孔子的“和”也只是到了柳下惠所达到的程度，孔子的“清”也只是到了伯夷所能达到的程度，孔子的“任”也只是到了伊尹所能达到的程度，又何曾能更进一步呢?

如果说三人“力有余而巧不足”，岂不是说他们的“力”超过孔子了?用“巧”和“力”打比方，只是为了阐明“圣”和“知”的意思。圣学这件事，只要清晰地知道本体是什么，自然就明了通透了。在文意中穿凿，有时候反而容易越看越糊涂。

本节可以参考上篇 107 节以精金喻圣人的内容来理解。伯夷、伊尹、柳下惠三人和孔子的区别只是在分量上而已，在纯乎天理方面，三人和孔子相比是毫不逊色的。

【265】

良知即天也

【原文】

先生曰："'先天而天弗违'，天即良知也。'后天而奉天时'，良知即天也。"

【老刘说】

阳明先生说，"先天而天弗违"，意思说"天就是良知"；"后天而奉天时"，意思是"良知就是天"。

"先天而天弗违"和"后天而奉天时"出自《周易·文言·乾》，原文是"先天而天弗违，后天而奉天时，天且弗违，而况于人乎！况于鬼神乎！"

这句是针对乾卦九五爻"飞龙在天，利见大人"说的，核心就一个意思，"顺应天理，合道而行"，"先天而天弗违"：若在天时之先行事，天乃在后不违，是天合大人。"后天而奉天时"：若在天时之后行事，能奉顺上天，是大人合天也（《周易注疏》王弼）。

"先天而天弗违"说的是"天合大人"，"大人"行事在先，天时出现在后，"大人"行事是按照"良知"引导进行的，后面能和天时到来时呈现的天理完全契合，说明"良知"和"天理"是一致的，从这个角度说，"天理"就是"良知"。

"后天而奉天时"说的是"大人合天"，天时出现在先，"大人"行事在后，"大人"是遵循良知的引导行事，与此时呈现出来的天理完全契合，说明"天理"和"良知"是一致的，从这个角度说，"良知"就是"天理"。

顺应天理，合道而行就是与天地合其德，不能昼夜颠倒，把晚上当白天。夏天穿单衣，冬天穿羽绒服，不能反过来。对渺茫难知的鬼神之属，要“敬鬼神而远之”，心有敬畏，可以不相信，但不要恶意亵渎。趋吉避凶是最朴素的真理，即使生在天地之先，进入现在的天地，也不可以超过天地运行变化的规律；就是有鬼神，鬼神也跳不出天地自然的规律，所以说：“而况于人乎！况于鬼神乎！”

人是天地的一部分，既然连天都不能违背天地之道，人肯定也是不能违背天地之道的，必须遵循天地万物的秩序，也即要符合天理。只有让良知充盈，由良知引导，才能在天地之间如鱼得水，合道而行。

【266】
是非两字大规矩

【原文】

“良知只是个是非之心，是非只是个好恶。只好恶，就尽了是非。只是非，就尽了万事万变。”

又曰：“是非两字是个大规矩，巧处则存乎其人。”

【老刘说】

这一节看似简单，实际上是阳明心学很核心的东西。

阳明先生说，良知的一个主要功能是分辨是非，做出选择。是非只是个好恶，明白了好恶，是非也就完全清楚了。所以懂得分辨是非，也就懂得了如何应对万事万物的变化。

“是非之心不虑而知，不学而能，所谓‘良知’也”，良知的本质就是“是非之心”。

“无善无恶心之体”是良知的体，“有善有恶意之动”是良知的用。用世之时，面对人情事变的应对，就是根据是非判断做出选择，按照选择行事，接受“种瓜得瓜、种豆得豆”的果。

“是非只是个好恶”这一句必须正确理解，不可以一味随着自己的主观直觉，不做克己致知的实功，误把放任自己沉溺于私欲当作良知。“从心所欲，不逾矩”重点是“心所欲”，而不是“身所欲”，没有实修功夫地由着性子来，往往会堕入“身所欲”所主导的私欲中。

所以，阳明先生又说，“是非”这两个字是个大原则，而具体的尺度，是因人而异的，“巧处”就看每个人的天资禀赋和悟性了。

“巧处”指的是对大小、先后的判断，也就是分清轻重缓急，在大是大非面前，能立得住，看得清，选得出。

比如“忠孝不能两全”，尽孝是应该做的事，为国尽忠也是应该做的事，可身子只有一个，必须做出一个选择，要么尽忠，要么尽孝。异族入侵的时候，把国家放在前面的人，会选择保国安民。

心学一定要实修，要反复在事上磨，磨到对心内气机流行非常清晰敏感，四端达到“有触必应，随感而发”的程度，心中的好恶才是良知。

不做克己致知的实修功夫，不经历千锤百炼，只是由着性子胡来，肯定是不行的。阳明先生反复强调“是非两字是个大规矩”，也是这个意思。

【267】
困学如阴霾

【原文】

“圣人之知，如青天之日；贤人如浮云天日；愚人如阴霾天日。虽有昏明不同，其能辨黑白则一。虽昏黑夜里，亦影影见得黑白，就是日之余光未尽处。困学功夫，亦只从这点明处精察去耳。”

【老刘说】

根据人的天资禀赋不同，人可以分为圣人、贤人和愚者，对应《老子》中讲的“上士闻道，勤而行之。中士闻道，若存若亡。下士闻道大笑之，不笑不足以为道”。

圣人如同晴天时候的太阳，没有什么看不清楚，没有什么照不到，太阳照耀大地，不是刻意照耀，而是太阳本身就是发光发热的，普照大地只是发光发热的“副产品”。

阳明先生说，贤人如同多云天气的太阳，浮云一会儿飘了过来，一会儿又飘走了，太阳一会儿被遮住了，一会儿又普照大地，所以是一会儿模模糊糊，若隐若现，一会儿又清楚明了。

愚人如同阴天的太阳，阳光照不到大地，所以他们始终是不清楚的。愚人不知道天理在哪里。别人告诉他天上有个太阳、愚人会嘲笑说话的人：“哪有什么太阳？全是乌云!”

阳明先生接着说，就算在阴天的时候，也是能看到一点儿太阳反射过来的光的，不是说有乌云遮住天空，就伸手不见五指了。就算是在晚上有乌云遮蔽，也是能隐隐约约看得到黑与白的。这就是太阳的余光没有完全泯灭的明证。从这一点点余光扩充开来，就会天下大白。

无论是“学知利行”，还是“困知勉行”，都是要从心头的点滴光明做起，坚持存养良知，“日拱一卒无有尽，功不唐捐终入海”，最终都会“下学而上达”。

【268】
简易透彻功夫

【原文】

问："知譬日，欲譬云，云虽能蔽日，亦是天之一气合有的，欲亦莫非人心，合有否?"

先生曰："喜、怒、哀、惧、爱、恶、欲，谓之七情，七者俱是人心合有的，但要认得良知明白。比如日光，亦不可指著方所，一隙通明，皆是日光所在；虽云雾四塞，太虚中色象可辨，亦是日光不灭处，不可以云能蔽日，教天不要生云。七情顺其自然之流行，皆是良知之用，不可分别善恶，但不可有所著。七情有着，俱谓之欲，俱为良知之蔽，然才有着时，良知亦自会觉，觉即蔽去，复其体矣。此处能勘得破，方是简易透彻功夫。"

【老刘说】

有人问阳明先生，如果将"良知"比作太阳，"欲"比作云。在天地气象运行中，云是客观存在的，万古如此，云经常会把阳光挡住。从这个角度说，"欲"经常遮挡住"良知"岂不也是合情合理的吗？这么看，"欲"的存在似乎也是合理的呀。

这里的"欲"字，很多白话文版本都翻译成"私欲"，根据上下文来理解，"欲"字应该包括"合理的欲"和"私欲"。如果仅仅解释为"私欲"，这一节就不容易理解了，也不符合实修的体会。

阳明先生说，喜、怒、哀、惧、爱、恶、欲，称之为七情，七情都是人与生俱来的，是上天赋予的，想完全切断七情，是违背天理的，也不符合自然之则。如果认为七情都修没了就算得道的话，那石头砖瓦早就得道了，岂不是很荒谬？但七情一定要在合理范围内，不能超出良知的范畴，才算是顺应天理。

就像阳光普照大地，是没有非常确定的方向的，但只要能看到光的地方，就算是阳光普照到的地方，比如阴天的时候，我们也可以看清楚东西，这也是阳光普照的结果。云是客观存在的，不能因为云会遮蔽太阳，就不让天生出云来。

人的七情能顺应自然而生发，就是良知的用，情绪只是一种现象，是没有善恶的。遇到喜事，该高兴要高兴；遇到不公的事情，该生气要生气；遇到痛苦的事情，该悲伤要悲伤。实修的时候，观照心体，感知情绪随着气机流行而涌起、流动、消散等，整个过程我们都是清楚的。只要气机流行顺畅，情绪在良知范围内没有溢出或者不及就可以了，只有气机运转生生不息，心体才是活泼泼的。

但七情发动处，不能有“意必固我”的执着夹杂，有了这些夹杂，七情就会溢出或者不及，这也是私欲对良知的障蔽。

实修功夫到一定程度，一有这种夹杂，良知就会觉察到，觉察之后用功夫把障蔽去除就行了，良知的本体也就恢复了。这个地方通透了，能行得下去，就是简易透彻的心性功夫所在。

程颢先生说：“圣人之常，以其情顺万事而无情。”七情只要不“过”，就都是良知之用；一旦过了，有了“意必固我”之心，就滑向私欲了。

【269】
圣人的生知安行

【原文】

问："圣人生知、安行，是自然的，如何有甚功夫？"

先生曰："知、行二字，即是功夫，但有浅深难易之殊耳。良知原是精精明明的，如欲孝亲，生知、安行的只是依此良知实落尽孝而已，学知、利行者只是时时省觉，务要依此良知尽孝而已；至于困知、勉行者，蔽锢已深，虽要依此良知去孝，又为私欲所阻，是以不能，必须加人一己百、人十己千之功，方能依此良知以尽其孝。圣人虽是生知、安行，然其心不敢自是，肯做困知、勉行的功夫。困知、勉行的却要思量做生知、安行的事，怎生成得？"

【老刘说】

有人问阳明先生，圣人和天地之道已经非常契合了，能做到"生知、安行"是自然而然的事情吧？圣人怎么做功夫呢？

阳明先生说，"知、行"两个字，就是功夫，人的天资禀赋不同，际遇不同，成长经历不同，做功夫的深浅难易也是不同的。

"良知原是精精明明的"，"精精"是很纯粹的意思，"明明"是清晰明了的意思。良知本来是纯粹通透的，就拿孝亲这件事情来举例子，"生知、安行"的人只是依从自己的良知尽孝，所作所为自然而然就符合天理，不用刻意，就可以把事情做得恰到好处；"学知、利行"的人，对天理还是雾里看花的状态，能大概看清楚轮廓，但细节是不清楚的，这类人做事的时候，会非常谨慎，就像走夜路没有照明设备一样，会慢慢往前走，边试探边往前走，这样才能防止掉到水坑里。在尽孝方面，这类人时时戒惧省察，反复与良知确认，依从自己的良知尽孝；“困知、勉行”的人，被私欲蒙蔽禁锢得已经很深了，几乎完全不知道天理是什么样子，只能“夭寿不贰，修身以俟之”，即使心里很想要依从自己的良知去行孝道，也会因为私欲的阻隔，往往难以达到目的，必须要付出百倍于“学之、利行”之人的努力，才能做到依从自己的良知，把孝亲这件事情做到符合天理。

圣人虽然是“生知、安行”的水平，但因为心有敬畏，做事情很谦恭，是不会自以为是的，反而肯下“困知、勉行”之人所下的功夫。

而很多“困知、勉行”的人，却心无敬畏，做起事来，不知其然，偏偏喜欢想当然，想着去做“生知、安行”的人所能做的事，无疑是“蚍蜉撼大树”，又怎么可能做成呢？

【270】
心安处即是乐

【原文】

问："乐是心之本体，不知遇大故，于哀哭时，此乐还在否？"

先生曰："须是大哭一番了方乐，不哭便不乐矣；虽哭，此心安处即是乐也。本体未尝有动。"

【老刘说】

有人问阳明先生，既然说乐是心之本体，也就是说修心性到一定程度之后，心中始终会有坦坦荡荡的幸福感存在，始终能保持很和乐的状态，那么，如果突然遇到大的变故，比如说亲人去世或者别的什么很悲伤的事情，泪如雨下的时候，和乐还在吗？

阳明先生说，哀伤的情绪一旦发动，当然要大哭一场才能和乐。这话听着好像很矛盾，实则不然。遇到哀伤的事情，心里憋得难受，很压抑，哭出来了，心里就安了。不痛哭一场，反而是一种煎熬。过分压抑自己的情绪，很拧巴的状态当然不能算是顺应天理而行。

心之本体的静，不是指心里的气息不流转，而是指天理始终落在心之本体上，良知充盈，气机流行畅通。一旦心体被私欲攀附遮蔽，气机流行出现不畅，不能循理而行，就已经不是静了，而是动了。要注意，心之本体的动静和平常我们理解的动静是不一样的。

《论语·雍也》中："子曰：'贤哉，回也！一箪食，一瓢饮，在陋巷，人不堪其忧，回也不改其乐。贤哉，回也！'"颜回家庭条件很差，住在贫民窟里，温饱都是问题，别人都觉着这样的生活看着都发愁，颜回却能每天都高高兴兴的。

圣人的心体是静的，是始终循理而行的。圣人之乐是顺应天理的乐，七情是顺应天理而生发，圣人该哭的时候就哭，该笑的时候就笑，只要不过分就行了。笑得开开心心，哭得淋漓尽致，不就是坦坦荡荡的“从心所欲，不逾矩”吗？

【271】
抽笋论枝节

【原文】

问："良知一而已，文王作《彖》，周公系《爻》，孔子赞《易》，[①] 何以各自看理不同？"

先生曰："圣人何能拘得死格？大要出于良知同，便各为说何害？且如一园竹，只要同此枝节，便是大同；若拘定枝枝节节都要高下大小一样，便非造化妙手矣。汝辈只要去培养良知；良知同，更不妨有异处。汝辈若不肯用功，连笋也不曾抽得，何处去论枝节？"

【老刘说】

有人问阳明先生，良知只是个"一以贯之"的天理，天理只有一个。天理在《易经》里应该是一个东西，为什么伏羲用八卦来阐明天理，文王用《彖》来阐明天理，周公用《爻》来阐明天理，孔子用《十翼》来阐明天理？既然是一个东西，大家所写应该一样才对，怎么都不一样呢？

阳明先生说："圣人洞悉三易之道，做事情怎么会迂腐刻板呢？只要他们的所作所为出于良知，大原则就是相同的，即便用各自的方法行事，也只是殊途同归而已，又有什么互相妨害的呢？

"就像园子里的竹子，只要都是一个物种就可以了，如果死板地要求每个竹子都是一模一样的，枝枝节节，高低大小都一样，就是做白日梦了。"

---

① 相传伏羲画八卦，文王作六十四卦之卦辞，以解释每一卦的意义；周公作爻辞，以解释每卦六爻中每一爻的含义；孔子作《十翼》，以阐明《周易》的本意。

世界上没有完全相同的两片叶子，每棵竹子也都是大同小异。每个个体有自己个性化的地方是合乎天理的，这也是天地造化之妙。

阳明先生接着说：“你们尽管培养自己的良知，良知对每个个体来说，也是求大同存小异的，只要根本相同，在具体的表现形式上是允许有差异的。你们如果不肯着实用功只是空谈，相当于竹笋都没有抽芽出来，还谈什么枝节，岂不是空中楼阁吗？”

【272】父子讼狱

【原文】

乡人有父子讼狱，请诉于先生，侍者欲阻之，先生听之。言不终辞，其父子相抱恸哭而去。

柴鸣治[1]入问曰："先生何言，致伊感悔之速？"

先生曰："我言舜是世间大不孝的子，瞽瞍是世间大慈的父。"

鸣治愕然。请问。

先生曰："舜常自以为大不孝，所以能孝；瞽瞍常自以为大慈，所以不能慈。瞽瞍只记得舜是我提孩长的，今何不曾豫悦我？不知自心已为后妻所移了，尚谓自家能慈，所以愈不能慈。舜只思父提孩我时如何爱我，今日不爱，只是我不能尽孝。日思所以不能尽孝处，所以愈能孝。及至瞽瞍底豫时，又不过复得此心原慈的本体，所以后世称舜是个古今大孝的子，瞽瞍亦做成个慈父。"

【老刘说】

正德五年（1510），阳明先生三十九岁，任江西庐陵县（今江西吉安）知县。有一对从乡下来的父子到衙门告状，直接要求见阳明先生。门口的杂役把父子二人拦下来，打官司告状还是要走正常流程的，不能直接往里闯，打扰到先生也不太合适，这样不合规矩。几人争吵的声音很大，先生在里面

---

① 柴鸣治：王阳明弟子，其余不详。

听见争吵，就让这对父子进来说话。

二人分别诉说是非曲直，先生从中调解，调解的话还没有说完，父子二人就互相抱头痛哭，然后离去了。

阳明先生的学生柴鸣治进来问：“先生您说了什么话，令他们这么快就感动悔悟？”

阳明先生说：“我说舜是世间最不孝的儿子，瞽瞍是世间最慈爱的父亲。”

柴鸣治听先生这么说，非常震惊，忙问为什么这么说。

大家都知道，舜的父亲瞽瞍，性顽劣，是个糊涂虫，他对舜感到不满，数次和后妻以及后妻所生的儿子象相勾结，想把舜弄死。舜几次侥幸脱逃，之后仍然孝顺地侍奉他。后来瞽瞍和后妻、象陷害舜的计划暴露，舜不仅没生三人的气，反而对三人比以前更好。瞽瞍做了这么多恶毒的糊涂事，显然不是什么慈父；舜这么多年逆来顺受，简直就是孝亲的典范，怎么能说舜是大不孝呢？

阳明先生说，舜常常自以为是最不孝的人，所以能够做到孝；瞽瞍常常自以为是最慈爱的父亲，所以不能做到慈爱。

瞽瞍先入为主地认为自己是大慈的，殊不知自己的心已经被后妻所蛊惑，早就不是当初的心了，早已偏离为人父的慈爱。他觉得自己从小辛辛苦苦把儿子拉扯大，舜居然不能事事都顺着自己，哄自己开心，当然就是不孝。所以他即使对儿子百般刁难伤害，也觉得理所应当，毫不愧疚。

舜是很律己的，凡事反求诸己，从自身找原因，而不是怨天尤人，他只想着父亲拉扯自己长大时何等疼爱自己，现在不疼爱了，只是因为自己不能尽孝。日日所思的都是自己所做的还不够好的地方，所以对父亲更加孝顺。

等到瞽瞍心回意转，对舜感到满意时，不过是恢复了其心原本就有的慈爱的本体。所以后世称舜是个古今难得的大孝子，瞽瞍也成了一个慈父。

人都是以自我为中心的，很多人都做不到推己及人，而是从自己的感受出发看世界。瞽瞍也是这么想的：我辛辛苦苦把你养这么大，没有我就没有你，我对你提的要求都是应该的，你不按照我的来，就是你的不对，即便我提的要求很不合理。

人生于世，最忌讳“应该”两个字。公交车让座，让座的人是高风亮节，不是应该如此；坐的人要心存感谢，而不是心安理得。这样才是和谐的交互关系，过分强调任何一方，都是不妥当的。

在古代，面对这类父子互诉的案子，一般是先打儿子一顿再说后面的事情。在强大外力下，做儿子的迫于形势会口服心不服，这样是不能从根本上解决问题的。阳明先生从发动彼此良知的角度切入，把父子亲情发动起来，让父子二人言归于好，这是从根本上解决问题。

让父子二人认识到自己的不对，各自都回到自己心灵的原点。不被一时一事的意气而蒙蔽父子之间的大义，勿因小怨而失大爱。

亲人之间，正因为关系太近了，反而容易产生各种冲突，这个时候，不忘初心很重要。工作和生活只是人生的载体，不是人生本身。

梁继璋先生说：“亲人只有一次的缘分，无论这辈子我和你会相处多久，你一定要珍惜共聚的时光，下辈子，无论我们爱与不爱，都不会再相见。”

亲人之间，血脉相连，且行且珍惜。

【273】
道体无二

【原文】

先生曰："孔子有鄙夫来问，未尝先有知识以应之，其心只空空而已；但叩他自知的是非两端，与之一剖决，鄙夫之心便已了然。鄙夫自知的是非，便是他本来天则，虽圣人聪明，如何可与增减得一毫？他只不能自信，夫子与之一剖决，便已竭尽无余了。若夫子与鄙夫言时，留得些子知识在，便是不能竭他的良知，道体即有二了。"

【老刘说】

本节阳明先生举了《论语·子罕》中的例子，原文为："子曰：'吾有知乎哉？无知也。有鄙夫问于我，空空如也；我叩其两端而竭焉。'"

"吾有知乎哉？无知也。"最有学问的人，就是知道自己一无所知的人。老子也说："知不知，尚矣；不知知，病也。"知道自己不知，这是高明的人；不知道却自以为知，这就是很糟糕的。

"有鄙夫问于我，空空如也；我叩其两端而竭焉。"鄙夫，即乡村的人，也指庸俗浅陋之人；叩，叩问；竭，竭尽。这句的意思是：有一个庸俗浅陋的人问我问题，对他谈的问题，我本来是一点儿也不知道的，我只是从问题的两端入手，循序渐进地去问，这样对此问题就可以全部搞清楚了。

孔子"叩其两端而竭焉"的方法是参照了舜的智慧，《中庸》讲："舜好问而好察迩言，隐恶而扬善，执其两端，用其中于民，其斯以为舜乎！"

阳明先生说，孔子只是通过对具体事情的一一剖析，拨开来者心头的遮蔽，让他的良知发动出来，这样，他的心里就会清楚明白、清晰地知道是非，这是他本来就有的良知良能，并不是圣人赋予的。对这个良知良能，圣人也是没有办法增减丝毫的。

来问的人，只是自己不够自信，心有狐疑，不知如何决断。孔子只是点拨启发，并不曾代替来者做什么决定。如果圣人代替来者做决定，就不是启发来者，帮助他彰显良知之用了。道体也就因此被割裂为二了。

【274】
烝烝乂不格奸

【原文】

先生曰："'烝烝乂不格奸'①，本注说象已进进于义，不至大为奸恶。舜征庸②后，象犹日以杀舜为事③，何大奸恶如之！舜只是自进于乂，以乂薰烝，不去正他奸恶。凡文过掩慝，此是恶人常态，若要指摘他是非，反去激他恶性。舜初时致得象要杀己，亦是要象好的心太急，此就是舜之过处。经过来，乃知功夫只在自己，不去责人，所以致得'克谐'。此是舜动心忍性，增益不能处。④古人言语，俱是自家经历过来，所以说得亲切。遗之后世，曲当人情；若非自家经过，如何得他许多苦心处？"

【老刘说】

阳明先生说，《尚书》中说的"烝烝乂不格奸"，原来的旧注上说象在舜

---

① 语出《尚书·尧典》。四岳向尧推荐舜说："瞽子，父顽母嚚，象傲；克谐以孝，烝烝乂（yì），不格奸。"乂，即义。大意是：瞽瞍的儿子（指舜），其父亲愚顽、（后）母暴虐，象（舜的兄弟）傲慢，舜都能尽孝悌以感化他们（令其良知自我发觉而改进），臻于家庭和谐，循序渐进地去熏陶感化他们，不以忤逆激化他们的方式待之，以避免其奸恶之行发作。

② 征庸：征召任用。

③ 《孟子·万章上》："'象往入舜宫……不识舜不知象之将杀己与?'曰：'奚而不知也？象忧亦忧，象喜亦喜。'"

④ 《孟子·告子下》："故天将降大任于是人也，必先苦其心志，劳其筋骨，饿其体肤，空乏其身，行拂乱其所为，所以动心忍性，曾益其所不能。"

的感化下，所作所为已经逐渐向“义”靠拢，不至于再干出什么大奸大恶的事了。

圣人做事是从本心出发，与天地合其德，不会被自己的私欲遮蔽，胸怀可以包容天下。

舜二十岁的时候，帝尧已经在位七十年，自感年老，打算寻找能接替自己的人。帝尧征求四岳（分管四方和四时的诸侯）的建议，看是否有合适的人选接替自己的位子。四岳推荐了舜。

帝尧把自己的两个女儿（娥皇、女英）嫁给了舜，并让舜掌管祭祀、礼仪等，目的是观察舜在外的处事能力，结果“大治”。这个时候，象出于嫉妒整天算计着怎么杀死舜，还有什么大奸大恶的事比这个更恶劣的呢?

舜对此并没有睚眦必报，而是反求诸己，从提高自己的德行出发，用自律自制去感化象，而不是站在道德制高点，直接去纠正象的奸恶之行。

文过饰非深藏于人性晦涩之中，也是恶人一贯的姿态。直接指责固然有效果，但也很有可能因为指责，反而激发出对方人性黑暗的一面，使其表现出更多更深的恶性。

很多事情都是“不经历风雨不见彩虹”的，人都是经历过磨难，真正认真深入思考过人生意义之后，才会懂得：功夫只需要在自己身上下，而不是去责备他人。这正是舜、象最后能和睦相处的原因，也正是舜能做到“动心忍性，曾益其所不能”的地方。

古人的言语，都是古人自己经历过后的心得体会、金玉良言，所以才能流传后世。但这些言语，如果不是亲身经历过，是很难真正明白古人的用心良苦之处的。

“烝烝乂不格奸”这六个字，每个字大家都认识，但真正搞懂并不容易。可以从以下几个方面来理解：

第一，人类社会中，上智之人毕竟是少数，大部分都是下智之人，这类人往往认知程度比较低，话说“高”了听不懂，反而笑话你胡扯，甚至觉得你就是一江湖骗子。

拿三岁小孩举例。幼儿园阶段的小朋友认知程度是很低的，很多道理跟小朋友是说不清楚的，比如触电这件事情，你对他说这个很危险会死人的，他很可能连死是什么都搞不懂。而你要做的只是通过各种方式方法让他远离危险的东西，这是出于保护的目的，出于善意。

应对这类人的时候，关键是攻心为上，若用外力强行纠正，往往适得其反，欲益反损。认知程度不高的人，大都不喜欢被否定，即便是出于好心的否定，也会被曲解成恶意的指责和攻击。这个时候，恰当的方式方法，就变得很重要。

让这些人走上正道，仅靠空洞的说教是不行的，而是需要用妥当的方式方法，激活他们人性中光明的一面，这才是用世的真正智慧所在。

“动心忍性，曾益其所不能”，人的才能在内心最受煎熬的时候增长得最快，当然前提是所行所为都合于“义”。

第二，孟子说道之所在，“虽千万人，吾往矣！”对立志修心性的人来说，要尽量做到反求诸己，时时戒慎恐惧，一切问题到我为止，自己的责任绝不推给别人。要清楚道德是用来律己的，而不是拿来当作武器攻击别人的。凡是喜欢站在道德制高点拼命狙击别人的人，道德水准往往不会太高。立志修身的人，对自己一定要高标准，严要求，绝对不能把自己混同为普通大众。

为愿而实行，字面上很好理解，但从修身的角度并不简单。修身的愿望不是妄想，而是从立足之处发端，不是你想当总统就去当总统，要基于实际用世的点点滴滴。比如你看见别人随地扔垃圾感到很不爽，那你自己就不要乱扔垃圾，这就是从立足之处发端。有人这时候可能会觉得，别人都扔凭什么我不能扔？我要多走很多路找垃圾桶，岂不是很吃亏、很不公平？这里不是能不能扔的问题，你愿意扔尽管扔。很多人都认为聪明就是一点儿都不吃亏，但这么做就别谈什么修身了。很多人为愿而实行，踏踏实实从心所欲，有时候在他人看来很傻很吃亏，是与自己过不去，但在修身人自己看来，这恰恰是“与自己过得去”。

第三，“动心忍性，曾益其所不能”，“宝剑锋从磨砺出，梅花香自苦寒来”，在所作所为都符合良知的前提下，人越是在内心煎熬的时候，成长的速度才会越快。

“事上磨”，越是能忍别人所不能忍，最终才会能别人所不能。在上篇44节中，“澄在鸿胪寺仓居，忽家信至，言儿病危，澄心甚忧闷，不能堪”，阳明先生说“此时正宜用功”，讲的也是这个意思。

【275】
诗言志，律和声

【原文】

先生曰：“古乐不作久矣；今之戏子，尚与古乐意思相近。”

未达，请问。

先生曰：“《韶》之九成[①]，便是舜的一本戏子；《武》之九变[②]，便是武王的一本戏子。圣人一生实事，俱播在乐中，所以有德者闻之，便知他尽善尽美与尽美未尽善处[③]。若后世作乐，只是做些词调，于民俗风化绝无关涉，何以化民善俗？今要民俗反朴还淳，取今之戏子，将妖淫词调俱去了，只取忠臣、孝子故事，使愚俗百姓人人易晓，无意中感激他良知起来，却于风化有益。然后古乐渐次可复矣。”

曰：“洪要求元声[④]不可得，恐于古乐亦难复。”

先生曰：“你说元声在何处求？”

对曰：“古人制管候气，恐是求元声之法。”

先生曰：“若要去葭灰黍粒中求元声，却如水底捞月，如何可得？元声只在你心上求。”

曰：“心如何求？”

① 《韶》为舜时的乐舞。成，相当于现在的乐章。

② 《武》为周代歌颂武王的乐。一个乐章演奏完转入下一个乐章即为变。

③ 《论语·八佾》：“子谓《韶》：‘尽美矣，又尽善也。’谓《武》：‘尽美矣，未尽善也’。”

④ 元声：古人定十二律以黄钟之管为基准，故名黄钟为元声。

先生曰："古人为治，先养得人心和平，然后作乐。比如在此歌诗，你的心气和平，听者自然悦怿兴起，只此便是元声之始。《书》云'诗言志'，志便是乐的本；'歌永言'，歌便是作乐的本；'声依永，律和声'，律只要和声，和声便是制律的本①。何尝求之于外？"

曰："古人制候气法，是意何取？"

先生曰："古人具中和之体以作乐，我的中和原与天地之气相应，候天地之气，协凤凰之音，不过去验我的气果和否，此是成律已后事，非必待此以成律也。今要候灰管，先须定至日，然至日子时，恐又不准，又何处取得准来？"

【老刘说】

阳明先生说，古代的乐教已经很久没有出现过了，如今的戏曲与古代的乐教倒是有些相似之处。

钱德洪不明白，向阳明先生请教。

阳明先生说，《韶》乐的九章，就是舜的一本戏曲；《武》乐的九章，就是武王的一本戏曲。圣人一生的事迹都浓缩在乐中，有德的人听了，就知道他的尽善尽美之处或者尽美而没有尽善之处。

后世作曲，只是作一些词调，与民俗风化没有一点儿关系，又怎么能用来教化民众，德化社会呢？

如果把现在的戏曲拿来，将其中有伤风化、妖淫低俗的词调全部去掉，只留下引人向善、忠臣孝子的故事，尽量通俗易懂，使得认知程度不高的大部分老百姓愿意接受，在润物细无声中激发他们的良知，这对社会风化很有益处。这样推行下去，假以时日，古代的乐教也是可以逐渐恢复的。

钱德洪说，古乐已经失传很久了，制作古乐的元声都已经找不到了，想恢复古乐恐怕不容易吧。

阳明先生说，请说说从哪里寻找元声呢？

钱德洪回答说，古人制造律管来候气，恐怕就是寻找元声的办法。

---

① 《尚书·尧典》："诗言志，歌永言，声依咏，律和声。"

阳明先生说，如果要在草灰稻谷中寻找元声，无异于水底捞月，是不可能完成的任务。元声只能在心中来求。

钱德洪问，心中如何求？

阳明先生说，古人治理天下，先把人心培养得中正平和，然后才能作乐。比如在这个地方唱歌，唱的人心气平和，听众自然会感到愉快而有兴趣，这就是元声的开端。《尚书》中说“诗言志”，“志”就是乐的根本；说“歌永言”，歌就是作乐的根本；说“声依永，律和声”，律只要求和声，和声就是制律的根本，又何曾到外面寻求呢？

钱德洪问，古人制管候气的方法，是依据什么而来的呢？

阳明先生说，古人具备中正平和的心体才制作乐曲，良知是合道而行的，心始终顺应天理，心自然和天地之气是合拍的，“候天地之气，协凤凰之音”，不过是去验证自己的心是否真的中和。

用灰管来候气，必须先选定冬至日，但冬至日的子时，恐怕又选定时间不准，如此又到哪里去选定标准呢？

媒体流行传播的东西，都是潜移默化的教化，往往会影响社会风气，当年香港电影《古惑仔》系列流行的时候，街头有很多小屁孩模仿电影人物，四处惹是生非，搞得鸡飞狗跳、四邻不安。

从治世的角度来说，大众媒体的导向，必须引起足够重视。

【276】
自家解化，一了百当

【原文】

先生曰："学问也要点化，但不如自家解化者，自一了百当，不然，亦点化许多不得。"

【老刘说】

阳明先生说，学问也是需要他人点化的，但点化终归是外力，不如自己寻到路径，真正搞懂。特别是在实修这件事上，如果自己不能真真正正触摸到心体，只是听别人描述，得到的永远是盲人摸象式的以偏概全。

做心性功夫需不需要他人指导呢？显然是需要的，但要清楚心性功夫的根本是自家体悟，自己没有悟到，全靠别人点化是没用的。

文字和语言承载信息的能力非常有限，如果自己没有那一点儿灵犀，别人的点化，也会大打折扣的。比如让你对一个从来没见过犀牛的人解释什么是犀牛，最后他很可能理解为秃牛的鼻子上多一只角的动物就是犀牛，其习性大概也和黄牛差不多。

【277】
孔子气魄

【原文】

“孔子气魄极大，凡帝王事业，无不一一理会，也只从那心上来，譬如大树有多少枝叶，也只是根本上用得培养功夫，故自然能如此，非是从枝叶上用功做得根本也。学者学孔子，不在心上用功，汲汲然去学那气魄，却倒做了。”

【老刘说】

阳明先生说，孔子的气魄极大，帝王的事业，没有他不懂的。“事业”不是指一般的功业，《周易》有云“举而错之天下之民谓之事业”。孔子之所以这么厉害，是从他的心上得来的。

就像大树虽然有许多枝叶，但也都是从树根上来的。树想更加茂盛，树根是根本，这是浅显易懂的道理。很多人向孔子学习，不在心上用功，却迫不及待地去学习他的气魄，这是本末倒置了。

学贵有本源，偏离了本源，就会事倍功半，甚至一生蹉跎。

【278】
补甑[①]文过

【原文】

“人有过，多于过上用功，就是补甑，其流必归于文过。”

【老刘说】

阳明先生说，人有了过错，大多只在过错本身上下功夫，这是瓦罐破了补瓦罐，而不是去关注如何避免瓦罐被打破这件事。《黄帝内经·素问》说：“是故圣人不治已病治未病，不治已乱治未乱，此之谓也。夫病已成而后药之，乱已成而后治之，譬犹渴而穿井，斗而铸锥，不亦晚乎！”是一样的，也就是“上医治未病，中医治欲病，下医治已病”。

关注点应该放在尽早发现问题，在萌芽状态就解决问题上；如果关注点仅仅放在解决问题上，就难免会有文过饰非的流弊。

人有了过错，不能只是头疼医头脚疼医脚，这样追逐已经显现出来的问题，很容易导致问题的根源被掩盖，日久成习，就会产生讳疾忌医、文过饰非的弊病，必然会不利于心性水平的提高。

① 补甑(zēng)：甑，陶器炊饭者。补甑即补破的瓦罐。

【279】
收摄本心

【原文】

“今人于吃饭时，虽无一事在前，其心常役役不宁，只缘此心忙惯了，所以收摄不住。”

【老刘说】

阳明先生说，有的人在吃饭的时候，也是心神不宁的，虽然在吃饭，但心思却不在吃饭上，而是在其他事情上。这是因为此人的心忙惯了，所以做不到想收敛此心就能收敛。

人心是有惯性的，在某个环境时间久了，换个环境，会有个转换过程，这个过程的长短，和个人的心性功夫水平有直接关系。水平高的人，自然能做到“言亡虑绝，事过无痕”；水平不够的人，难免会“收摄不住”。

此心“收摄不住”的情况，良知是会有所察觉的。这个时候，需要用“克治”功夫将心体校正，使之归于切中当前之事理的状态，活在当下，才是心性实修功夫该有的状态。

【280】
琴瑟简编

【原文】

“琴、瑟、简编，学者不可无，盖有业以居之，心就不放。”

【老刘说】

阳明先生说，像玩乐器和读书这类业余爱好，学者是应该有的，业余时间有一件可以陶冶情操的事情做，心就不容易放逸。

阳明先生说的“琴、瑟、简编”，指的是在闲暇时光能涵养此心的一些业余爱好的代称。“一张一弛，文武之道”，好的业余爱好也是涵养此心的方式。人要有健康的休闲方式，自古“慷慨赴死易，从容就义难”，真正的考验往往在平常时、平常事。

越是在安逸无事的时刻，越是要戒慎恐惧，私欲侵蚀心体的真正的危险往往在此时潜藏滋长。要时时“集义”，尤其在独处闲暇之时，更是如此。

【281】
善与人同

【原文】

先生叹曰："世间知学的人，只有这些病痛打不破，就不是善与人同[①]。"

崇一曰："这病痛只是个好高不能忘己尔。"

【老刘说】

阳明先生感叹地说，世间将外在的知解当作学问的人，只是因为"一己之私"的毛病格除不去，这样是做不到"善与人同"的。

欧阳崇一说，这个毛病只是因为心无敬畏导致了好高骛远，以至于不能放下一己之私。

"善与人同"出自《孟子·公孙丑上》，孟子曰："子路，人告之以有过，则喜。禹，闻善言，则拜。大舜有大焉，善与人同，舍己从人，乐取于人以为善。自耕稼、陶、渔以至为帝，无非取于人者。取诸人以为善，是与人为善者也。故君子莫大乎与人为善。"

子路闻过则喜，"喜其得闻而改之，其勇于自修如此"；禹闻善则拜，"盖不待有过，而能屈己以受天下之善也"。"闻善则拜"比"闻过则喜"的境界高，就像"贫而乐，富而好礼"的境界明显高于"贫而无谄，富而无骄"一样。

---

① 语出《孟子·公孙丑上》。

“大舜有大焉”意思是大舜的德行比大禹更高，大舜“自耕稼、陶、渔以至为帝”一直都是“取诸人以为善”。

“善与人同，舍己从人”很容易被曲解，“舍己从人”不是“舍己为人”，也不是“见人说人话，见鬼说鬼话”的乡愿。儒家的仁爱是“修己以安百姓”“修其身而天下平”。“善与人同”的“善”不是“善于”或“擅长”的意思，也不是不辨是非曲直的“同乎流俗，合乎污世”。“善与人同”是“修己以安人”，以“至诚”尽己之性以及尽人之性，“修己”是实现自身的“善”，“修己以安人”是与人同“善”。

孟子说“守约而施博者，善道也”，“修己”“修其身”是“守约”；“安百姓”“平天下”是“施博”。儒家待人接物乃至“修、齐、治、平”都是有“本”的，这个大本就是“修己”。所以“舍己从人”不是把自己舍掉，“舍己”在这里的意思是“毋意、毋必、毋固、毋我”，让心处于“空空如也”的“中”的状态，这才是“舍己从人”的真实意思。

阳明先生说：“心无体，以天地万物感应之是非为体”。“舍己”是“心无体”，“从人”就是感而遂通的“和”。“取诸人以为善”其实是“合外内之道也”的“与人为善”。“与人为善”的“善”是“诚者自成也”，相当于“诚者物之终始，不诚无物”的“物”。

阳明先生说：“圣人如天，无往而非天，三光之上，天也，九地之下亦天也，天何尝有降而自卑？此所谓大而化之也。”既然“善与人同”是尽人之性的“化”，而要做到这一点，关键是要保持“至诚”或“中”的状态，唯有如此才能做到感而遂通的“和”。

在291节中，钱德洪等在会试归途中为人讲学，有人信有人不信。阳明先生说：“你们拿一个圣人去与人讲学，人见圣人来都怕走了，如何讲得行！须做得个愚夫愚妇，方可与人讲学。”“须做得个愚夫愚妇”就是孟子说的“善与人同”。

孟子说：“以善服人者，未有能服人者也。以善养人，然后能服天下”。“以善养人”是“善与人同，舍己从人”，而“以善服人”，则有“意、必、固、我”，有把自己放在高高在上的位置的意思，这个时候人和我是相对立的，自然就会有人信服，有人不信服，这就不是“善与人同”了。

大舜是非常善于做到“善与人同”的，也就是号召力极强，凝聚力也非常强，非常善于把人拢起来做具体的事情，很多人都喜欢跟他在一起做事情。

一般人领导别人做事时，会先把大家召集起来开会讨论一下，然后综合大家的建议做一下总结，之后就是分派任务，张三做什么，李四做什么等。大舜显然不是这么操作的，他会在洞悉人性、知人善任的基础上，把自己的想法想办法通过别人的嘴说出来；事情做完之后不居功自傲，把功劳推给干活的人，有问题则自己主动承担。这样的领导作风，是谁都愿意跟着努力做事的。众志成城，上下同欲，又有什么事情做不好呢？

做领导的能放下自己的得失荣辱，“公”字放在前面，“私”字完全放下，才是一个真正做到“无我”的人，这才是真正的与人为善。

时时记挂自己的“得失荣辱”，把“私”字放在前头，难免会好高骛远，刷存在感，博取别人眼球，最后就走向虚伪了。

这一节强调真正的学问是反求诸己，不是外求于物，如果不能真正做到心有敬畏，不懂得发自内心地敬天畏地，时时不自欺，是不可能做到真正的谦恭于世的。一味向外用功，把别人对自己的评价看得很重，难免会好高骛远，最终脱离根本。

【282】
知得过和不及处

【原文】

问："良知原是中和的，如何却有过、不及？"

先生曰："知得过、不及处，就是中和。"

【老刘说】

有人问阳明先生，既然良知原本是中和的，为什么还会有"过"和"不及"呢？

阳明先生回答说，一条大路，知道左边的边界在什么地方，也知道右边的边界在什么地方，这条路有多宽，是个什么样子，自然就清楚明白了。能明白"过"和"不及"就已经是知道"中和"了。

"过犹不及"的典故出自《论语·先进》，孔子的学生子贡问孔子，子张和子夏谁更贤明一些呢？孔子说，如果是以周礼为标准，子张常常超过周礼的要求，子夏则常常达不到周礼的要求。子贡又问，子张能超过是不是好一些？孔子回答说，超过和达不到的效果是一样的。

如果标准是100分的话，99分和101分的效果是一样的。开车的时候，顺着道路在标线内行驶就是符合交通规则的，而偏左压实线和偏右压实线，处罚是一样的。

【283】
所恶于上和毋以使下

【原文】

“‘所恶于上’[①] 是良知，‘毋以使下’即是致知。”

【老刘说】

“所恶于上”和“毋以使下”出自《大学》，原文是：“所恶于上，毋以使下；所恶于下，毋以事上。”意思是，厌恶上级对待自己的方式，就不要用同样的方式对待下属；厌恶下属对待自己的方式，就不要用同样的方式对待上级。

“良知”的功能是判断是非善恶，“致（良）知”的功能是将“良知”得出的结论，正确的予以执行落实下去，错误的予以导正。

所以阳明先生说，“所恶于上”是判断上级对待下属是对还是错，也就是“良知”的监察功能。“毋以使下”是把判断结果具体笃实地落实下去，故此是“致良知”。这八个字是一条线顺下来的，正是良知和致良知的一个很浅白的例子。

---

① 语出《大学》。

【284】
良知妙用处

【原文】

先生曰："苏秦[1]、张仪[2]之智，也是圣人之资。后世事业文章，许多豪杰名家，只是学得仪、秦故智。仪、秦学术，善揣摸人情，无一些不中人肯綮[3]，故其说不能穷。仪、秦亦是窥见得良知妙用处，但用之于不善尔。"

【老刘说】

"肯綮"出自《庄子》，"肯"是指骨头上的肉，"綮"是指关节连接的地方。这里指要害或者关键的部位。

苏秦、张仪在本书前面的章节已说过不止一次，这里就不再赘述了。

苏秦、张仪立身行事，纯粹是为了"荣华富贵"四个字。这与儒家一贯倡导的"民胞物与"（民吾同胞，物吾与也）显然是两个方向。合纵连横之术走的是极端注重现实利益的霸道之术，这与儒家一贯提倡的王道之治背道而驰。

所以，苏秦、张仪二人是被正统儒家所排斥和鄙夷的。但就战国末期的

---

① 苏秦：（？一前284），战国时洛阳人，起初游说秦惠王，建议未被采纳，后来游说燕、赵，联合六国以合纵之势抗秦，后来合纵之势被张仪所破。

② 张仪：（？一前309），战国时魏国人，辅佐秦惠王，以连横之策游说六国，以分化瓦解六国的合纵之约。

③ 肯綮（qìng）：典出《庄子·养生主》，意为筋骨结合的地方，比喻要害或关键处。

实际政治效果来看，在苏、张二人的操作之下，在一个尔虞我诈、兵连祸结、民不聊生的乱世，居然维持了难得的近二十年的和平，使无数生灵被拯救于刀兵之下，从这点来说，二人之功德不容抹杀。

阳明先生说，苏秦、张仪在“智”的方面，已经隐约有圣人的水平了。后代的“事业文章”和“许多豪杰”无非是使用苏、张之前用过的应变方法和手段而已。

“事业文章”和“许多豪杰”的含义，王龙溪在《曾舜征别言》中提到，“先师闻而笑曰：‘诸君自以为有志矣，使学如韩、柳，不过为文人，辞如李、杜，不过为诗人，果有志于心性之学，以颜、闵为期，当与共事，图为第一等德业。’”

阳明先生接着说，张仪、苏秦对人的判断非常准确，可以精准洞悉对方的心理活动，就像会读心术。打麻将的时候，如果对其他三家的底牌都清清楚楚，想赢就很容易了。苏、张开口说话总能直指要害，应对事情自然游刃有余，事半功倍。很多人都想学会苏、张能洞悉人心的神妙之处，所以苏、张的学说总被后世的人不断翻出来，自然不会埋没于历史尘埃之中。

其实，张仪、苏秦有这种洞悉人心、随时应变的能力，只不过是窥到了良知的妙用之处而已，没什么好大惊小怪的。阳明先生对二人是有点儿惋惜的，他觉得以苏秦、张仪这样的天资禀赋，如果发心不是追求功名利禄，而是立志存天理，把能窥见良知妙用的聪明才智用在正道，也是可以成为一代圣人的。

阳明先生说这番话，是因为自己有“揣摸人情”的切身体验，自然可以判断出此心用至于正，就是“圣人之资”，用至于邪，虽然令人惋惜，却也仍然是良知之妙用。

很久以前有人问老刘：“时时存养本心，最后真的就能具有读心术的能力吗?”我很肯定地说：“的确如此。当你对自己的气机流行清晰明了时，自己的心就像一面照妖镜，别人在这面镜子的映射下，是无处遁形的。”

【285】
惊天动地和寂天寞地

【原文】

或问“未发、已发”。

先生曰：“只缘后儒将未发、已发分说了，只得劈头说个无未发、已发，使人自思得之。若说有个已发、未发，听者依旧落在后儒见解。若真见得无未发、已发，说个有未发、已发原不妨，原有个未发、已发在。”

问曰：“未发未尝不和，已发未尝不中。譬如钟声未扣，不可谓无，既扣不可谓有，毕竟有个扣与不扣，何如？”

先生曰：“未扣时原是惊天动地，既扣时也只是寂天寞地。”

【老刘说】

有人向阳明先生请教《中庸》首章中“喜怒哀乐之未发，谓之中；发而皆中节，谓之和”的“未发”和“已发”的问题。

阳明先生说：“‘未发’和‘已发’实际上是一条线顺下来的，并没有特别明确的分界点，只因为后世的儒者将‘未发’和‘已发’分开来谈了。我只能说没有‘未发’‘已发’，让人从这个角度来理解，以便在实修功夫中，通过自己心体的印证来获得确切的解释”。这里的“后儒”指的是程颐和李侗，详见上篇75节。

认为有“未发”和“已发”之分的人是没有真正搞懂“一以贯之”的意

思，没有真正在心体上得到印证，依旧落在后世儒者的解释上。关于心体内的事情，如果是用心做实修功夫，自然就通透明了了，如果一味在文意中穿凿，就很容易在这些地方转圈圈。

“未发”和“已发”其实是一体的，是一条线自然贯穿下来的，不是一节节拼凑起来的。“未发如弯弓，已发如射箭”，“未发”的状态就像一个神射手，弓开如满月，做好一切发射的准备，就等着目标出现；“已发”的状态是目标出现，箭去似流星，一箭中的。这一系列的动作实际上是连贯的，并没有明确的分界点。

子思说“未发”和“已发”，实际上是一个体用关系，“未发”是体，“已发”是用。“弓开如满月”其中已经蕴含了“一箭中的”的用；反过来，“一箭中的”的用，也离不开“弓开如满月”的体。

这个人接着问：“先生，您的意思我大概理解了，说的还是‘体用一源’。从这个角度来说，‘喜怒哀乐之未发，谓之中，发而皆中节，谓之和’中的‘未发’未尝不是‘和’，‘已发’未尝不是‘中’。但这中间应该是有些分别的吧，譬如敲钟，没敲的时候不能说无声，已经敲了也不能说有声。但毕竟有个敲与不敲的区别，这该怎么理解呢?”

提问者用敲钟打比方，将没有敲的状态比喻为“未发”，将已经敲的状态比喻为“已发”，按照阳明先生的说法，没有敲的时候不能说没有钟声，已经敲了也不能说有钟声。但是，以人的常识判断，都能明确指出钟声响起时和没有响起时是两种不同的状态。

阳明先生回答说“未扣时原是惊天动地，既扣时也只是寂天寞地”。意思是：钟没有被敲的时候，是具备着随时随地可以被敲出惊天动地之声响的“用”的；钟被敲响的时候，也是具备着随时随地归于寂静无声的“体”的。

这个地方涉及“体用一源”，有点儿绕，不太容易理解。“体用一源”是个大原则，只有真正明白了什么是“体用一源”，才能通透“心物一源”“知行一源”，整个儒家理论的概念体系才能“一以贯之”。

“一阴一阳之谓道”，是阴中有阳，阳中有阴，是个循环体用，真正能看懂太极鱼图了，这一节也就没有任何疑惑了。

【286】
性、论无定体

【原文】

问："古人论性，各有异同，何者乃为定论?"

先生曰："性无定体，论亦无定体。有自本体上说者，有自发用上说者，有自源头上说者，有自流弊处说者。总而言之，只是一个性，但所见有浅深尔。若执定一边，便不是了。性之本体，原是无善、无恶的。发用上也原是可以为善、可以为不善的。其流弊也原是一定善、一定恶的。譬如眼，有喜时的眼，有怒时的眼，直视就是看的眼，微视就是觑的眼。总而言之，只是这个眼。若见得怒时眼，就说未尝有喜的眼；见得看时眼，就说未尝有觑的眼，皆是执定，就知是错。孟子说性，直从源头上说来，亦是说个大概如此。荀子性恶之说[①]，是从流弊上说来，也未可尽说他不是，只是见得未精耳。众人则失了心之本体。"

问："孟子从源头上说性，要人用功在源头上明彻；荀子从流弊说性，功夫只在末流上救正，便费力了。"

先生曰："然。"

【老刘说】

有人问阳明先生，古人对"性"的议论，说什么的都有，孟子说"性本

---

① 荀子在其著述《荀子·性恶》中有关于性恶论的详细阐述。

善”，荀子说“性本恶”，也有说“性”不善不恶的，究竟哪一种说法是对的呢？

阳明先生回答说，“性”无定体，也就是说“性”是没有准确定义的。一旦有定义了，就不是“性”了，属于只能意会不能言传的范畴。

大家看“性”的角度不同，得出的结论也就不同，不能说绝对的谁对谁错。有从本体上来说的，有从生发运用上来说的，有从源头上来说的，有从流弊处来说的。总而言之，只有一个“性”，只是每个人看的角度不同，深浅不同，得出的结论也就不同了。如果执定于某一角度上，就已经偏了。

性的本体，原本是无善无恶的，每个人是不同的，在“性”的生发运用上，有善的，也有不善的。如果仅从“性”生发呈现出来的表现，就执定于“性”是善或者不善，本身就是“意必固我”了。

比如同一双眼睛，高兴的时候，眉开眼笑；发怒的时候，怒目圆睁；神采飞扬的时候，明眸善睐；专注的时候，目不转睛；惊讶的时候，目瞪口呆；等等。不能把某个具体状态当作全部状态，要承认眼睛可以呈现出不同形态的事实，不能因为看到发怒时候的眼睛，就说瞪得很大很吓人的才是眼睛，其他状态就不是眼睛了，这样就是以偏概全了。同样，以这样的观点去认识“性”也是不对的。

阳明先生接着说，孟子说“性本善”和荀子说“性本恶”，两者之间是有分别的。孟子说“性”是从源头上来说的，人在天地造化中来到世间，天生就是符合天理的，就是善的；荀子说“性”是从流弊来说的，也就是从人来到世间之后来说的，这个时候人已经受到了红尘万物的影响，从这个角度来说，荀子说的也不能说就不对，只是不够精准而已。就普通人来说，很多人因为长期受到私欲侵蚀，已经失去了心之本体。

关于源头和流弊，举个例子，黄河因为夹带了大量的泥沙，被称为世界上含沙量最多的河流。但在黄河的源头之一卡日曲，水是非常清澈的。孟子说“性本善”，指的是孟子站在这个源头，说黄河的水是清的；荀子显然没走到这个源头，所以看到的是已经夹杂了泥沙的河水，因此他得出来的结论是：黄河水是混浊的。从这个角度来说，也不能说荀子说的完全不对。

这个人这个时候有所领悟，举一反三说：“孟子从源头上说‘性’，要人从源头上努力做功夫，让源头保持明澈；荀子从流弊方面说‘性’，是在末流上去补救，这样就会比较费力了。”

阳明先生说：“你这样理解是对的。”

“夫事未有不生于微而成于著，圣人之虑远，故能谨其微而治之，众人之识近，故必待其著而后救之；治其微则用力寡而功多，救其著则竭力而不能及也”，“夫治无小，乱无大”（《资治通鉴·周纪》）。意思是任何事情都是从细微而起，逐渐变得显著。圣人具备深谋远虑的能力，自然可以防微杜渐，未雨绸缪，在事情刚有兆头的时候，就开始着手治理；普通人目光短浅，往往等事情已经很显著的时候才去补救。显然，事情刚刚有兆头的时候处理比较省力，等到事情已经发展到非常显著的时候，应对起来可能是很费力的，哪怕全力以赴都不一定能解决问题，所以说“治无小，乱无大”。

孟子强调在良知的萌发之时（源头上）就做致知的功夫；荀子是在事情显著之后才做功夫，强调约束人性的恶，显然是比较费力的。

拿救火打比方，孟子主张在火刚刚烧起来的时候，浇一点儿水扑灭火；荀子主张在大火燎原的时候救火。哪个更省力是一目了然的。

【287】
言语之不足

【原文】

先生曰："用功到精处，愈着不得言语，说理愈难。若着意在精微上，全体功夫反蔽泥了。"

【老刘说】

阳明先生说，实修功夫进阶到一定程度之后，语言和文字的作用就会越来越小。功夫越是精微的地方，越是难以用语言和文字阐明，想说清其中的道理愈加困难。

实修功夫越到精微之处，越是不能过于刻意，心性功夫应该顺应天理自然而行，过分刻意反而容易导致整体的功夫受到蒙蔽和妨碍。

心性实修功夫是有次第的，就像上台阶一样，是一个台阶一个台阶往上走的，想直接跳过几个台阶是不行的，按部就班，一步一个脚印就是捷径。针对具体人来说，要看个体的天资禀赋情况，到一个台阶，就说一个台阶的事情，不能越级。

感知气机流行，触摸到心体，就算是摸到门了。其中的感觉是没有办法用语言说清楚的，对精微之处的描述，越是精妙的语言和华丽的辞藻，越容易让人走向尚玄好奇，能让人心领神会才是真谛。精微之处是不能定义的，如果一定要把这东西定义出来，那它就已经不是原来的东西了。

归根结底一句话，即"哑子吃苦瓜，与你说不得；你要知此苦，还须你自吃"（上篇 125 节）。

另外，当你觉察到功夫精纯的时候，不能太执着于这个“精纯”，而是应该将心放到时时“循理”上，功夫精纯只是不断“集义”的水到渠成，关注点依旧还是“集义”，也就是时时不忘存养良知。如果把关注点放在“精纯”上，反而会导致功夫变得不“精纯”了。

【288】
杨慈湖的见

【原文】

“杨慈湖[1]不为无见，又著在无声无臭上见了。”

【老刘说】

阳明先生说，杨慈湖不能说没有见地，只是方向有点儿偏了，执着在“无声无臭”上去了。

杨慈湖就是杨简，陆九渊的学生，其学说主张“毋意”“无念”，宣扬“人心自明，人心自灵”的观点，即天地万物为一体，以本心为中。阳明对他的点评是“又著在无声无臭上见了”。执着于“无声无臭”，很容易流入虚寂一端，难以在用世上应用，最后就会偏向于避世贪静了。这和儒家倡导的“士不可以不弘毅，任重而道远”的积极用世态度相背离了。

人的天资禀赋是不同的，上智之人是凤毛麟角般的存在，真的能洞悉大道的人少之又少，大部分人看世界的状态都犹如盲人摸象，表述自然会有残缺。在现在信息交流更加便捷的时代，真相反而更容易被假象淹没。

阳明先生提及杨慈湖的事情，并不是有所褒贬，只是强调要因材施教，

① 杨慈湖：名简（1141—1226），浙江慈溪人，陆九渊的学生。曾官乐平知县，国子博士，后又起任温州知府，官至宝谟阁学士。学重本心，以天地万物为一体。与袁燮、舒璘、沈焕并称“甬上四先生”，创慈湖学派。

对根基不同的人的教法不同而已。

指导学生心性功夫，就像天上下雨一样。对于大树来说，需要的水比较多，雨比较大才能解决问题；但对于小草来说，雨太大了就会把它冲倒或者干脆整个冲走。

【289】
一日之气象

【原文】

“人一日间，古今世界都经过一番，只是人不见耳。夜气清明时，无视无听，无思无作，淡然平怀，就是羲皇世界。平旦时，神清气朗，雍雍穆穆，就是尧、舜世界。日中以前，礼仪交会，气象秩然，就是三代世界。日中以后，神气渐昏，往来杂扰，就是春秋、战国世界。渐渐昏夜，万物寝息，景象寂寥，就是人消物尽世界。学者信得良知过，不为气所乱，便常做个羲皇已上人。”

【老刘说】

解读这节之前，先解析一下什么是“世界”，“世界”在现代汉语中的含义主要是指“自然界和人类社会的一切事物的总和；领域；人的某种活动范围”等，主要是个空间性的概念。但在古代汉语中，“世界”更侧重时间性，《说文解字》中解释为：“世，三十年为一世。”“界，境也。”

佛经中说的“世界”，“世”指时间，“界”指空间，是一个时空合一的概念。《楞严经》卷四一：“何名为众生世界？世为迁流，界为方位。汝今当知，东、西、南、北、东南、西南、东北、西北、上、下为界，过去、未来、现在为世。”

从“心即理”的角度，世界对于每个个体来说，是可以呈现出不同面目的。人与世界是互动的关系，这种关系需要放在“人—世界”的框架内来加以理解和界定。内心昏暗，呈现于心中的世界就是昏暗的；内心光明，呈现在心中的世界就是光明的。所以，世界是否呈现及其以何种面目呈现取决于人的内心。

“人一日间，古今世界都经过一番，只是人不见耳。”阳明先生这里说的“世界”，指的是人内心所呈现出的，客观世界在人心中投射的映像。

阳明先生把一天划分为五个时段，在这五个时段，世界呈现为不同的面目：

1. “夜气清明时”：“无视无听，无思无作，淡然平怀，就是羲皇世界。”
2. “平旦时”：“神清气朗，雍雍穆穆，就是尧、舜世界。”
3. “日中以前”：“礼仪交会，气象秩然，就是三代世界。”
4. “日中以后”：“神气渐昏，往来杂扰，就是春秋、战国世界。”
5. “渐渐昏夜”：“万物寝息，景象寂寥，就是人消物尽世界。”

最后，阳明先生总结说，人如果一直被外物牵着走（这里说的外物包括躯壳的影响），每天都是一个从“羲皇世界”到“人消物尽世界”的循环，心被气所扰，心中的世界就会以不同面目出现。

显然，这五个面目并不是我们都喜欢的，想要内心世界始终停留在“羲皇世界”，唯一可行的办法就是笃信良知，只有这样才能避免心体被扰动，真正做到气自气，我自我，身是身，心是心。

【290】
行不掩言

【原文】

薛尚谦、邹谦之、马子莘、王汝止[①]侍坐，因叹先生自征宁藩[②]已来，天下谤议益众，请各言其故。有言先生功业势位日隆，天下忌之者日众；有言先生之学日明，故为宋儒争是非者亦日博；有言先生自南都以后，同志信从者日众，而四方排阻者日益力。

先生曰："诸君之言，信皆有之，但吾一段自知处，诸君俱未道及耳。"

诸友请问。

先生曰："我在南都[③]已前，尚有些子乡愿的意思在；我今信得这良知真是真非，信手行去，便不著些覆藏；我今才做得个狂者[④]的胸次，使天下之人都说我行不掩言也罢。"

尚谦出曰："信得此过，方是圣人的真血脉。"

---

① 王汝止：名艮（1483—1541），字汝止，号心斋，江苏泰州人。王阳明弟子，泰州学派的创始人。

② 征宁藩：指正德十四年（1519），阳明先生平定"宸濠之乱"一事。

③ 南都：指南京。正德九年（1514），阳明升任南京鸿胪寺卿，掌殿廷礼仪。

④ 狂者：语出《论语・子路》，原文："子曰：'不得中行而与之，必也狂狷乎！狂者进取，狷者有所不为也。'""狂"指志意高远，敢作敢为，有进取精神；"狷"指有所守，洁身自好，不求有所作为亦绝不肯同流合污。

【老刘说】

有一天，阳明先生和他的学生薛尚谦、邹谦之、马子莘、王汝止闲坐在一起聊天。薛尚谦就是薛侃，邹谦之就是邹守宜，马子莘就是马明恒，这三个人在本书前文都提到过。

王汝止即王艮，江苏泰州人，也就是大名鼎鼎的心斋先生，泰州学派的创立者。王艮先生生于明宪宗成化十九年（1483），世代为“灶丁”（烧盐的苦力），“七岁受书乡塾，贫不能竟学”，十一岁时家贫辍学，随父兄淋盐。十九岁时随父王守庵经商至山东，在山东拜谒孔庙时，得到很大启发，认为“夫子亦人也，我亦人也，圣人者可学而至也”。于是“常衔《孝经》《论语》《大学》袖中，逢人质难，久而信口谈解，如或启之”，在十多年的自学中，一方面不耻下问，一方面“不泥传注”，注重个人心得。泰州学派的门人上自师保公卿、下逮士庶樵陶农吏，其影响超过了王守仁后学的各个学派，成为晚明显学。泰州学派影响极大，精英辈出，主要传人有王栋、徐樾、赵贞吉、颜钧、何心隐、罗汝芳、李贽等。

大家感叹阳明先生自从征讨宁王朱宸濠以来，天下对先生进行诽谤议论的人日益增多。其中原因，大家众说纷纭。有人说先生的事功显著，官越做越大，地位越来越高，难免有人眼红嫉妒，巴不得他倒霉；有人说先生的学说日益昌明，和朱熹先生不同的地方被越来越多的读书人知道了，朱熹先生的拥趸基于门第之见，出来与他争分量也是正常现象；也有人说因为正德九年阳明先生升任南京鸿胪寺卿，位高权重，信从者日众，成为官场上一个正在崛起的山头，挡了别人的路，自然会被既得利益者攻讦。

阳明先生说：“你们说的原因，我认为的确都是有的，但是有一条我自己觉察到的，诸位都没有谈到。”

大家很好奇，于是请阳明先生明言。

阳明先生说：“我在来南京就职之前，心中良知还是有些不够纯粹，夹杂一些‘乡愿’在其中，多少做了些曲意逢迎的事情。”

“乡愿”是指在熟人社会里，貌似忠厚实际没有一点儿道德原则，只知道媚俗趋时的人。乡愿善于揣测世人心理，最会跟风讨好，以不得罪人达到自己的目的为根本原则。凡对自己有利的，哪怕无理，也支持；对自己不利的，哪怕有理，也不表态，已经没有了是非准则。只站队在自己的利益里，对于站的队是不是有理，并不关心，只是站利，不为站理。在这种“择优法”下，往往是数量多的劣币在驱逐数量少的良币。

孔子非常讨厌乡愿，称“乡愿，德之贼也”，意思是好的道德都是被这帮人搞坏的。相比乡愿，孔子愿意“赞叹”狂狷之人。因为狂狷之人，有志向，心地无私正直，敢于直言，虽然可能粗鲁偏激，但是疾恶如仇，正是因为这些人的存在，敢于怒喝，所以才能震慑不正之事、不正之人。

阳明先生说：“我现在笃信自己良知所体认的真是真非，信手做去，没有半点儿遮掩。我现在要做的是有一个‘狂者’的襟怀，自己认为是符合良知的，就放手去做，至于别人说什么是别人的事情，关我什么事呢?”

先生此言，很有点儿“自反而缩，虽万千人，吾往矣”的浩然之气，为儒者当来则来，当去则去，当生则生，当死则死，来去从容。

薛尚谦击节赞叹，能笃信圣学到如此程度，才是圣人的真血脉!

人生世间，气质禀赋各异，在成长的过程中，难免会有“气拘物蔽”的情况，阳明先生以“狂者”自喻，并不是说要特立独行，狂傲不羁，而是对之前残留的“乡愿的意思”的拨乱反正。

吾心光明，一切施为皆依我之良知，这正是一腔浩然正气直冲霄汉!

【291】
满街都是圣人

【原文】

先生锻炼人处，一言之下感人最深。

一日，王汝止出游归。先生问曰："游何见？"

对曰："见满街人都是圣人。"

先生曰："你看满街人是圣人，满街人到看你是圣人在。"

又一日，董萝石[①]出游而归，见先生曰："今日见一异事。"

先生曰："何异？"

对曰："见满街人都是圣人。"

先生曰："此亦常事耳，何足为异？"

盖汝止圭角[②]未融，萝石恍见有悟，故问同答异，皆反其言而进之。

洪与黄正之、张叔谦[③]、汝中丙戌会试归，为先生道涂中讲学，有信有不信。

先生曰："你们拿一个圣人去与人讲学，人见圣人来都怕走了，如何讲得行！须做得个愚夫愚妇，方可与人讲学。"

洪又言今日要见人品高下最易。

---

① 董萝石：名沄，字复宗，号萝石，晚年号从吾道人。浙江海盐人，王阳明学生。嘉靖三年(1524)，董沄游会稽，闻阳明先生讲学，以师礼事之。

② 圭角：比喻锋芒。圭，玉器。

③ 张叔谦：名元冲，字叔谦，号浮峰。山阴（浙江绍兴）人，历任至右副都御史。

先生曰："何以见之？"

对曰："先生譬如泰山在前，有不知仰者，须是无目人。"

先生曰："泰山不如平地大，平地有何可见？"

先生一言翦裁，剖破终年为外好高之病，在座者莫不悚惧。

【老刘说】

儒家非常注重因材施教，即作为人师，其传道授业解惑的具体手法要灵活变通，对不同的学生引导的方式方法要有的放矢，阳明先生在这个方面的水平很高，经常能做到直指要害，一箭中的。

中医治病，也是差不多的道理，同样的症状，开方子要根据病人的特质而有所差异，不能一刀切。比如，这个人身体很强壮，方子猛一点儿，也可以扛得住；碰到个身体比较虚弱的，药下得太猛，很可能就是一场医疗事故了。

一天，王汝止出游归来，阳明先生问他出游都看到了什么。

王汝止回答说看到满大街人都是圣人。

阳明先生说："你看到满大街人都是圣人，那么满大街的人看你也是圣人。"

过了几天，董萝石出游而归。见阳明先生说："今天见到一件怪事。"

阳明先生问："什么怪事？"

董萝石回答说："看见满街人都是圣人。"

阳明先生说："这也是平常的事情，有什么好奇怪的？"

为什么同样的问题，阳明先生的回答不一样呢？

王艮这个人个性很强，圆融方面是其短板，先生对他说"满街人到看你是圣人在"，是导引他的意思。董萝石拜师的时候，已经六十七岁了，对阳明先生以师礼事之，从这个角度来说，他在圆融方面是没有任何问题的，对圣学已经达到雾里看花的阶段，阳明先生如此回答，也是教导他的意思。

钱德洪与黄正之、张叔谦、王汝中于丙戌年参加会试归来，向阳明先生描述在往返途中讲学的事情，来听讲学的人，有的信，有的不信。

做讲师这件事情，稍有不慎就容易被好名私欲遮蔽。毕竟万众瞩目是会让人的虚荣心极度膨胀的，台下观众的崇拜目光，很容易让自己跌入妄境，在好名私欲的遮蔽和扭曲下迷失自己。

写东西也好，讲东西也好，有个最根本的原则，就是《周易·文言·乾》所说的："修辞立其诚，所以居业也。"写的东西是让别人看懂的，讲东西是让别人能听懂的，这就是最朴素的入世行事原则。

喜欢故弄玄虚的人一般有两类：一类人是别有用心，夹带私货太多，这是好利私欲作祟；另一类人是自己本身就半懂不懂，不说得玄之又玄，就无法把听的人忽悠住，这是好名私欲作祟。

阳明先生评价几位学生说："你们搬出一个圣人来讲学，听的人看到圣人来，都害怕得走了，又怎么能有心思认真听讲呢？"

要先把自己的姿态放低，要把架子放下，所谓谦谦君子温润如玉，让别人觉得平易近人，才算是真正讲学布道的开始。人先是从态度上接受了，才会进一步接受听到的内容，如果态度上都无法接受，就根本谈不上内容了。让听的人首先在态度上认同，讲的时候，注重讲的方式方法，即使不识字的人也能听懂一些，才是真正有意义的。

钱德洪又说："今日要分辨出人品的高下最容易。"

阳明先生问："何以见得？"

钱德洪回答说："先生如泰山在前，令人高山仰止，要是有人不知道敬仰先生，就是有眼无珠的人。"

阳明先生说，真正的伟大在于上善若水，水利万物而不争。泰山没有平地辽阔广大，可平地上又有什么可观的呢？

钱德洪比较喜欢聊一些无关身心之学的八卦，比如这次谈到的如何区分人品的高下，这些对提高心性是毫无帮助的，甚至是有害的。他又不是奥特曼，要维护银河系的和平，别人人品好不好关他什么事呢？内求于心，先把自己人品砥砺好才算是正事。

阳明先生一句话直指要害，指出了钱德洪终年好高骛远的毛病，在座的人听到此话开始反思自己是不是也有同样的毛病，反思的人无不心有警醒。

阳明心学是"为己之学"，时时"集义"，存养良知，把自己的内功练扎实了，才是为学的当务之急。把自己放在仲裁世人的位置，评头论足，一时痛快嘴巴的确会有种很爽的感觉，但这对自己的心性提高，毫无意义，究其本质，还是私欲作祟。

【292】
送谦之于浮峰

【原文】

癸未[①]春，邹谦之来越问学，居数日，先生送别于浮峰。是夕与希渊诸友移舟宿延寿寺。秉烛夜坐，先生慨怅不已。

曰："江涛烟柳，故人倏在百里外矣！"

一友问曰："先生何念谦之之深也？"

先生曰："曾子所谓'以能问于不能，以多问于寡，有若无，实若虚，犯而不校'[②]，若谦之者，良近之矣。"

【老刘说】

癸未年春天，邹谦之来到浙江绍兴问学，停留了几日之后，起身回程，阳明先生在浮峰送别邹谦之，浮峰就是现在的牛头山。

当天晚上，阳明先生和希渊等人住在延寿寺中，晚上秉烛夜谈，先生惆怅不已地说：江涛烟柳，船顺水往下走得很快，谦之转眼间就已在百里之外了。

一个朋友问道，先生为什么如此惦念谦之呢？

阳明先生说，曾子所说的"以能问于不能，以多问于寡，有若无，实若虚，犯而不校"，谦之已经非常接近了。

---

① 癸未：嘉靖二年（1523），阳明先生时年五十二岁。

② 语出《论语·泰伯》。

《论语》中曾子曰：“以能问于不能，以多问于寡；有若无，实若虚；犯而不校——昔者吾友尝从事于斯矣。”

“犯而不校”，朱熹注：“校，计较也。”“校”，同“较”，计较的意思。“犯”，钱穆先生对于“犯而不校”是这样解释的：“犯者，人以非礼犯我。校，计较义。然人必先立乎无过之地，不得罪于人，人以非礼相加，方说是犯，始可言校。若先以非礼加人，人以非礼答我，此不为犯，亦无所谓不校矣。”“吾友”这里指颜回。

曾子说：“自己有才能，却能向没有才能的人虚心请教；自己见识多，却能向见识少的人请教；有了像没有，充实像空虚；别人冒犯我，能做到不与他计较——昔日我的一个朋友就是这样待人接物的。”

“犯而不校”，别人冒犯我了，我不跟他计较，也没有怨恨，甚至连与之对立的念头都没有。“犯而不校”不是软弱可欺，而是不和无知的人一般见识。五十岁的人是不太可能和三岁的小朋友打架的，因为两个人境界不一样，打不起来。如果两人都是三岁的小朋友，打架的概率就会很高，因为认知水平差不多。

阳明先生以曾子的这番话，把邹谦之比喻成颜回，让人不禁唏嘘不已。当时阳明先生五十二岁，身体状况已经很不好了，之前希望徐爱可以继承他的衣钵，弘道天下，奈何徐爱英年早逝。先生此时担心的是圣学后继无人，所以对邹谦之寄予厚望，希望他可以把圣学发扬光大。

【293】
天泉证道

【原文】

丁亥年九月，先生起复[①]征思、田[②]，将命行时，德洪与汝中论学。

汝中举先生教言曰："无善无恶是心之体，有善有恶是意之动，知善知恶是良知，为善去恶是格物。"

德洪曰："此意如何?"

汝中曰："此恐未是究竟话头；若说心体是无善、无恶，意亦是无善、无恶的意，知亦是无善、无恶的知，物是无善、无恶的物矣。若说意有善、恶，毕竟心体还有善、恶在。"

德洪曰："心体是'天命之性'，原是无善、无恶的；但人有习心，意念上见有善恶在。格、致、诚、正、修，此正是复那性体功夫。若原无善恶，功夫亦不消说矣。"

是夕侍坐天泉桥[③]，各举请正。

先生曰："我今将行，正要你们来讲破此意。二君之见，正好相资为用，不可各执一边。我这里接人，原有此二种，利根之人，直从

① 起复：古代为官者遇父母丧事要停职回家守孝，是谓丁忧；守孝期满复职，即谓起复。嘉靖六年（1527），时年阳明五十六岁。

② 思、田："思"即思恩府，"田"即田州（今广西百色市）。

③ 天泉桥：王阳明府邸碧霞池上的一座桥，这次谈话也被称作"天泉证道"。

本原上悟入，人心本体原是明莹无滞的，原是个未发之中；利根之人一悟本体即是功夫，人己内外一齐俱透了。其次不免有习心在，本体受蔽，故且教在意念上实落为善、去恶，功夫熟后，渣滓去得尽时，本体亦明尽了。汝中之见，是我这里接利根人的；德洪之见，是我这里为其次立法的。二君相取为用，则中人上下皆可引入于道，若各执一边，跟前便有失人，便于道体各有未尽。”

既而曰：“已后与朋友讲学，切不可失了我的宗旨。无善无恶是心之体，有善有恶是意之动，知善知恶的[①]是良知，为善去恶是格物。[②] 只依我这话头随人指点，自没病痛，此原是彻上彻下功夫。利根之人，世亦难遇，本体功夫一悟尽透，此颜子、明道所不敢承当，岂可轻易望人。人有习心，不教他在良知上实用为善、去恶功夫，只去悬空想个本体，一切事为俱不著实，不过养成一个虚寂，此个病痛不是小小，不可不早说破。”

是日，德洪、汝中俱有省。

【老刘说】

丁亥年九月，也就是嘉靖六年（1527），时年阳明五十六岁。阳明先生起复，奉命出征广西思恩府、田州。我们知道先生终年五十八岁，这次出征，和很多人都是最后一次见面了。

临行之前，钱德洪和王畿就学问上的事情请教阳明先生，王畿举出先生的四句教，即“无善无恶是心之体，有善有恶是意之动，知善知恶的是良知，为善去恶是格物。”

钱德洪说，这四句话究竟该怎么理解呢？

王畿说，既然心体是无善无恶的，那“意”应该也是无善无恶的；“意”是无善无恶的，“知”应该也是无善无恶的；“知”是无善无恶的，“物”也应该是无善无恶的。按照这个思路，反推回来，岂不是说心体依然是有善恶

---

① 邓本作“知善知恶的”，施本、俞本作“知善知恶”。

② “无善无恶是心之体”四句，即王阳明著名的四句教。

分别的吗?

钱德洪说，心体符合天地之则，是天生的，原本应该是无善无恶的。但是人有了后天习气的浸染，意念上就有了善和恶的分别，格物、致知、诚意、正心、修身，做这些功夫就是为了恢复符合天理之则本体的功夫。如果意念上原本就没有善恶的话，也就用不着说这些功夫了。

当天晚上，吃完饭之后，师徒三人在碧霞池上的天泉桥交谈，钱德洪和王畿各自说出自己的观点请阳明先生指正。

阳明先生说，我马上就要奉旨出发了，正打算点破“四句教”的意思，你们两个说的都对，刚好可以相互补充。但任何道理都是有前提的，不谈前提的论断往往是以偏概全的谬论。人的天资禀赋不同，对象不同，应对的道理也是有分别的，看事情要全面，不能各执一词。

《论语·阳货》有言:“子曰:‘唯上知与下愚不移。’”意思是:人的天资禀赋不同，后天气禀的影响不同，成长和阅历不同，人的认知水平就不一样。认知水平很高的人，已经懂得天理是什么，不需要改变什么;认知水平不够的人，完全不知道天理是什么，是没有改变的动机的，自然也不会付诸具体行动去改变。

《论语·雍也》中说:“子曰:‘中人以上，可以语上也;中人以下，不可以语上也。’”意思是:中等资质以上的人，可以告诉他深奥的道理，他是能听得懂的;中等资质以下的人，是很难理解深奥的道理的，说了也没用，甚至会产生误导。

《老子》第四十一章:“上士闻道，勤而行之;中士闻道，若存若亡;下士闻道，大笑之。——不笑，不足以为道。”说的是同样的意思。

资质好的人，可以直接从本源上领悟，这类人对人心本体是可以洞明通透的，已经具备了“未发之中”的心性水平。一旦领悟本体真相，就可以一通百通，洞悉心性功夫的根本。他人也好，自己也罢，内观也行，外用也可，全部通体透彻。这类人通透之后，自然不会被私欲所牵引，心体也不会被贪嗔好恶所攀附，这个阶段，的确可以做到一条线顺下来。也就是王汝中说的，“心”“意”“知”“物”是可以统一在一个方向的。

对于资质不好的绝大多数人来说，出生的时候是合道而生，良知贯通是没问题的。但随着逐渐开始入世，各种私欲不断侵蚀，心之本体就逐渐被遮蔽。所以就要教这些人在意念上切实地去做为善去恶的功夫，功夫熟练之后，心中的渣滓去除尽了，本体也就明澈了。

所以，王畿说的看法，针对资质好的人来说，是对的；德洪的看法，对资质不好的人来说，是对的。阳明先生告诉他们二位要相互借鉴，这样才能正确指导中等资质的人，让这些人可以入道。如果各执一词，很容易误人子弟，同时也是对“道”体不够完善的表现。

阳明先生最后强调说：“你们以后出去讲学的时候，千千万万要记住我的宗旨：‘无善无恶是心之体，有善有恶是意之动。知善知恶的是良知，为善去恶是格物。’要依照这四句话，对不同的人，采取不同的方式加以指点。这是可以一以贯之的功夫。”

天资禀赋特别好的人，凤毛麟角，很难遇到，就算颜回和明道先生这样的人，也是不敢承认这一点的，更何况其他人呢？

人出生的时候，是一面崭新明亮的镜子，奈何几十年不擦不洗，任由尘埃污垢堆积，等到明白应该擦拭清洁的时候，难免会是一面斑驳的镜子。

人在后天私欲的侵蚀下，心中难免渣滓混杂，只有教他在良知上切实地做为善去恶的功夫才是正理。如果只是凭空琢磨，不去踏踏实实地做实修功夫，就成空中楼阁了，最后难免堕入“虚寂”之中。这不是小问题，必须引起足够重视，不可不早日说破。

这一天，钱德洪和王畿对心性功夫都有一定的省悟。

“无善无恶是心之体”的“体”，是从体用关系上讲的。“心无体，以天地万物感应之是非为体”，体无善恶，用了才有。“无善无恶是心之体”说的是“体”，“有善有恶是意之动”说的“意之动”，就是用；“知善知恶的是良知”，即良知导正知觉，做到妥当，行得下去，就是知行合一；“为善去恶是格物”就是事上磨，保留妥当的，去除不妥当的，达到大成，就是圆满。“事上磨”侧重心体一端，不是具体物的一端。四句一条线顺下来，“心”“意”“知”“物”只是一件。

【294】

心学之感召

【原文】

先生初归越时，朋友踪迹尚寥落，既后，四方来游者日进。癸未年已后，环先生而居者比屋，如天妃、光相[①]诸刹，每当一室，常合食者数十人，夜无卧处，更相就席，歌声彻昏旦。南镇、禹穴、阳明洞诸山远近寺刹，徙足所到，无非同志游寓所在。先生每临讲座，前后左右环坐而听者，常不下数百人，送往迎来，月无虚日；至有在侍更岁，不能遍记其姓名者。每临别，先生常叹曰："君等虽别，不出天地间，苟同此志，吾亦可以忘形似矣。"诸生每听讲出门，未尝不跳跃称快。尝闻之同门先辈曰："南都以前，朋友从游者虽众，未有如在越之盛者。此虽讲学日久，孚信渐博，要亦先生之学日进，感召之机，申变无方，亦自有不同也。"

【老刘说】

这一节是钱德洪以阳明先生学生的视角，介绍阳明先生在浙江讲学时的盛况。没有涉及经学方面的事情，比较容易理解。

阳明先生刚回到浙江绍兴的时候，前来拜访的朋友寥寥无几，后来从四方前来拜访的人越来越多。嘉靖二年（1523）以后，居住在先生住所周围的

---

① 天妃、光相：皆佛寺名。

人越来越多，像天妃、光相等寺院，每一间房中，常常会有几十个人一起吃饭，到了晚上，睡觉的地方不够，就轮流睡觉休息，吟诵诗文的声音彻夜不息。

“歌声彻昏旦”不是指为了娱乐唱卡拉 OK，而是指歌咏诗书的声音，晚上没地方睡觉的人，会用功读书，大声读书的声音就传出来了。

南镇、禹穴、阳明洞等山中远近寺院，凡是移步便能到的地方，都有同道们居住。这里说的“南镇”指的是“五岳五镇”中的南镇，也就是会稽山；“禹穴”指的是会稽山大禹陵，也就是传说中夏禹的葬地；“阳明洞”指的是位于会稽山脉宛委山的阳明洞天，王守仁将“阳明洞天”的“阳明”作为自己的别号，并非后人以王阳明的号命名了阳明洞天。宋人陈起的诗《谒阳明洞天》：“羁游何事复来东，岂是三生太史公。舞鹤台空丹蜕井，见龙坛古瑞名宫。石帆酒瓮遗秦迹，玉简金书闷禹功。万壑松风秋愈壮，直将幽意问穹隆。”说的就是宛委山的阳明洞。

每当阳明先生坐下讲学的时候，前后左右环绕他坐着听讲的，常常不下几百人。阳明先生每天除了讲学，就是应对大家的拜访、问道等，没有能闲下来的时候。甚至有人待了一年多，阳明先生依然无法完全记住其姓名。每当求学的人告别的时候，阳明先生常常感叹着说：“诸君虽然离开这里了，不知道何时再能相见，但毕竟仍然在这个世间，只要能和我所讲的志向相合，就算忘记了彼此的相貌也没有什么关系了。”

学生每次听完阳明先生讲学，没有不欢呼称快的。曾经有同门先辈说：“阳明先生在南京任职之前，追随先生学习的人虽然也很多，但远不如现在这么隆盛。其中虽然有先生讲学的时间长了，相信先生学说的人日渐增多的因素，但更重要的是先生的学问日益精进，对人的感召力和因材施教的水平，与以前相比也有了非常明显的变化。”

此后黄以方录[①]

【295】
“罔”与“殆”之病

【原文】

黄以方问：“‘博学于文’为随事学存此天理，然则谓‘行有余力，则以学文’，其说似不相合。”

先生曰：“《诗》《书》、六艺皆是天理之发见，文字都包在其中。考之《诗》《书》、六艺，皆所以学存此天理也，不特发见于事为者方为文耳。‘余力学文’亦只‘博学于文’中事。”

或问“学而不思”二句[②]。

曰：“此亦有为而言，其实思即学也。学有所疑，便须思之。‘思而不学’者，盖有此等人，只悬空去思，要想出一个道理，却不在身心上实用其力，以学存此天理；思与学作两事做，故有‘罔’与‘殆’之病，其实思只是思其所学，原非两事也。”

【老刘说】

黄以方问阳明先生：“您解析《论语》时，说‘博学于文’是要人在遇到事情的时候，随时学习存养天理，但这样就和《论语》中‘行有余力，则

① 自此节起至321节为黄以方所录。
② 《论语·为政》：“学而不思则罔，思而不学则殆。”

以学文’的意思有所出入。”

“博学于文”出自《论语·雍也》，原文：“君子博学于文，约之以礼，亦可以弗畔矣夫！”在这句中，“博学”两字和现在意思差不多，可以理解为广博地学习。“文”在这里不是“文章”“文字”“文化”的意思，《说文解字》里说：“文，错画也，象交文。”意思是说“文”字的本义是指“物体表面交错的花纹”。大家可以把“文”想象成水纹，能看得到，能呈现出来。天理是摸不着看不见的，天理作用于世的时候，是需要载体的，也就是依托于具体事物来呈现。我们经常讲“中华文化”，“文”在“中华文化”这四个字里，是指以中华为特征呈现出来的东西。

“行有余力，则以学文”出自《论语·学而》，原文为“子曰：‘弟子，入则孝，出则悌，谨而信，泛爱众，而亲仁。行有余力，则以学文’”。这里的“文”是形诸笔墨、修辞立诚的意思。孔子说，如果“入则孝，出则悌，谨而信，泛爱众，而亲仁”这些事情，都能做得很好，就可以学习形诸笔墨、修辞立诚的功夫了。

黄以方所问的“博学于文”和“行有余力，则以学文”，前者的“文”是指天理的显现；后者的“文”是指形诸笔墨的功夫。两个“文”显然不是一码事。

阳明先生回答说，《诗》《书》和六艺都是承载天理的载体，形诸笔墨的文字功夫也包含在其中。依托《诗》《书》和六艺这些具体的载体，学习它们也就是在学习存养天理，并不是说只有在具体的行事中体现出来的才能称之为“文”（天理的显现）。

从这个角度说，“余力学文”（修辞立诚）也是“博学于文”（天理显现）范畴内的事情。

有人问阳明先生，《论语》中的“学而不思则罔，思而不学则殆”这两句该怎么理解？

这两句讲的是为学之道。“学而不思则罔”的“学”专指学圣贤之道，“罔”是“诬罔”的意思，这句是说读圣人书，不能精思其义，不能真正明白圣人的教诲，装模作样地只做了表面功夫，内心里没改。别人都知道你是在学圣人，你这个样子会让别人想当然地认为“原来圣人就是这个样子”，这是诬罔圣人之道。

“思而不学则殆”的“思”指寻思，“殆”朱熹注释为“不求诸心，故昏而无得。不习其事，故危而不安”。意思是：学了却没有在心上求解悟，就不能够内化成为自己的境界，就会昏昏然。不去具体落实，仅仅停留在意识里，就会“危而不安”。所以朱熹引程颐的话说“博学、审问、慎思、明辨、笃行，五者，废其一，非学也”。

阳明先生回答说，孔圣人这么说，也是就具体情况而言的，“学”本身就有“学会”的意思。譬如学开车，要能开车上路才算是“学”；学射箭，要能射到靶子上才算是“学”。“思”和“学”其实是一回事，“学”的过程中有疑问，就需要“思”，这是非常浅显的道理。

确实有“思而不学”的人，天天做白日梦，觉得光靠空想就能存天理，达到圣贤的高度，却从不在自己身心上笃实做功夫，凭空去想，从不落实，就会让“思”和“学”变成两件事。所以有“罔”和“殆”的毛病。

“思”也只是思虑所“学”而已，从这个角度来说，“学”和“思”原本就不是两件事。

【296】
诚意功夫在格物

【原文】

先生曰："先儒解'格物'为格天下之物，天下之物如何格得？且谓一草一木亦皆有理[①]，今如何去格？纵格得草木来，如何反来诚得自家意？我解'格'作'正'字义，'物'作'事'字义。《大学》之所谓'身'，即耳、目、口、鼻、四肢是也。欲修身便是要目非礼勿视，耳非礼勿听，口非礼勿言，四肢非礼勿动。要修这个身，身上如何用得工夫？心者，身之主宰，目虽视，而所以视者心也。耳虽听，而所以听者心也。口与四肢虽言、动，而所以言、动者心也。故欲修身在于体当自家心体，常令廓然大公，无有些子不正处。主宰一正，则发窍于目，自无非礼之视；发窍于耳，自无非礼之听；发窍于口与四肢，自无非礼之言、动，此便是修身在正其心。然至善者，心之本体也，心之本体那有不善？如今要正心，本体上何处用得功？必就心之发动处才可著力也。心之发动不能无不善，故须就此处著力，便是在诚意。如一念发在好善上，便实实落落去好善；一念发在恶恶上，便实实落落去恶恶。意之所发，既无不诚，则其本体如何有不正的？故欲正其心在诚意。工夫到诚意，始有著落处。然诚意之本，又在于致知也。所谓'人虽不知而己所独知者'，此正是吾心良

① 语出《二程集·河南程氏遗书》。

知处。然知得善，却不依这个良知便做去；知得不善，却不依这个良知便不去做，则这个良知便遮蔽了，是不能致知也。吾心良知既不能扩充到底，则善虽知好，不能著实好了，恶虽知恶，不能著实恶了，如何得意诚？故致知者，意诚之本也。然亦不是悬空的致知，致知在实事上格。如意在于为善，便就这件事上去为；意在于去恶，便就这件事上去不为。去恶固是格不正以归于正，为善则不善正了，亦是格不正以归于正也。如此，则吾心良知无私欲蔽了，得以致其极，而意之所发，好善去恶，无有不诚矣。诚意工夫实下手处在格物也，若如此格物，人人便做得。人皆可以为尧、舜，① 正在此也。"

【老刘说】

阳明先生说，朱熹先生在《大学章句·格物致知章补传》中说"是以《大学》始教，必使学者即凡天下之物，莫不因其已知之理而益穷之，以求致乎其极"，把"格物"解释为格尽天下之物，天下之物又如何去格呢？

天下之物无穷无尽，怎么格得过来呢？别说天下万物，就说看书这件事情，仅仅一部《四库全书》，就有三万余册，近八万卷，总共约八亿字，且都是文言文。就算一天看一万字，也要花二百多年，显然这是一个不可能完成的任务。

庄子《养生主》中有言："吾生也有涯，而知也无涯。以有涯随无涯，殆已。"意思是生命是有限的，而天地万物是无穷无尽的，用有限的生命去追求无穷的事情，最后结果就是疲于奔命，把自己累死了。

程颐说："求之性情，固是切于身，然一草一木皆有理，须是察。"（《二程集·河南程氏遗书》卷十八）格草木的理该怎么去具体落实呢？就算能格草木，这和"诚"自己的意又有什么关联呢？又怎么反过来作用到自己的"诚"呢？

就算能格出理来，这也是外部的事，同心内的事情来说是一外一内，是

① 语出《孟子·告子下》。

脱节的。外物格得好，就一定心有“诚”意吗？就一定心存“善”意吗？这个真不见得。

有的人在某些领域非常有建树，但这并不意味着其人品一定好，有才无德的例子太多了，举不胜举。根本原因就是内外脱节，表里不一。

阳明先生把“格”字解释成“正”，也就是“格者，正也。正其不正以归于正也”。这句比较容易理解，“正”可以理解为在路上开车，保持车沿着车道走，发现车的行驶方向偏了，可能会压线了，就转转方向盘，把车调整到正确的方向上来。

阳明先生把“物”字解释成“事”，也就是“意之所用必有其物，物即事也”。即意识触达和关注的点就是“物”，意识没有触达和关注的点、没有和心发生关系，就是“寂”的状态。

《大学》中“修身”的“身”，指的是耳、目、口、鼻、四肢，想要修身，就是要做到“非礼勿视，非礼勿听，非礼勿言，非礼勿动”。

“非礼勿视，非礼勿听，非礼勿言，非礼勿动”，这句话从意思上很容易理解，即不该看的不看，不该听的不听，不妥当的话不要乱说，不该动的不要乱动。但耳、目、口、鼻、四肢是没有独立意识的，是不会自发行动的，只有心作为主宰下命令，身才会有所动作。生活中的咸猪手也好，胡说八道也罢，都是心动了的缘故。所以要想“修身”就必须从“身”的主宰处着手。

要“修身”，关键是修自家心体，心体保持廓然大公的状态，“身”自然就正了。就像有人开车违反了交通规则，把车打一顿或者干脆把车拆了，是不能解决违章问题的，重点要从司机入手，司机正了，认真遵守交通规则，就不会违章了，这样才能从根本上解决问题。修身的道理也是一样，心正了，身自然就正了。所以《大学》说：“修身在正其心。”

“廓然大公”这里指毫无个人私欲，心体完全和天理重合，按照天理行事，物我两忘的状态。

至善是心之本体，所以心之本体理所当然是“善”的，这个地方是没必要做正心功夫的，那么应该从什么地方入手做正心的功夫呢？

显然应该在能摸得到、用得上力的地方用功才对，这个地方就是心的发动处。就像治水要从源头上入手一样，这样做的效果必然是事半功倍的。

心的发动处是不可能没有“不善”的，在此处用功，就是在“不善”升起的源头下力气，这就是做“诚意”的功夫。

如果能做到一念发起都在“诚”字上，“诚其意者，毋自欺也。如恶恶臭，如好好色”，“意”必然能“诚”，心就是正的，身也自然是正的。

所以说，“正心”的根本是要做到“诚意”，功夫到“诚意”这一步，才有实际的着手处，“诚意”的根本切入点是“致知”。从这个角度说，“人虽不知而己所独知”的“慎独”，就是心中良知所在之处。

但是，心里知道是对的，却不能依着自己的良知去做；知道是不对的，却不能依着自己的良知去做克治“恶”的功夫，这是因为良知被蒙蔽了，所以不能“致知”。“致知”的“致”有“到达”的意思，如果良知被遮蔽了，也就没办法到达了。如果我们做一件事情，做完心里有愧、良心不安，就是因为良知被遮蔽了。

如果心中的良知不能彻彻底底地落实到底，就会导致懂得是懂得，做到是做到，二者无法贯通。自己明明知道是非对错，却无法真正践行是非对错，这就是“自欺”了，显然已经偏离了“不自欺”，也就谈不上什么意诚了。所以说“致知”是做到意诚的根本。

《群书治要》中，有一段是黄门侍郎王珪纳谏唐太宗，王珪说：“善善而不能用，恶恶而不能去，彼善人知其贵己而不用，则怨之；恶人见其贱己而不好，则仇之。夫与善人为怨，恶人为仇，欲毋亡而得乎？”

意思是：赞扬好人却不能任用，憎恶坏人却不能铲除，那些好人知道他看重自己而却得不到任用，就会心生怨恨；那些恶人知道他看不起自己，对自己态度不友好，就会仇视他；与好人结怨，与恶人结仇，想要不灭亡都不行。

从阳明心学的角度看，这就是典型的知行分离。阳明心学很简易，仅仅从理解的层面来说，即便目不识丁之人，也可以完全领会。但很多人都是有“善善而不能用，恶恶而不能去”的毛病，也就谈不上真正做到“知行合一”了。

“致知”必须要有个载体才能落实下去，要在实事上做具体的“格物”功夫，也就是“事上磨”，空谈是没有任何用处的。

“意”在为善上，就踏踏实实地付诸为善的行动；“意”在除恶上，就踏踏实实地导正这件事，让不正的念头归于正。这样一来，则心中的良知就不会被私欲蒙蔽，在这个基础上，将良知扩充到极致，这个时候，“意”所生发的地方，就没有不“诚”了。

诚意功夫的实际下手处在“格物”，如果立志坚定，按照这个步骤去格物，人人都能做得到。《孟子》中说“人皆可以为尧、舜”，原因正是如此。

【297】
格竹反思

【原文】

先生曰：“众人只说‘格物’要依晦翁，何曾把他的说去用！我着实曾用来。初年与钱友同论做圣贤，要格天下之物，如今安得这等大的力量；因指亭前竹子令去格看。钱子早夜去穷格竹子的道理，竭其心思，至于三日，便致劳神成疾。当初说他这是精力不足，某因自去穷格，早夜不得其理，到七日，亦以劳思致疾。遂相与叹圣贤是做不得的，无他大力量去格物了。及在夷中三年，颇见得此意思。乃知天下之物本无可格者；其格物之功，只在身心上做；决然以圣人为人人可到，便自有担当了。这里意思，却要说与诸公知道。”

【老刘说】

阳明先生说：“很多人都说格物要按照朱熹先生的方法去格才是正确的，但又有几个人真正去用实践检验呢?

“我是个比较较真的人，的确按照朱熹先生的方法去实践了。我早年和一位姓钱的朋友共同讨论做圣贤需要格天下之物的事情，认为人的精力有限，这种做法似乎有问题，于是就决定从零开始试一试。

“于是，我就和他一起格亭前的竹子，他从早到晚去格竹子的道理，竭尽心力，持续了三日，就劳神成疾。我觉得这是因为他精力不足导致的，就亲自去格，到了第七天，我也劳思成疾。于是我和钱某相互感叹说圣贤这事不是我们做得来的，我们没有那么大的精力去格物。”

此公案出自《王文成公年谱》：“五年壬子，先生二十一岁，在越。……是年为宋儒格物之学。先生始侍龙山公于京师，遍求考亭遗书读之，一日思先儒谓‘众物必有表里精粗，一草一木，皆涵至理。’官署中多竹，即取竹格之，深思其理不得，遂遇疾；先生自委圣贤有分，乃随世就辞章之学。”

阳明先生就格竹子这件事情得出两个结论：其一，“叹圣贤是做不得的，无他大力量去格物了”；其二，“天下之物本无可格者；其格物之功，只在身心上做”。核心意思就一个：朱子误我，其外求式的格物方法实在是条死胡同。

阳明先生接着说：“后来我在贵州龙场的三年里，终于想清楚‘心即理’的道理，也就明白格物究竟是怎么回事了。我们能感知到世界，是因为天地万物和我们的心发生了关系，抛开了心的知觉，天地万物对自己而言，也就是‘寂’了。”

阳明先生在253节，把人和世界的关系，说得非常清楚。“物”并不是独立于心之外存在的，而是投射到心中的映像。

阳明先生最后说：“从这个角度说，天下之物本来就没有什么可以去格的，格物的功夫，只能在自己身心上。坚定了‘人皆可以为尧、舜’的信心，自然就有了担当。我在这里，把原委经过说给诸位知道。”

【298】

童子的格物致知

【原文】

门人有言邵端峰论童子不能格物，只教以洒扫、应对之说。

先生曰："洒扫、应对就是一件物。童子良知只到此，便教去洒扫、应对，就是致他这一点良知了。又如童子知畏先生长者，此亦是他良知处，故虽嬉戏中，见了先生长者，便去作揖恭敬，是他能格物以致敬师长之良知了。童子自有童子的格物致知。"

又曰："我这里言格物，自童子以至圣人，皆是此等工夫；但圣人格物，便更熟得些子，不消费力。如此格物，虽卖柴人亦是做得，虽公卿大夫以至天子，皆是如此做。"

【老刘说】

有门人对阳明先生说，邵端峰认为童子太小了，心智不成熟，还不能格物，只能教他一些洒水、扫地、应对等简单的事情。

阳明先生说，洒水、扫地、应对等这些事情，本质上也是符合"意之所在便是物"的范畴，所以说洒水、扫地、应对等事也是一"物"。童子的心智还不够成熟，只能做一些这样的事情，在这个前提下，教童子做好这些事情，就是"致他这一点良知了"。

其实这些事情里，也是有很多道理在的，能做好并不容易。比如洒水这件事情，仅仅知晓洒水是为了防止扬尘是不够的，洒水的时候，同时要考虑什么时候洒水更妥当，怎样才能不把水溅到别人身上等。这也是童子是否尽心，是否能推己及人的具体体现，也就是符合儒家忠恕之道的养成教育。

阳明先生接着说，又比如童子知道敬畏长者，懂得长幼有序，也是他的良知所在之处。童子在嬉闹玩耍的时候，看到师长，就停下来行礼致敬，就是在格物致尊敬师长的良知。童子自然有童子阶段的格物致知，又怎么能全盘否定，说童子不能“格物”呢?

阳明先生又说：“我这里说的格物，不分男、女、老、幼，不论贤、知、愚、不肖，若想格物致知，都要有这样的功夫。只是圣人的格物，更纯熟一些，不用费太多力气。这样的格物功夫，简单易懂，上手容易，就算是卖柴的人也做得来，即便是公卿大夫，以至于天子，都是可以这样做的。”

【299】
知之匪艰，行之惟艰

【原文】

或疑知行不合一，以“知之匪艰”① 二句为问。

先生曰：“良知自知，原是容易的；只是不能致那良知，便是‘知之匪艰，行之惟艰’。”

【老刘说】

有人对“知行合一”的说法心存疑惑，怀疑知行不能合一，举出《尚书》中“非知之艰，行之惟艰”两句去问阳明先生。

阳明先生说：“你这么理解是不对的。正确的理解应该是：良知的自我觉知是容易的；但真正把‘致良知’落到实处，就是一件很不容易的事情了。”

① 《尚书》：“非知之艰，行之惟艰。”

【300】
知觉便是心

【原文】

门人问曰："知行如何得合一？且如《中庸》言'博学之'，又说个'笃行之'，分明知行是两件。"

先生曰："博学只是事事学存此天理，笃行只是学之不已之意。"

又问："《易》'学以聚之'，又言'仁以行之'①，此是如何？"

先生曰："也是如此。事事去学存此天理，则此心更无放失时，故曰'学以聚之'，然常常学存此天理，更无私欲间断，此即是此心不息处，故曰'仁以行之'。"

又问："孔子言'知及之，仁不能守之'②，知行却是两个了。"

先生曰："说'及之'，已是行了，但不能常常行，已为私欲间断，便是'仁不能守'。"

又问："心即理之说，程子云'在物为理'，如何谓心即理？"

先生曰："'在物为理'，'在'字上当添一'心'字。此心在物则为理，如此心在事父则为孝，在事君则为忠之类。"

先生因谓之曰："诸君要识得我立言宗旨。我如今说个心即理是如何，只为世人分心与理为二，故便有许多病痛。如五伯攘夷狄、尊

① 《周易·文言·乾》："君子学以聚之，问以辩之，宽以居之，仁以行之。"
② 《论语·卫灵公》："子曰：'知及之，仁不能守之，虽得之，必失之。'"

周室，都是一个私心，便不当理，人却说他做得当理，只心有未纯，往往悦慕其所为，要来外面做得好看，却与心全不相干。分心与理为二，其流至于伯道之伪而不自知。故我说个心即理，要使知心、理是一个，便来心上做工夫，不去袭义于外，便是王道之真，此我立言宗旨。”

又问：“圣贤言语许多，如何却要打做一个?”

曰：“我不是要打做一个，如曰：‘夫道，一而已矣。’[①] 又曰：‘其为物不二，则其生物不测。’[②] 天地圣人皆是一个，如何二得?”

【老刘说】

有门人问阳明先生，知行怎么能合一呢？比如《中庸》中说“博学之”，又说“笃行之”，知、行是分开说的，很明显是两件事情。

阳明先生说，博学的意思是说在每件事上学着存养天理，笃行只是“学之不已”的意思。这四个字出自西汉韩婴的《韩诗外传》，原文是“学而不已，阖棺乃止”，“已”是“停止”的意思，“阖”是“闭”的意思。这两句的大意是：学习，学习，不停止地学习，一直到盖棺的时候为止。此条前句表示态度，后句表示决心，以此强调不间断。

门生再问，《周易》中说“学以聚之”，又说“仁以行之”，也是把学和行分成两件事，这该怎么理解呢?

《周易》原文：“君子学以聚之，问以辩之，宽以居之，仁以行之。”这句话字面的意思是：君子通过学习来积累知见，通过讨论来明辨事理，用宽厚的态度处事，用仁义来行事。

阳明先生说：“你问的这部分内容和上一句的意思是差不多的。”在每件事上学着存养天理，心就再也不会有放逸迷失的时候，所以说“学以聚之”，“聚”就是不断存养、聚集的意思。常常学着存养天理，让心之本体和外面之间保持通透，没有私欲隔断，这样，心中的良知才会生生不息，所以说“仁以行之”。“仁”本身就有种子发芽，生命萌动欲出的意思，比如“果仁”

① 《孟子·滕文公上》：“孟子云：‘世子疑吾言乎？夫道一而已矣。’”

② 《中庸》：“天地之道，可一言而尽也；其为物不贰，则其生物不测。”

“花生仁”等。

门生又问，孔圣人说“知及之，仁不能守之”，知、行岂不是分成两个了？

阳明先生说：“你这么理解是没搞懂‘行’的范畴究竟是什么。”从心的一涌动开始，就已经是“行”了。从这个角度来讲，说到“及之”就已经是“行”了，并不是说到“守”才算开始“行”。这里“仁不能守”指的是，心体和物之间的联系被自己的私欲隔断了，所以才会“仁不能守之”。

门生接着问：“程颐先生说‘在物为理’，是说理在物上，您说‘心即理’，却说理在心上，究竟该怎么理解呢？”

阳明先生说，对“在物为理”的理解，应该在“在”字前面加个“心”字，就容易理解了，即“心在物则为理”。意思是“理”就是把“心”放在意之所在的“物”上。比如把自己的心放在事父上，就是孝的理；把自己的心放在事君上，就是忠的理。

阳明先生就上面的问题感慨道：“诸位要懂得我立言的宗旨，我现在提出一个‘心即理’是为什么呢？只是因为世上的人将心和理看作两回事，所以就产生了许多弊病。

“比如春秋五霸抵御外族，尊奉周室，表面上冠冕堂皇，实则都是为了自己，都是出于私心，而不是出于公心，这样是不合乎天理的。

“世人说五霸做得合乎天理，那是因为他们自己内心就不干净，这么说只是因为羡慕五霸取得的事功，和自己内心的良知完全不相干。”

我们的历史文化传统是抑商的，抑的根本原因是反对“利为先”，并不是抑制商业这种行为，治理的目的是希望商人在“德为先”的前提下，做好商品流通的事情，而不能把利益凌驾在道德之上。

资本在弱小的时候是足够温柔的，但当资本膨胀到一定程度的时候，如果没有外部力量制衡，很快就会在“利为先”的私欲引导下，表现出狰狞的一面。最典型的是 1914 年 4 月，科罗拉多州爆发的美国历史上最血腥的一起劳资冲突，史称“勒德洛大屠杀”或“科罗拉多煤田战争”。在冲突中，由洛克菲勒家族控制的科罗拉多燃料与铁矿公司居然出动配备装甲车、重机枪的雇佣兵镇压矿工，一些矿工家属甚至被放火烧死。

阳明先生接着说：“将心和理一分为二，内外分离的结果，就是心体完全被私欲遮蔽而不自知，堕入王霸之道的虚伪而沾沾自喜。如果社会风气变成这样，就会导致天道无法行于天下，难免物欲横流，礼崩乐坏。

“所以我说‘心即理’，要让世人知道心和理是一个东西，要在‘心’上下功夫，不要到外面追求所谓的‘义’，这就是圣王之道的真谛，也是我立言的宗旨。”

门生继续问：“古圣先贤留下很多言语，为什么您却要将它们凝练成‘一’呢?”

阳明先生说：“这不是我要刻意如此，而是大道本来如此。《孟子》中‘夫道，一而已矣’，是个‘一’;《中庸》中‘其为物不二，则其生物不测’，也是个‘一’；《论语·里仁》中子曰：‘参乎！吾道一以贯之’，还是个‘一’。天地和圣人都是个‘一’，又怎么能分为二呢?”

【301】心的本体是什么

【原文】

“心不是一块血肉，凡知觉处便是心。如耳目之知视听，手足之知痛痒，此知觉便是心也。”

【老刘说】

心学心学，核心就是个“心”，如果连“心”是什么都不知道，这个“学”字也就无从谈起了。

这一节阳明先生给了一个“心”的概念：阳明心学中的“心”，不是解剖学意义上那个推动血液循环的器官。“心”字只是为了说明人的“知觉”。在255节“心无体，以天地万物感应之是非为体”，说的就是这个意思。

知觉这个功能，本质上是人和世界建立联系的唯一媒介和通道，除了知觉，人再也没有其他途径与这个世界发生关系了。从“心即理”这个角度来说，世界上所有的“理”都必须和“心”发生关系才有意义。

【302】
格物即慎独戒惧

【原文】

以方问曰：“先生之说‘格物’，凡《中庸》之‘慎独’及‘集义’‘博约’等说，皆为‘格物’之事？”

先生曰：“非也。格物即慎独，即戒惧。至于‘集义’‘博约’，工夫只一般，不是以那数件都做‘格物’底事。”

【老刘说】

黄以方是个善于归纳总结的人，他问阳明先生：“您说的‘格物’，可不可以这样理解：《中庸》中的‘慎独’、《孟子》中的‘集义’、《论语》中的‘博文约礼’等，都包含在‘格物’中了？”

阳明先生说：“这要分开来说，‘格物’就是‘慎独’，就是‘戒惧’。至于‘集义’和‘博文约礼’，是平常要坚持做的功夫。你列举的这几条并不都包含在‘格物’内。”

“格物”的“格”，是正其不正以归于正，“格物”是指将心中不正的念头导正；“慎独”指在“人所不知而己所独知”处做戒慎恐惧的功夫，让此心合于天理不偏离。“格物”和“慎独”是可以画等号的。

“集义”是“犹言积善，盖欲事事皆合于义也”，指要时时处处坚持“格物”，强调在时间线上的持续性，侧重一直做。“格物”则侧重于在每个意念发起之处用功夫。

“博文约礼”中的“博”字，强调“学”在时间和空间中的拓展性，

“礼”通“理”，“博文约礼”同样强调时间线上的持续性，和“格物”是有区别的。

另外，邓艾民先生有个观点可以作为参考，他认为阳明先生可能认为“慎独”“戒惧”偏重于存养本心，而“集义”“博约”偏重于穷理。

【303】
事理之精微

【原文】

以方问“尊德性”[①] 一条。

先生曰：“‘道问学’即所以‘尊德性’也。晦翁言子静以‘尊德性’诲人，某教人岂不是‘道问学’处多了些子。是分‘尊德性’‘道问学’作两件，且如今讲习讨论下许多工夫，无非只是存此心，不失其德性而已。岂有‘尊德性’只空空去尊，更不去问学？问学只是空空去问学，更与德性无关涉？如此，则不知今之所以讲习讨论者，更学何事？”

问“致广大”二句。

曰：“‘尽精微’即所以‘致广大’也，‘道中庸’即所以‘极高明’也。盖心之本体自是广大底，人不能‘尽精微’，则便为私欲所蔽，有不胜其小者矣。故能细微曲折，无所不尽，则私意不足以蔽之，自无许多障碍遮隔处，如何广大不致？”

又问：“精微还是念虑之精微？是事理之精微？”

曰：“念虑之精微，即事理之精微也。”

---

① 《中庸》：“故君子尊德性而道问学，致广大而尽精微，极高明而道中庸。”意为重视德性而致力于学问，追求广大而穷尽精微，十分高明而通达中庸。

【老刘说】

黄直向阳明先生请教《中庸》中“尊德性”一条。

“尊德性而道问学”出自《中庸》第二十七章，按照郑玄《礼记注疏》：“德性，谓性至诚者；道，犹由也；问学，学诚者也。”“德性”的本质是“至诚”。

“而”是“须”的意思。《说文解字》：“而，须也。”

“道”是通过的路径；“道问学”即人通过自身修养的途径达到“诚”的境界。

阳明先生认为“道问学”只是手段，“尊德性”才是目的。

何谓“诚”?《孟子·离娄上》曰：“诚者，天之道也。”《中庸》里解释“诚”也说：“诚者，天之道也；诚之者，人之道也。诚者，不勉而中，不思而得，从容中道，圣人也。”“诚”既然是“天之道”，是“性之德”，那也就是说，“诚”是人的天赋之“德”。因此，所谓的“德性”即人不学而能、无须“外求”、与生俱来的“本能”和“天性”。

就“尊德性”“道问学”二者的关系而言，阳明先生完全承接陆九渊先生的思想，认为“道问学”只是手段，“尊德性”才是目的，所谓“‘道问学’即所以‘尊德性’”是也。阳明先生断然谓曰：“德性之良知，非由于闻见”“德性岂可以外求哉”。

“学问”无非是在入世治世的人情事变中能做到合道而行。“学问”如果只是停留在“才高八斗，学富五车”“上下五千年纵横八万里”都知道的层面，是算不上真学问的。做个两脚书橱是没实际意义的。

阳明先生回答说，“道问学”就是“尊德性”的途径。朱熹先生说：“陆九渊用‘尊德性’来教诲人，而我教人在‘道问学’方面要多一些。”这样说是把“尊德性”和“道问学”分作了两件事。

现在我们讲习讨论，做了很多具体功夫，根本目的无非是存养此心，让自己保持良知常在，不失去本来具有的德性而已。“尊德性”是要有具体的着手点和用力处的，不能是飘在天上够不着。空洞洞地去“尊德性”，而不去做“道问学”的功夫，岂不荒谬？同样，做“道问学”的功夫，如果只是空洞洞地去问学，而把德性完全放在一边，不也是一件很荒谬的事情吗？

如果这样，我们还做这些讲习讨论的事情干什么？

黄直接着向阳明先生请教“致广大而尽精微，极高明而道中庸”两句话的意思。

“致广大”的“致”是“到达”的意思，“致广大”是让心中的良知贯穿覆盖到生命的纵向和横向中。纵向是指整个生命的历程，横向是指自己世界中的天地万物。“致广大”是要通过“尽精微”来实现的，也就是十六字心传中说的“惟精惟一”。良知之光普照生命之旅的每一个角落，在“致”的过程中，细微之处自然也被囊括到具体功夫之中。

“极高明”的“高”指的是站得高，高屋建瓴，高瞻远瞩；“明”是指明晰，看得很远很通透，纤毫毕现。我们在入世治世中，如何能做到这个境界呢？靠的就是“道中庸”的功夫。人在用世中，能做到处处合于不偏颇不变易的理之本然，自然就是“极高明”的修为。

阳明先生回答说，“尽精微”是“致广大”的途径，“道中庸”是“极高明”的途径。心的本体原本就是广大的，人如果做不到“尽精微”，心体就会被私欲蒙蔽，心的广大范围，就会不断地被压缩，最后变得小得无法再小。所以能在精微之处做到无任何遗漏的，无任何间断地存养良知，校正心体，则私欲就不可能蒙蔽住心体，自然就没有那么多障碍阻隔的地方了，心体又怎么能不保持广大呢？

黄直又问：“您说的‘精微’是念虑的精微，还是事理的精微呢？”

阳明先生说，念虑的精微就是事理的精微，道无精粗，人之所见才有精粗。

只要我们透彻地懂得了“心即理”的道理，对这句“念虑之精微，即事理之精微”的理解也就没有任何难度了。

【304】
见性者无异同

【原文】

先生曰："今之论性者，纷纷异同，皆是说性，非见性[①]也。见性者无异同之可言矣。"

【老刘说】

阳明先生说，现在谈论"性"的人很多，说什么的都有，众说纷纭，各不相同。根本原因是闭门造车，只是在文意中穿凿，没有认真做心性实修的功夫，对心体尚不知，谈心性就更是空中楼阁了。能真正体认到自己的"性"，得出来的结论自然就完全相同了。

阳明先生这句话说得很精准，有些人的确在读书方面很厉害，博闻强识，然后综合几本书的只言片语，拼凑在一起，加上自己的想当然，就臆想出一个自己认为绝对正确的"性"，殊不知这个"性"距离真正的"性"还远着呢。

心学功夫，一定要实修，不实修就永远无法触及心学的真正精髓。实修功夫在上篇 39 节说得比较清楚。

这里说个方便法门，供大家参考：没有基础的人，可以尝试先做收束心猿意马的功夫。每天睡觉前抽一到两个小时时间静坐，既不能睡着，也不能思考。因为人一旦静下心来，诸多杂念就会纷然而起，想强压下来是不可能的。诸般心念可以有，但是不要去细想，比如可能突然想到上课的事情，但

① 见性：佛家用语，意为有见于佛性而顿悟。王阳明此处为借用佛家的语词。

不要去想老师在讲什么或者题目怎么做，或者会想到一个人，但是不要想这个人在做什么或者自己和这个人关系如何。可以有诸般杂念，但意识不能随心念而走，如同一杯浑水放置静室，让水去自然沉淀。

要保持清醒，不能昏沉！眼能见而不见，耳能听而不听。先要“能见”“能听”，再去体会“不见”“不听”。其中的微妙之处只有自己能感觉到，别人是没有办法完全说清楚的。姿势和呼吸可以不必刻意。

【305】
声、色、货、利

【原文】

问:“声、色、货、利,恐良知亦不能无。”

先生曰:“固然。但初学用功,却须扫除荡涤,勿使留积,则适然来遇,始不为累,自然顺而应之。良知只在声、色、货、利上用功,能致得良知精精明明,毫发无蔽,则声、色、货、利之交,无非天则流行矣。”

【老刘说】

有人问阳明先生,声、色、货、利这些事情,恐怕良知中也不会没有吧?

阳明先生说,这些当然是有的,入世治世是要和人打交道的,一副不食人间烟火的样子,是没办法真正融入世界的,只要不溢出就可以。心学是不主张禁欲的,合理范畴的七情六欲是与生俱来的,如果强行禁止了,反而是不符合天理的。

但对于初学者来说,刚刚收束心猿意马,对心性功夫还处于非常浅显和不熟练的阶段,这个时候,执行的标准尽量要以收敛为主,对自己要高标准严要求。如同刚开始学车的人一样,尽量严格一些,才能保证自己学到真本事;如果刚开始就松松垮垮的,真遇到情况,就无法分清循理和私欲的分界点,很容易出现私欲遮蔽良知的问题。

所以,在刚开始用功的时候,对声、色、货、利方面的要求还是要尽量严格，扫除干净，不要让这些念头在心中积留。这样在入世治世中即使遇到了这些事情，也不会成为自己的拖累。

入世治世，万丈红尘中难免存在声、色、货、利的各种诱惑，良知要在克治沉溺其中上笃实下功夫。良知“致”得纯粹清晰，没有一丝一毫私欲蒙蔽，这个时候，就算有声、色、货、利的各种诱惑，也可以做到循理而行，心体干干净净、一尘不染。

【306】
实去用功是根本

【原文】

先生曰："吾与诸公讲'致知''格物'，日日是此，讲一二十年俱是如此。诸君听吾言，实去用功，见吾讲一番，自觉长进一番，否则只作一场话说，虽听之亦何用？"

【老刘说】

阳明先生说："我和诸位讲'致知''格物'，天天是这样，就算再讲上一二十年，也都是如此。诸位听了我的话后要在实践中下功夫，在具体的磨砺中，才会有新的体悟。然后，再听我讲一遍，就会感到又有进步。如果不能在实践中做实修的功夫，只是纸上谈兵，哪怕听了一次又一次，也不过是空谈而已，又有什么用呢？"

"空谈误国，实干兴邦"，这是一个简单而又朴素的道理。听讲心学也是这样，很多人听课或者看书的时候，其间豁然开朗，击节称赞，却是三分钟热血，待回去睡一觉，明天该干吗干吗，下次还是这个样子，周而复始。这样是毫无用处的。

心学的精髓在于入世治世的事上磨，必须要践行，不践行是没有用的。懂得很多大道理，却只是为了增加茶余饭后的谈资，在别人眼里，你的确很厉害，可一旦碰到具体事情，就把所有懂得的大道理忘在脑后，应对事情完全靠本能。这样学心学，不学也罢！

【307】
寂然不动和感而遂通

【原文】

先生曰："人之本体，常常是寂然不动的，常常是感而遂通的，'未应不是先，已应不是后'。"

【老刘说】

阳明先生说，人的本体，常常是寂然不动的，常常是有感而通的。正如程颐先生说的"未应不是先，已应不是后"。

"未应不是先，已应不是后"出自《河南程氏遗书》。在上篇21节中已有过详细解释，不再赘述。

人之本体是寂然不动的，也是感而遂通的。拿树来打比方，树看起来是不动的，但其内部是生机勃勃的。一个人躺着睡觉，好像是不动的，但心脏在跳动，血液在流动，各种生化反应是一直在进行的。

【308】
不睹不闻是良知本体

【原文】

一友举："佛家以手指显出，问曰：'众曾见否?'众曰：'见之。'复以手指入袖，问曰：'众还见否?'众曰：'不见。'佛说'还未见性'，此义未明。"

先生曰："手指有见有不见，尔之见性常在。人之心神只在有睹有闻上驰骛，不在不睹不闻上著实用功。盖不睹不闻是良知本体，戒慎恐惧是致良知的工夫。学者时时刻刻常睹其所不睹，常闻其所不闻，工夫方有个实落处。久久成熟后，则不须着力，不待防检，而真性自不息矣。岂以在外者之闻见为累哉！"

【老刘说】

一个友人举了个禅师说法的例子。有位禅师举起手指问众人："你们见到了吗?"众人回答说："见到了。"禅师又将手指放到袖中，问道："你们还能见到吗?"众人回答说："见不到了。"禅师说众人还没有"见性"。手指在外边显然是能看见的，收起来藏在袖子里是看不见的，这是很正常的事。为啥说"不见"，就是没"见性"呢?

阳明先生说，手指有能看见的时候，有看不见的时候，但人能见这个世界的模式，就是个"心即理"，也就是我们之前在253节中说的人和世界之间的关系。

“心”“意”“物”三者都在，我们就能“见”，如果“意”不在，就是个“寂”的状态。“物”并不是独立于心之外存在的，而是投射到心中的映像，就像把一个杯子放在镜子前面，这时会出现两个杯子，一个是镜子外的，一个是镜子里的，镜子里的杯子是镜子外杯子的映像，如果将镜子比作心的话，镜子里的杯子就是人知觉到的“物”。

眼睛看到的手指，是手指在心中的映像，眼睛看不到手指了，手指并没有离开“意”的范畴，“心”在、“意”在、手指（“物”）亦在，怎么能说“不见”呢?

“见性”之后，感知到世界是在“心”的一端，而不是在感官一端。回答“不见”还是从感官出发，而不是从“心”出发，自然是“不见性”了。

人的心神只知道在感官所在的地方下功夫，本身就偏离了人与世界的关系，殊不知重点应该在心体知觉这一端。

睹和闻是在感官一端，不睹不闻才是在良知这一本体一端，要在不睹不闻这个本体上笃实用功，“戒慎恐惧”就是“致良知”的实修功夫。

修圣学的人，要时时刻刻内求于心，关注点要时时刻刻保持在不睹不闻的本体上，才能做到“慎独”，功夫才有一个切实之处。

时刻不忘存养良知，做“慎独”功夫，天长日久，自然就纯熟了，打通内外的通道，并让这个通道保持畅通无阻，心体自然就不会被私欲遮蔽。这个时候，与生俱来的真性自然就会生生不息。

到达这个阶段，也就是“见性”了，又岂能被外在的感官见闻所拖累呢?

【309】
鸢飞鱼跃与必有事焉

【原文】

问："先儒谓鸢飞鱼跃，与'必有事焉'同一活泼泼地。"①

先生曰："亦是。天地间活泼泼地，无非此理，便是吾良知的流行不息，'致良知'便是'必有事'的功夫。此理非惟不可离，实亦不得而离也。无往而非道，无往而非工夫。"

【老刘说】

有人问阳明先生，程颢先生说"鸢飞鱼跃"和"必有事焉"都是生机勃勃的意思。是这样理解吗？

阳明先生说，这是对的，"天地之大德曰生"，天地之间最大的美德，就是孕育出生命，并且维持着生命的延续，"鸢飞鱼跃"出自《诗经·大雅》，原文为："鸢飞戾天，鱼跃于渊。"鸢飞戾天，说的是鸟儿在天上自由飞翔，代表阳气上升；鱼跃于渊，说的是鱼儿在水中自由自在，代表阴气下降。鸟在天上飞，不能停下来，停下了就会掉下来；鱼在水中游，也不能停下来，停下来就会沉底。二者合在一起，说的是"一阴一阳之谓道"的阴阳气息变化。

天地万物与心一体，"言其上下察也"，即无论上察还是下察，只要在你的世界里知觉，最终都会因为万物的生生不息，而礼赞生命的日臻成熟和奋

① 《二程集·河南程氏遗书》卷三："'鸢飞戾天，鱼跃于渊，言其上下察也。'此一段子思吃紧为人处，与'必有事焉而勿正心'之意同，活泼泼地。"

斗不止。

“必有事焉”是指心体中念头不断生灭，周流不息，是没有间断的时候的，是活泼泼的。

致良知就是做“必有事焉”的功夫。心以天地万物为一体，天地万物无非阴阳二气，阴阳二气始终没有停止的时候，永远都在运动之中，只是一个动态平衡接着一个动态平衡而已。这个道理是不能视而不见的，因为它是的的确确存在的。

“一阴一阳之谓道”是符合天地之道的，天地万物都是符合此道的，离开此道做的心性功夫必然是不对的。

“天人合一”，良知之用如鱼在水，如鸟在天，这种和谐自然的运行，就是天理使然。

【310】
一掴一掌血

【原文】

先生曰："诸公在此，务要立个必为圣人之心，时时刻刻须是一棒一条痕，一掴一掌血，方能听吾说话，句句得力，若茫茫荡荡度日，譬如一块死肉，打也不知得痛痒，恐终不济事，回家只寻得旧时伎俩而已，岂不惜哉？"

【老刘说】

阳明先生说："诸位在我这里都是希望学有所成的，有这样的想法非常好，但天道酬勤，一定要笃实用功才可以。诸位一定要立志坚定，务必要立个必为圣人的决心才可以。

"做心性功夫，要认认真真，一丝不苟，要时时刻刻做到'一棒一条痕，一掴一掌血'，只有这样才能有所进步，也就能真正听懂我讲的内容，从中受益。如果每天浑浑噩噩，醉生梦死混日子，就像一块死肉，打也不知道痛痒，恐怕终究于事无补，回到家里后又成了原来的样子，岂不是太可惜了吗？"

"一棒一条痕，一掴一掌血"出自《朱子语类》，就是个"立竿见影"的意思。为学这件事情，就是需要立志坚定，笃实用功，随着时间推移，自然就能见到成效。

【311】
效验不可恃

【原文】

问:“近来妄念也觉少,亦觉不曾着想定要如何用功,不知此是工夫否?”

先生曰:“汝且去着实用功,便多这些着想也不妨,久久自会妥帖;若才下得些功,便说效验,何足为恃?”

【老刘说】

有人问阳明先生:“最近明显感觉心中的妄念少了,收束心猿意马有明显的效果了,觉得心也能静下来了,这应该表示我有了一些功夫,在实修方面有了一些能看得到的效果。不知道这是不是功夫呢?”

说这话的人,显然是个初学者,因为有一定水平的人是不会问这么幼稚的问题的。这会给人一种显摆的感觉。就像初入职场的小朋友,做完一点儿事情,马上向领导显摆一下:“你看我好聪明哦,别人要三天才能做完的事情,我两天就做完了。”

阳明先生说:“你太性急了,心性功夫,笃实用力就可以了,不能着急看效果。”就像在土里种下一颗种子,如果每天刨开土看看发芽了没,这样折腾,要不了几天本该发芽的种子也会死的。踏踏实实将浇水、施肥、除虫等事情做好了,自然而然就能看到种子长成参天大树的。哪怕心中有刨开土看看的想法,也要先放一放。要明白功到自然成,下学而上达是件努力耕耘自然会有结果的事情。

【312】
立命功夫

【原文】

一友自叹："私意萌时，分明自心知得，只是不能使他即去。"

先生曰："你萌时，这一知处便是你的命根，当下即去消磨，便是立命功夫。"

【老刘说】

有人感慨说，私欲萌发的时候，自己心中是知道的，但就是做不到立即将私欲克治掉。

阳明先生回答，知道是非善恶，也就知道该不该往下做了。这个时候的犹豫，只是因为没有把良知放在首位，而是把私欲萌发这件事放在了首位，放在了命根子的位置。在察觉私欲的这一个"知"的当下，正是事上磨的关键时刻，是修心性的立命功夫。

"事上磨"有个特质就是当下性，私欲升起的当下正是锤炼心体的良机，放过此时此刻，心体也就失去了进步之处。

【313】
关于性相近

【原文】

“夫子说‘性相近’[①]，即孟子说‘性善’，不可专在气质上说。若说气质，如刚与柔对，如何相近得？惟性善则同耳。人生初时善，原是同的，但刚的习于善则为刚善，习于恶则为刚恶，柔的习于善则为柔善，习于恶则为柔恶，[②] 便日相远了。”

【老刘说】

阳明先生说：“孔子说‘性相近’，也就是孟子说的‘性善’，但不能专在气质上说。每个人的天赋不同，即使是双胞胎，脾气秉性也有所不同。

“只有性善这点才是相同的。人初生的时候，善原本是相同的。但是气质刚健的人习于善就是刚善，习于恶就是刚恶；气质柔弱的人习于善就是柔善，习于恶就是柔恶。随着时间的推移，人与人的个体情况就会日益远了。”

气质不同必然导致善和恶的表现形式各异。人做事要懂得自己独禀的个体气质，也是天地万物自然一体本然之理的一部分，不可违拗，只要努力发挥好自己的特质在“善”上下功夫就好。

① 《论语·阳货》：“子曰：‘性相近也，习相远也。’”

② 刚善、刚恶、柔善、柔恶：此为周敦颐对于善恶的区分；周敦颐《通书》：“刚：善为义，为直，为断，为严毅，为干固；恶为猛，为隘，为强梁。柔：善为慈，为顺，为巽；恶为懦弱，为无断，为邪佞。”

【314】
心念不可留滞

【原文】

先生尝语学者曰："心体上着不得一念留滞，就如眼着不得些子尘沙，些子能得几多？满眼便昏天黑地了。"

又曰："这一念不但是私念，便好的念头亦着不得些子，如眼中放些金玉屑，眼亦开不得了。"

【老刘说】

阳明先生曾经对求学的人说，做心性功夫的时候，心体上不能有一丝私欲杂念滞留，就好比眼睛里容不下一丁点儿沙子一样。即便是非常非常小的沙子进入眼睛，也会让自己视力受到影响，看不清楚东西。

阳明先生又说，这一丝杂念不仅仅是指私念，即便是好的闲思杂虑也是不可以的。比如眼睛中放些黄金美玉的碎屑，眼睛也同样是睁不开的。

这节的谈话对象应该是有一定功夫积累的人，而非还没摸到门的初学者。阳明先生的核心意思是：无论念头是好是坏，只要是不能切中当下的"物"，就应该清扫干净，不能画蛇添足。

【315】
天地灵明

【原文】

问："人心与物同体，如吾身原是血气流通的，所以谓之同体；若于人便异体了，禽、兽、草、木益远矣！而何谓之同体？"

先生曰："你只在感应之机上看。岂但禽、兽、草、木，虽天地也与我同体的，鬼神也与我同体的。"

请问。

先生曰："你看这个天地中间，甚么是天地的心？"

对曰："尝闻人是天地的心[①]。"

曰："人又甚么教做心？"

对曰："只是一个灵明。"

"可知充天塞地中间，只有这个灵明，人只为形体自间隔了。我的灵明，便是天地、鬼神的主宰。天没有我的灵明，谁去仰他高？地没有我的灵明，谁去俯他深？鬼神没有我的灵明，谁去辩他吉、凶、灾、祥？天地、鬼神、万物，离却我的灵明，便没有天地、鬼神、万物了；我的灵明，离却天地、鬼神、万物，亦没有我的灵明。如此，便是一气流通的，如何与他间隔得？"

又问："天地、鬼神、万物，千古见在，何没了我的灵明，便

① 《礼记·礼运》："故人者，天地之心也，五行之端也，食味，别声，被色而生者也。"

俱无了?”

曰:“今看死的人,他这些精灵游散了,他的天地、万物尚在何处?”

【老刘说】

有人问阳明先生:“您说人心和天地万物是同体的,我的身体和我的心是一体的,这点我能理解,因为脑袋、手、脚、躯干等,都是血气贯通的,我能直接感觉得到,并且能直接控制。但其他人怎么会和我的心也是同体的呢?显然是有分别的。

“至于禽兽、草木等,您说和我的心也是一体的,这就完全没办法理解了,难不成前面桌子和我的心是同体的?后边椅子和我的心也是同体的?外边的大楼和我的心是同体的?太阳、月亮和我的心也是同体的?”

阳明先生说,“心无体,以天地万物感应之是非为体”,心的基本功能就是个“知觉”,如果能真正理解“心”的定义,认真做实修功夫,能够达到在精微的地方理解“心”,就自然会清晰通透地理解什么是万物一体。就会发现岂止是草木禽兽,就算是天地鬼神也是和自己的心是同体的。

这个人还是没有听懂,请阳明先生再解释一下。

阳明先生问他:“从你的角度,你觉得什么是天地的心呢?”

这个人回答说,按照《礼记·礼运》的说法,人就是天地之心。

阳明先生又问:“人的什么被称为天地之心呢?”

这个人回答说,只是一个灵明吧。

“灵明”这里说一下,上篇78节中讲:“心之灵明是知。”“灵”是说感知触及就会有反应;“明”是说心就像一面一尘不染的镜子,有外物从前面经过,马上就能照出来;这里“知”的意思是“知觉”。

广义的“灵”,指的是有自我存在的意识,能够自觉地区分自己这个主体以及周围环境这个客体,同时能在自然之则的范畴内做一些改变。

既然“心无体,以天地万物感应之是非为体”,把人压缩成一个点,也就是这一点“灵明”了。人对天地万物的感知,都是出自这一点“灵明”,我们能感知到自己的脑袋、手、脚、躯干等,也能感知到前面的桌子、后面的椅子、外面的大楼、遥远的日月星辰。在“我”的意识世界的存在,都是基于这点“灵明”的感知触达，从这个角度说，天地万物鬼神等，都在“我”的“灵明”触达范围内。

人对外部世界的认识，是从知觉开始，通过“意”把知觉获取的信息传递到“心”（灵明）。发出和主宰“意”的“心”（“身之主宰便是心”）、“意”指向的“物”（“意之所在便是物”），以及连接“心”与“物”的“意”（“心之所发便是意”）的活动过程，三者是一个不可分割的整体，缺一不可。

在这个前提下，阳明先生接着说，每个人的意识世界是不尽相同的，对于一个人来说，充塞于天地之间的只是这个“灵明”，这才是人与天地万物关系的本质，不能仅仅看到人由于各自的形体而相互隔开的表象。

阳明先生又说：“在这个意识世界中，我的灵明，就是天地鬼神的主宰，离开了这个‘灵明’，人与天地鬼神就没有什么关系了，天地鬼神对我而言，就是个‘寂’的状态了。所以我与天地万物是一气贯通的，是不能分割开来的。”

这个人又问：“天地鬼神万物，会一直存在，存在的时间远远超过我的生命长度。千古以来一直都存在，您为何说没有了我的‘灵明’，这些就都不存在了呢?”

阳明先生回答说，已经死去的人，他的“精灵”已经不在了，他的意识世界中的天地鬼神万物又在哪里呢?

天地宇宙亘古存在，阳明先生又何尝不知道这个简单的事实呢？但“心学”是从“心”和世界的关系出发的，如果知觉这个世界的主体（人）不存在了，天地宇宙失去主体，自然也就失去了对主体的意义。

所以，天地、万物、鬼神等诸事诸物，只有人（灵明）参与进来后，才能谈其对于人的意义，这是毋庸置疑的。

【316】
有心俱是实

【原文】

先生起行征思、田，德洪与汝中追送严滩[①]，汝中举佛家“实相”“幻相”之说。

先生曰：“有心俱是实，无心俱是幻。无心俱是实，有心俱是幻。”

汝中曰：“有心俱是实，无心俱是幻，是本体上说工夫；无心俱是实，有心俱是幻，是工夫上说本体。”先生然其言。洪于是时尚未了达。数年用功，始信本体、工夫合一。但先生是时因问偶谈，若吾儒指点人处，不必借此立言耳。

【老刘说】

阳明先生出发征讨思恩、田州，钱德洪和王汝中追送到严滩，也就是现在的浙江桐庐县附近。王汝中对佛家的东西研究比较深，这个时候举出佛家“实相”“幻相”的说法与先生探讨。

阳明先生说，有心都是实，无心都是幻。无心都是实，有心都是幻。

如果按字面意思来理解，大家估计要看晕了。前后两部分文字，基本是一模一样的，但表达的意思却一正一反。在这里，“心”在一前一后的两部分

① 严滩：名光，字子陵。因其隐居于浙江桐庐县富春江边的富春山，后人称此处为严子陵钓台、严滩、子陵滩。

中的意思是不同的，做一下标注，大家就能看懂了。

阳明先生说，有心（本心）都是实，无心（本心）都是幻。无心（私欲）都是实，有心（私欲）都是幻。

这里的“本心”也可以理解成“良知”，意思不变。

王汝中说，有心都是实，无心都是幻，是从本体上说功夫；无心都是实，有心都是幻，是从功夫上说本体。

“本体上说工夫”是说从心的本体到用功这个方向来说的，说的是功夫如何正确地运用。只要时时存养本心（良知），踏踏实实做功夫，一切自然都是“实相”；如果偏离了本心（良知），功夫着手不到本心上，便都是空中楼阁了，一切自然都是“幻相”。

“工夫上说本体”是从功夫的角度指向心之本体，此处的“心”指的是“私欲”。没有私欲对本体的攀附遮蔽时，得到的都是“实相”；有私欲对本体的攀附遮蔽时，得到的都是“幻相”。

阳明先生肯定了王汝中的说法。

但是，钱德洪当时功力不够，没有完全听懂这些话的意思。经过几年用功，真正达到本体与功夫合一的时候，才真正对这几句话清晰明白。

当时的语境，是王汝中借用佛家的说法提出探讨，阳明先生才用佛家的说法予以指点。如果我们儒家去指点人，是不必借用佛家的名称来立论的。

【317】

仁人悯物之心

【原文】

尝见先生送二三耆宿[1]出门，退坐于中轩，若有忧色。德洪趋进请问。

先生曰："顷与诸老论及此学，真员凿方枘[2]。此道坦如道路，世儒往往自加荒塞，终身陷荆棘之场而不悔，吾不知其何说也!"

德洪退谓朋友曰："先生诲人，不择衰朽，仁人悯物之心也。"

【老刘说】

钱德洪说，曾经看到阳明先生送两三个老先生出门，返回后坐在堂前的走廊上，面有忧色。

德洪趋步向前，询问原因。

阳明先生说："刚才与这几位老人家谈论儒家圣学'格物致知'功夫的根本学问，感觉是圆凿方枘。"用大白话解释就是鸡同鸭讲，对牛弹琴。

阳明先生接着感慨说："'大道至简'，我的学说简单易懂，如同平坦的大道，世上的儒者往往自己加以荒弃阻塞，终身陷入荆棘之场而不知悔悟，我也不知道该怎么去说才会有作用。"

---

① 耆宿："耆"指六十岁以上的人，"宿"为有名望的意思，"耆宿"指的是在儒学方面有一定水准的，至少有一定名气的老人。

② 员凿方枘：方榫头，圆卯眼，圆孔不能容纳方榫头，两不相合。比喻彼此不能相合。

很多人明明是能看得到的，却抱残守缺，攥住自己的那些东西，不肯放下。认为自己懂了，殊不知反而被所学的知识困住，被封在已有的知识里出不来，这个时候，除了自己，别人是没办法的。一句“吾不知其何说也”，道出了阳明先生的无可奈何，先生再智慧满满，也无法叫醒一个装睡的人。

钱德洪后来在私下里对朋友说，先生教诲人的殷切之心真的非常令人敬仰，连衰朽之人也不放弃，真是仁人悯物之心啊！

这一节从侧面说明了阳明先生的仁人悯物之心，他恨不得能感化天下之人，以恢复圣学于当世，但正本清源是任重而道远的一件事情，需要更多人的薪火相传才可以。

【318】
人生大病一个“傲”字

【原文】

先生曰：“人生大病只是一傲字。为子而傲必不孝，为臣而傲必不忠，为父而傲必不慈，为友而傲必不信。故象与丹朱①俱不肖，亦只一傲字，便结果了此生，诸君常要体此。人心本是天然之理，精精明明，无纤介染著，只是一无我而已；胸中切不可有，有即傲也。古先圣人许多好处，也只是无我而已，无我自能谦。谦者众善之基，傲者众恶之魁。”

【老刘说】

阳明先生说，人最大的毛病就在一个“傲”字。做儿子的傲，必定会不孝；当儿女的傲，就会瞧不起父母，有这个瞧不起的意思在，就很难做到心有敬畏，踏踏实实尽孝了。

做臣子的傲，必定会不忠。“忠”在这里是“尽心无私”的意思，作为下属，一旦自己觉得自己了不起，把谁都不放在眼里，当领导的就扒拉不动他了。有这种心态的人，在工作上也就很难能做到“尽心无私”了，会处处打自己的小算盘，处处先考虑一个“私”字。

做父亲的傲，必定会不慈。做父亲的如果自以为永远比子女厉害，就很

① 丹朱：尧的儿子，因傲慢荒淫，所以尧禅位于舜而不传他。

难做到将心比心，容易忽略子女的感受，自然也就无法做到“慈”。

朋友之间，如果存“傲”，自觉自己了不起，别人都不如自己，自然就会放大自己的感觉，缩小别人的感觉，不能平等相待，“自欺”是免不了的。这样的结果必然是不招人待见，这个“信”字自然也就无从谈起了。

所以象和丹朱这样的人，一手好牌打得稀烂，根本就是因为一个“傲”字。

大家要常常体悟这一点，人心本来就是符合天然之理的，通透清晰，没有一丝一毫私欲沾染。“天道求无，人道求有”，心中时刻保持“无”才是符合天理的，一旦把“我”字凸显出来，就是“傲”了。古圣先贤有许多优点，但最主要的是居于天道治人道，把“无我”放在前面。“无我”自然就能谦虚，“谦”是各种善行的基础，“傲”是各种恶行的罪魁。

乾卦初爻就是“潜龙勿用”，这也是用世的大智慧。就算你是条龙，也要心有敬畏，做事谦恭一点儿。中华文化中，比别人有钱不会有太大问题，比别人有权也不会有太大问题，但如果傲慢无礼，瞧不起别人，就会毁掉所有人对你的好感，即便你真的没什么恶意，也没做过什么坏事。

当你春风得意的时候，大概不会有什么，一旦你开始倒霉了，绝对是墙倒众人推，这是没有任何例外的，所以阳明先生说“谦者众善之基，傲者众恶之魁”。

【319】
“知”无方体

【原文】

又曰：“此道至简至易的，亦至精至微的。孔子曰：‘其如示诸掌乎。’[①] 且人于掌何日不见？及至问他掌中多少文理，却便不知。即如我‘良知’二字，一讲便明，谁不知得；若欲的见良知，却谁能见得？”

问曰：“此知恐是无方体的，最难捉摸。”

先生曰：“良知即是‘易’：‘其为道也屡迁，变动不居，周流六虚，上下无常，刚柔相易，不可为典要，惟变所适’[②]。此知如何捉摸得？见得透时便是圣人。”

【老刘说】

阳明先生又说，这个“道”是极其简单容易的，同时也是极其精深微妙的。孔子说：“其如示诸掌乎。”人哪有不知道自己手掌的呢？但如果问你手掌上有多少手纹，估计就没人能说清楚了，自然是“不知道”三个字。就如同阳明先生讲的“良知”二字，一讲就明白，谁不晓得呢？但如果要真正知道什么是“良知”，却又是一件千难万难的事情。

---

① 《中庸》：“明乎郊社之礼、禘（dì）尝之义，治国其如示诸掌乎！”

② 语出《周易·系辞上》，大意是，《易》的法则时常变动，没有固定的形式，在六个爻位之间游移，或上或下，没有常规，刚与柔经常转换，不能墨守常规，必须根据具体的变化采取相应的适应方法。

有人问阳明先生，这个良知恐怕是无方位、无形体的，最难捉摸。

阳明先生说，良知就是“易”道，就是《周易》中所说的：“其为道也屡迁，变动不居，周流六虚，上下无常，刚柔相易，不可为典要，惟变所适。”由此可知，把良知认识透彻就是圣人了。

“其为道也屡迁。变动不居，周流六虚，上下无常，刚柔相易，不可为典要，惟变所适。”说的就是一个“万变不离其宗”。

《易经》之道，是“不可远”的，无论在任何情形下都适合我们的人生，也就是说我们随时随地都离不开它的范围。易道的学问是很浅近、很平凡的，与我们的工作、生活息息相关，不是远在天边、高不可攀的。圣人的境界也是很平易、很通达的。天地间越是了不起的学问，越是平易、平凡。

“其为道也屡迁”，不能用刻板的，甚至刻舟求剑式的方法学习《易经》，《易经》是一门活的学问，懂了《易经》的道理，也就懂得宇宙的法则随时在变。宇宙间的事也是同时在变化的，时空是相对的，变化是绝对的。

“变动不居”是因为宇宙万物随时间空间而变化，一切现象都在变化，要识变、适变，如果拘泥于一个呆板的法则，就会偏离易道。

“周流六虚”，“六虚”指的是“六合”，也即是“东南西北上下”，代表了所有空间的范畴。易道在所有存在的空间中，都是充满的，是无所在，无所不在的。

“上下无常，刚柔相易”，“刚柔”是阴阳，“相易”是变化，阴极阳生，阳极阴生，刚极变柔，柔极变刚。变来变去，就是“不可为典要，惟变所适。”

易道的核心就是四个字：“惟变所适”。

【320】
颜回的无助

【原文】

问："孔子曰：'回也非助我者也。'[①] 是圣人果以相助望门弟子否？"

先生曰："亦是实话。此道本无穷尽，问难愈多，则精微愈显。圣人之言本自周遍，但有问难的人胸中窒碍，圣人被他一难，发挥得愈加精神。若颜子闻一知十[②]，胸中了然，如何得问难。故圣人亦寂然不动，无所发挥，故曰非助。"

【老刘说】

有人问阳明先生，孔子说："回也非助我者也。"是说圣人真的希望弟子能给予他帮助吗？

在《论语·先进》，孔子发出这样的感慨："回也非助我者也，于吾言无所不说"。

"道可受不可传"，大道难言，孔子对学生也只是因材施教，"不愤不启，不悱不发"。修道不同于知识和技艺的学习，因为"道"超越概念和形象，只能通过内心的体悟才能把握。

唯有颜回能真正理解孔子，能与孔子以心印心。对于孔子之言，能"默

---

① 《论语·先进》："子曰：'回也非助我者也，于吾言无所不说。'"

② 《论语·公冶长》："回也闻一以知十；赐也闻一以知二。"

识心通，无所疑问”，当然是“深喜之”。但另一方面，圣人之道也因人而显，颜子能“默识心通”，这只是他个人的修行，孔子还希望通过他的问难，把“道”发挥得更加精微。

道无可言，法无定法，有人问难，才感而遂通，因人而显。提问者自身的水平直接决定了圣人说“法”的层次。只有这种有水平的“问难”多了，才能形诸文字，助孔圣人儒家之教化发扬光大。

所以阳明先生回答这个人说，这也是实话。“道”本来就是说不清道不明无穷尽的，“问难”越多，其中的精微就越能显现。但凡有人“问难”，必然是这个人心中有阻滞不通的地方，圣人可以借此发挥，把这个地方阐发得淋漓尽致。像颜回能闻一知十，胸中洞明无碍，“问难”的时候就特别少了，圣人也只好寂然不动，没有地方发挥，所以说“非助”。

【321】
拱把之桐梓

【原文】

邹谦之尝语德洪曰："舒国裳曾持一张纸，请先生写'拱把之桐梓'一章。先生悬笔为书，到'至于身而不知所以养之者'，顾而笑曰：'国裳读书，中过状元来，岂诚不知身之所以当养，还须诵此以求警？'一时在侍诸友皆惕然。"

【老刘说】

邹谦之曾经对钱德洪说，舒国裳曾经拿了一张纸，请阳明先生帮他写"拱把之桐梓"这一章。先生提笔写字，写到"至于身而不知所以养之者"这句时，回过头来笑着说："国裳读书，中过状元，他难道不知道应当养身吗？还需要诵读此章来自我警策？"

一时间，在座的诸位朋友都有所警醒。

这一节是《传习录》的最后一节，基本没什么难度。

"拱把之桐梓"出自《孟子·告子上》，原文是"孟子曰：'拱把之桐梓，人苟欲生之，皆知所以养之者。至于身，而不知所以养之者，岂爱身不若桐梓哉？弗思甚也"。大意是：即便是碗口粗的桐树梓树，人尚且想要它生长，知道该用什么方法去照顾和培养它，但是对于自身，却不知道如何去存养，难道爱自身还不如爱桐树梓树吗？这是认知有问题呀！

舒国裳让阳明先生帮忙写这句话，是为了挂在能看到的地方，时时警醒自己不忘存养本心。修养自身是用世的根本，也是人生的根本，爱自己不如爱树木，就是本末倒置了。

舒国裳是中过状元的人，儒家经典的功底是不用说的，即便这样，也还是要用这幅字时时警示自己，说明他非常重视修养此身，时时警惕，不忘根本。

钱德洪跋

【原文】

嘉靖戊子冬，德洪与王汝中奔师丧至广信，讣告同门，约三年收录遗言。

继后同门各以所记见遗。洪择其切于问正者，合所私录，得若干条。居吴时，将与《文录》并刻矣。适以忧去，未遂。当是时也，四方讲学日众，师门宗旨既明，若无事于赘刻者，故不复萦念。

去年，同门曾子才汉得洪手抄，复傍为采辑，名曰《遗言》，以刻行于荆。洪读之，觉当时采录未精，乃为删其重复，削去芜蔓，存其三分之一，名曰《传习续录》，复刻于宁国之水西精舍。

今年夏，洪来游蕲，沈君思畏曰："师门之教久行于四方，而独未及于蕲。蕲之士得读《遗言》，若亲炙夫子之教，指见良知，若重睹日月之光。惟恐传习之不博，而未以重复之为繁也。请裒其所逸者增刻之。若何？"洪曰："然师门致知格物之旨，开示来学，学者躬修默悟，不敢以知解承，而惟以实体得。故吾师终日言是而不惮其烦，学者终日听是而不厌其数。盖指示专一，则体悟日精，几迎于言前，神发于言外，感遇之诚也。"

今吾师之没未及三纪，而格言微旨渐觉沦晦。岂非吾党身践之不力，多言有以病之耶？"学者之趋不一，师门之教不宣也。"乃复取逸稿，采其语之不背者，得一卷。其余影响不真，与《文录》既载者，皆削之。并易中卷为问答语，以付黄梅尹张君增刻之。庶几读者不以知解承而惟以实体得，则无疑于是录矣。

嘉靖丙辰夏四月，门人钱德洪拜书于蕲之崇正书院。

【老刘说】

明嘉靖七年(1528)冬，恩师阳明先生辞世，我和王汝中到达广信奔丧，在讣告中，我们商定三年内收录阳明先生的遗言，汇编成册。

在这之后，同门诸君整理各自的笔记，陆续寄来了所做的记录。我挑选了其中比较优秀的，加上我自己的记录汇总在一起。

在吴地的时候，我打算把这些记录和《文录》共同刻印，但时机不巧，刚好碰上我丁忧守丧，这件事情也就暂时搁置了。

而且，当时的情况，阳明心学的发展势头非常好，天下讲心学的人与日俱增，阳明先生的学问宗旨天下既然已共晓，好像也没有必要再作刻印，因此，我把这件事就先放下了。

去年，同门曾才汉拿到我整理的手抄本，又四处辑录了一些，取名《遗言》，在荆州刊刻发表。我拿到《遗言》之后，感觉采录得稍显粗糙，因而删削了其中重复繁杂的，只保留了《遗言》的三分之一，并取名《传习续录》，在安徽宁国的水西精舍刊刻出版。

今年夏天，我到湖北蕲春游学，沈思畏对我说："先生的学说早已在天下传播，但蕲春当地还未流传到。当地的有志之士读到《遗言》，犹如亲自聆听阳明先生的教诲，明白良知的作用，好像重见日月光辉一样。他们担心收录得不够广博，并不因其中有重复而感到累赘。能否请您把散失的部分收集起来刊刻出版?"我答应了这件事。

师门关于"致知格物"的宗旨，是强调开导点化前来学习的人，学习的人不能仅仅在文意中穿凿，而是需要通过踏踏实实的实修，真真正正地从心性入手，才是入门的真谛。

所以，先生整天不厌其烦地讲说致知格物，弟子们也整天不厌其烦地听讲。因为只有因材施教指示专一，领悟才能更加精细。先生还没说到，弟子就已经通过自己的实修体会，从心上知道先生要说什么。文字和语言之外的意思，能做到心有灵犀，这都是双方的"诚"的作用。

现在，恩师阳明先生辞世还不到三十年，他老人家的学说和宗旨逐渐暗淡了,这都是我们这些做弟子的做事不力,在身体力行方面没做好的关系。

门人弟子的志向愈发不一致,先生的学说也就得不到光大。于是,我又收集了一些文稿,采用其中不违背先生主张的,编成一卷。其余真伪难辨的和《文录》已刊刻过的,全删掉了。我将中卷改成问答的形式,交付黄梅县令张先生增刻发行。

希望读到这本书的人,不要只是从文意穿凿和知识见解的角度来读这本书,而是要注重实修,从“心”的角度来印证先生之学,这样才能真正有所收益,我才不会怀疑我辑录这本书的意义了。

嘉靖三十五年(1556)夏四月,弟子钱德洪谨跋于蕲春崇正书院。